誤用から学ぶ中国語

続編 1

補語と副詞を中心に

郭 春貴 著

白帝社

まえがき

　2001年に『誤用から学ぶ中国語』(以下『誤用』と略称)を出版して以来、毎年たくさんの励ましのお手紙やメールをいただき、本当に感謝の気持ちでいっぱいです。出版した当時は皆さんにあれほど愛されるとはまったく思いませんでした。

　私は長年中国語を教えながら、研究の道を歩んできましたが、研究も教学も学生の役に立つものでなければならないと心にずっと思ってきました。学生をどのように指導すれば、誤りを減らして、正しい中国語を使えるようになるか、いまも考え続けております。『誤用』は私の大事な研究と教学の成果と言っても過言ではありません。あの時も、ひとつひとつ、何年もかかって書き上げたのです。

　そして続けて、こつこつ、学生の誤用例を集め、研究を続けておりました。そして漠然と「いつか続編を出したい」と思っていました。読者からのメールやブックレビューを読み、『誤用』が何とか皆さんの役に立っていることを知り、大変ありがたく思いました。また、「ぜひ、続編を」「続編を絶対買います」などの励ましの手紙やメールをたくさんいただき、責任を感じました。「続編」が具体的な課題になったのです。

　集めた誤文をもとにどのように書けばいいか、ずっと考えました。『誤用』が初級と中級編なら、「続編」はその上の中級と上級編か？中級ならどんなものを提供すればいいか。毎日毎日考えながら、他の仕事に追われているうちに10年間の歳月が過ぎてしまい、読者の皆さんに本当に申し訳ないと思っていました。2012年にやっと結論がでました。

　『誤用』は100課でしたので、「続編」も最初から100課作るつもりで、いろいろな品詞や表現の誤用も入れて続けて書きました。しかし、書けば書くほどページ数が多くなり、80課まで書いたところで、出版社から『誤用』は「本が厚くて、持ちにくい」という感想もありましたので、「続編」はもう少し持ちやすい厚さの本にしたい、量が多

すぎるので課数を少なくしてはどうでしょうかと提案がありました。

その提案を受け、「補語と副詞」中心の続編を作ろう！この２つは学生がなかなかうまく使えないので、何とか手伝わなければならないと思ったのです。そして、「補語と副詞」の誤文を集めるようになりました。結局、「補語と副詞」を中心に47課、プラス動詞の３課で50課にしました。

今回の「続編」は課が半分になりましたが、各課の内容は『誤用』より充実し、大変役に立つ項目が多いと思います。例えば「複合方向補語と非場所目的語の位置」「いつ結果補語を使うか」「語気副詞の"又"はどんな語気を表すか」「"已经6点了"と"都6点了"はまったく同じではない」などがあります。

きっと皆さんの役に立つと思います。ぜひ、読んでいただきたいと思います。

今回の「続編」も、いつも支えてくれた妻・久美子に一番感謝しなければなりません。彼女は日本語のチェックだけではなく、いつも私の一番の読者で、いろいろ意見を出してくれて、何回も私に書き直すように勧めてくれました。

それから、白帝社の小原さんも十時さんも、いつも暖かく応援してくださって、細かいところを手直ししてくださり、深く感謝いたします。

また、多くの先生方からのご教示、ご支援にも感謝いたします。

最後に、私の学生たちにも厚く御礼を申し上げたいです。皆さんの作文と日記からいただいた、たくさんのヒントは、私の研究材料とこの本の原点です。少しでも皆さんに恩返しができればと、この本をまとめました。どうぞ、ご指導をお願い申し上げます。ありがとうございます。

2014年3月8日　北京

郭春貴

目 次

まえがき　i

■ 方向補語

- 01　"进""出"は単独では使えない　2
- 02　"进"と"出"は場所目的語があっても単独で使えない　8
- 03　方向補語の要は"来／去"である　11
- 04　"我们进去教室吧"は間違いですか　16
- 05　"他跑去教室了"もいけませんか　19
- 06　"回日本来"と"回到日本来"の違い　24
- 07　「こちらに来て」の"你来"と"你过来"の違いは？　28
- 08　複合方向補語と非場所目的語の位置　33
- 09　いつ複合方向補語を使うか　40

■ 結果補語

- 10　結果がないのに、なぜ結果補語を使うのか　44
- 11　いつ結果補語を使うか　49
- 12　"想好"と"好好儿想"の違いは？　58
- 13　「動詞＋"完"」と「動詞＋"好"」はどう違いますか　63
- 14　"给你买""买给你"の使い方の違い　68
- 15　「動詞＋"起"」と「動詞＋"起来"」の違いは？　76
- 16　「動詞＋"上／下"」は結果補語として考えてください　82
- 17　方向を表さない「動詞＋"下来／下去"」も結果補語と考えてください　90

• iii

| 18 | "走出来"と"教育出来"の「動詞+"出来"」は違う？ | 95 |

■ 可能補語

19	いつ可能補語を使うか、使えないか	101
20	「動詞+"得／不"+"了 liǎo"」の用法は？	107
21	可能補語の「動詞+"得／不"+"了"」と目的語、数量詞について	114
22	"听不懂""没听懂"から可能補語の否定について	120

■ 状態補語

| 23 | 状態補語の誤文から考えましょう | 128 |
| 24 | "他认真学习"と"他学习得很认真"はどう違うの？ | 134 |

■ 副　　詞

25	いつ"很"を使いますか、いつ"很"を使えないのですか	139
26	"太"の使い方。"他是太好的老师"はだめですか	147
27	"这个很好吃"と"这个太好吃了"はどう違うか	154
28	「あまり…ない」は"不太"だけではない	160
29	"只一个人"はいけないか ―"只""只有""只是"	168
30	"只有两个人""才两个人""就两个人"の違い	173
31	"这么""那么"の使い方	179
32	状態の継続を表す"还"はいくつの用法があるのですか	185
33	追加を表す"还"の用法は？	192
34	程度がまあまあであることを表す"还"	200

35	未来の重複を表す"还"と"再"の違いについて	205
36	"明天我还来"と"明天我再来"の違い	211
37	「もう一度…する」「また…する」の「"再"＋動詞」の後に量詞は必要ですか	217
38	"还有"と"还"の違いは？	223
39	意外性と反語の語気を表す"还"	229
40	語気副詞の"又"はどんな語気を表すか	236
41	語気副詞"可"の使い方	242
42	語気副詞"都"の用法	250
43	"已经6点了"と"都6点了"はまったく同じではない	255
44	"我每天喝牛奶"と"我每天都喝牛奶"の違い	259
45	"不"は過去の動作の否定もあるの？	266
46	「いつも」の意味の副詞"常""老""总"は違いがあるの？	271
47	"更喜欢汉语"は言えるが、なぜ"更学习汉语"は言えないか	279

動　詞

48	"在"と"有"の違い	285
49	動詞"喜欢"の後に、また動詞が要りますか	290
50	「私は旅行したい」は"我想旅行"ではだめですか	295

解答例　300

＊：文法的に誤った文（非文）
？：文法的に誤った文（非文）とまでは言えないが、不自然な文。
網掛けの文：正しい文
○：正しい文（非文と並べて比較する時に使用）

"进""出"は単独では使えない

1 "进吧""出吧""上吧""下吧""回吧"はあまり使えない。

「行きましょう」「食べましょう」は"走吧""吃吧"と言えますが、「入りましょう」「出ましょう」「上がりましょう」「下りましょう」「帰りましょう」は"进吧""出吧""上吧""下吧""回吧"と言えるでしょうか。まず以下の文を見てください。

(1) 彼はもう入りました。私たちも入りましょう。
 ＊他已经进了，我们也进吧。
(2) 彼は出ました。私たちも出ましょう。
 ＊他出了，我们也出吧。
(3) 彼は３階で私たちを待っています。私たちは上がりましょう。
 ？他在３楼等我们，我们上吧。
(4) 彼は下で私たちを待っています。私たちは下りましょう。
 ？他在下边儿等我们，我们下吧。
(5) あなたは先に帰って。私は買い物をしてから帰ります。
 ？你先回吧，我买了东西后再回。

以上の文は"进""出""上""下""回"という５つの動詞を使っています。この５つの動詞は方向を示すので、以下「方向動詞」ということにします。方向動詞は日本語では単独で使えますが、中国語は普通単独では使えず、補語の"来""去"と一緒に使うことが多いのです。以上の文の"进吧""出吧"は誤文で、"上吧""下吧""回吧"は口語での省略形としてなら使えます。次のように"去"をつければ、よくなります。

方向補語

(1a) 他已经进去了，我们也进去吧。
　　 Tā yǐjīng jìnqu le, wǒmen yě jìnqu ba.

(2a) 他出去了，我们也出去吧。
　　 Tā chūqu le, wǒmen yě chūqu ba.

(3a) 他在 3 楼等我们，我们上去吧。
　　 Tā zài sān lóu děng wǒmen, wǒmen shàngqu ba.

(4a) 他在下边儿等我们，我们下去吧。
　　 Tā zài xiàbiānr děng wǒmen, wǒmen xiàqu ba.

(5a) 你先回去吧，我买了东西后再回去。
　　 Nǐ xiān huíqu ba, wǒ mǎile dōngxi hòu zài huíqu.

日本語では「入って来る」「出て来る」などよく言いますが、「入って行く」「上がって行く」などはあまり言いませんので、学生は"进来、出来"は言えますが、(1)～(5)のように、"进去、出去"などが使えない傾向があります。この５つの方向動詞は単独の時は、必ず"来／去"と一緒に使います。"进来、进去""出来、出去""上来、上去""下来、下去""回来、回去"と覚えてください。例えば、

(6) 你进来吧。　Nǐ jìnlai ba.（入って来てください）
　　 你进去吧。　Nǐ jìnqu ba.（? 入って行ってください）
(7) 你出来吧。　Nǐ chūlai ba.（出て来てください）
　　 你出去吧。　Nǐ chūqu ba.（? 出て行ってください）
(8) 你上来吧。　Nǐ shànglai ba.（上がって来てください）
　　 你上去吧。　Nǐ shàngqu ba.（? 上がって行ってください）
(9) 你下来吧。　Nǐ xiàlai ba.（下りて来てください）
　　 你下去吧。　Nǐ xiàqu ba.（? 下りて行ってください）
(10) 你回来吧。　Nǐ huílai ba.（帰って来てください）
　　 你回去吧。　Nǐ huíqu ba.（? 帰って行ってください）

また、場所目的語がある時は、"来／去"の前に置きます。例えば、

⑾ 早くロビーに下りて来なさい。
　你快下大厅来。　Nǐ kuài xià dàtīng lái.
⑿ 早く２階に上がって来なさい。
　你快上２楼来。　Nǐ kuài shàng èr lóu lái.
⒀ 早く部屋に入りなさい。
　你快进屋来。　Nǐ kuài jìn wū lái.
⒁ 早く家に帰って来なさい。
　你快回家来。　Nǐ kuài huí jiā lái.

2　"进""出"は単独では使えない。

　1に述べたように５つの方向動詞で、"上""下""回"は会話では、"来／去"が省略され、単独で使われることもあります。例えば、"你上！""你下！""你上吧！""你下吧！""你回吧！""他上了""他下了""他回了"と言えますが、"进"と"出"だけは、どんな状態でも単独で使えないので、"进""进了""进吧""出""出了""出吧"とは言えません。必ず"来"か"去"と一緒に使い、"进来""进去""出来""出去"と言うか、あるいは、ほかの動詞と一緒に使わなければならないのです。

⒂ 明日８時に入ります。／明日８時に出ます。
　＊明天８点进。／＊明天８点出。
　○明天８点进去。　Míngtiān bā diǎn jìnqu.
　／○明天８点出发。　Míngtiān bā diǎn chūfā.
⒃ 彼らはもう入ったよ。／彼らはもう出たよ。
　＊他们已经进了。／＊他们已经出了。
　○他们已经进去了。　Tāmen yǐjīng jìnqu le.
　／○他们已经出去了。　Tāmen yǐjīng chūqu le.
⒄ 早く入りましょう。／早く出ましょう。
　＊快进吧。／＊快出吧。
　○快进去吧。　Kuài jìnqu ba.　／○快出去吧。　Kuài chūqu ba.

⑮「8時に出ます」は「8時に出かける」か「8時に出発する」という意味なので、"明天8点出门"あるいは"明天8点出发"となります。⑯「もう出た」は「もう家を出た」か「もうある場所から出た」という意味で、"他们已经出门了"か"他们已经出去了"と言います。あるいは、ある場所から離れることを表す動詞"走"を使い、"他们已经走了"と言います。⑰「早く出ましょう」は、「早く出かける」か「早くその場を離れよう」という意味なら、"早点儿出门吧"あるいは"早点儿走吧"となります。"快出去"になると、「早く出て行け」「早くその場所を出る」「相手を追い出す」のようなニュアンスが含まれます。

これまでをまとめると以下のようになります。

	"进"	"出"	"上"	"下"	"回"
単独	×	×	△	△	△
"吧"がある	×	×	○	○	△
"了"がある	×	×	○	○	○

※△は会話での省略形

3 連動文では、必ず"来／去"と一緒に使う。

次の誤文を見てください。

⑱ 気分が悪いなら、先に帰って休んでください。
　＊要是不舒服，你先回休息吧。
　○要是不舒服，你先回去休息吧。
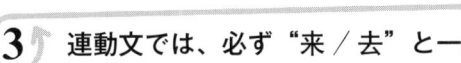

⒆ パンを２つ持って上がって彼にあげてください。
　　＊拿两个面包上给他吧。
　　○拿两个面包上去给他吧。　Ná liǎng ge miànbāo shàngqu gěi tā ba.
⒇ 入って見てください。
　　＊你进看吧。
　　○你进来看吧。　Nǐ jìnlai kàn ba.
　　○你进去看吧。　Nǐ jìnqu kàn ba.

　⒅「気分が悪いなら、先に帰って休んでください」と ⒆「パンを２つ持って上がって彼にあげてください」のような連動文の場合は"去"を省略できません。"你先回休息吧""拿两个面包上给他吧"とは言えず、"你先回去休息吧""拿两个面包上去给他吧"と言わなければなりません。⒇「入って見てください」は「入って来て見てください」「入って行って見てください」とも言えますので、学生は"进来"は使えますが、"进去"はあまり使えません。

　とにかく、単純方向補語はどんどん"来／去"を使ってください。「方向動詞」は単独でも、語気詞があっても"来／去"が必要です。

練習問題

Ⅰ　次の中国語を日本語に訳してください。
1. 他跟小王一起回去了。
2. 那么高，你还是别上去。
3. 没时间了，我们快下去吧。
4. 门没锁，你先进去吧。
5. 你出去，你不出去我出去。

Ⅱ　次の日本語を中国語に訳してください。
1. 帰りたいなら、宿題を先に終わらせてください。
2. 映画がもうすぐ始まりますよ、早く入りましょう。
3. あなたは木の上で何をしているの？早く下りなさい。
4. 私はエレベーターで上がります。
5. お母さんが家で待っているから、早く帰りなさい。

"进"と"出"は場所目的語があっても単独で使えない

第1課で、"进""出"は単独では使えないと言いましたが、場所目的語があったらどうでしょうか。

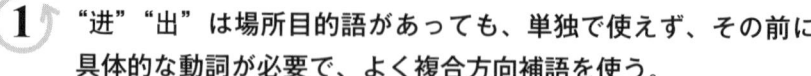

1 "进""出"は場所目的語があっても、単独で使えず、その前に具体的な動詞が必要で、よく複合方向補語を使う。

場所目的語がある時は、具体的な動詞を加えて、さらに場所詞の後に"来／去"もつけます。つまり、複合方向補語の形を使います。例えば、

(1) 彼は1人で森の中に入った。
　　＊他一个人进森林里了。
　　○他一个人走进森林里去了。　Tā yí ge rén zǒujìn sēnlín li qù le.
(2) 彼らはデパートから出て来た。
　　＊他们出百货商店来了。
　　○他们走出百货商店来了。　Tāmen zǒuchū bǎihuò shāngdiàn lái le.
(3) 1匹の子猫が店に入って来た。
　　＊一只小猫进来店里。
　　○一只小猫跑进店里来了。　Yì zhī xiǎo māo pǎojìn diànli lái le.

(2)のような"出"の場合は介詞の"从"を使うことが多いです。

他们从百货商店走出来了。
Tāmen cóng bǎihuò shāngdiàn zǒuchūlai le.

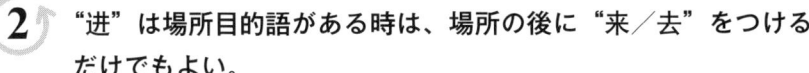

② "进"は場所目的語がある時は、場所の後に"来／去"をつけるだけでもよい。

"进""出"は場所目的語があっても単独では使えず、よく複合方向補語を使うと言いましたが、"进"は具体的な動詞がなくても使えます。しかし"出"は使えません。例えば、

(4) 彼はもう教室に入って来た。／彼はもう教室を出た。
　　＊他已经进教室了。／＊他已经出教室了。
　　○他已经进教室来了。　Tā yǐjīng jìn jiàoshì lái le.
　　／＊他已经出教室去了。
(5) 中に入ってください。／外へ出てください。
　　＊你们进里边儿吧。／＊你们出外边儿吧。
　　○你们进里边儿来／去吧。　Nǐmen jìn lǐbiānr lái / qù ba.
　　／＊你们出外边儿去吧。
(6) 彼女は先に駅に入った。／彼女は先に駅を出た。
　　＊她先进车站了。／＊她先出车站了。
　　○她先进车站去了。　Tā xiān jìn chēzhàn qù le.
　　／＊她先出车站去了。

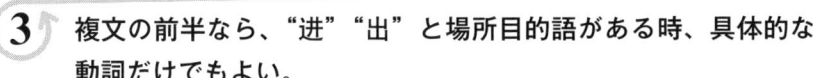

③ 複文の前半なら、"进""出"と場所目的語がある時、具体的な動詞だけでもよい。

単文や複文の後半で、"进""出"を場所目的語と一緒に使う時に、単独では使えず、「動詞＋"进／出"＋場所＋"来／去"」の形にしなければならないと p.3-4 で言いましたが、複文の前半なら、"来／去"がなくても、「動詞＋"进／出"＋場所」で大丈夫です。

(7) 教室を出て、彼はすぐバス停に走って行った。
　　＊出教室，他就跑去公交车站。
　　○**走出教室，他就往公交车站跑去。**
　　　Zǒuchū jiàoshì, tā jiù wǎng gōngjiāochēzhàn pǎoqu.
(8) 小鳥は鳥かごを出て、空へ飛んで行きました。
　　＊小鸟出鸟笼，飞去空中了。
　　○**小鸟飞出鸟笼，向空中飞去了。**
　　　Xiǎo niǎo fēichū niǎolóng, xiàng kōngzhōng fēiqu le.
(9) スーパーに入ると、彼はすぐ妻を見かけた。
　　＊进超市，他就看见自己的老婆。
　　○**走进超市，他就看见自己的老婆。**
　　　Zǒujìn chāoshì, tā jiù kànjiàn zìjǐ de lǎopo.

練習問題

Ⅰ　次の中国語を日本語に訳してください。
　1. 老师走进教室时，学生们都静下来了。
　2. 你别出去，在这儿等他回来。
　3. 走出中国，你就代表中国了。
　4. 听见孩子在外边儿叫她，她急急忙忙地跑出家门去。
　5. 妈妈走进我的屋子来时，我正在上网。

Ⅱ　次の日本語を中国語に訳してください。
　1. みんな出ましょう。ここは彼らが使うから。
　2. あの患者は夜中に病院から出て、家に帰りたがる。
　3. 地震が起きた時、彼は急いで教室を出た。
　4. 早く入ってください。外は寒いから。
　5. 早く奥の部屋に入りなさい。お母さんが呼んでいるよ。

方向補語の要は"来／去"である

　『誤用から学ぶ中国語―基礎から応用まで―』（郭春貴著、白帝社、2001。以下『誤用』と略す）p.311 で「単純方向補語の"上、下、进、出、回、起、过、开"は単独で非場所目的語と一緒に使うことはあまりありません」と説明しましたが、まだ以下のような誤文が見られます。

(1) あの違法広告を全部外してください。
　　？你把那些非法广告都给我拆下。
(2) 今回の大会で、彼らは金メダルを2つ持って帰った。
　　？这次比赛，他们带回了两枚金牌。
(3) 彼はさいふから100元出した。
　　＊他从钱包里拿出100块。
(4) 面白い記事を見つけるとすぐ切り抜きます。
　　？我发现有意思的新闻就剪下。

　以上の文は単純方向補語の"下、回、出"を使っています。しかし、それぞれ不自然なところがあります。(1)"拆下"だけでは命令調になり、日本語の「外してください」と合いません。(2)"带回"だけでは、命令か未来形しか使えず、日本語の「持って帰った」にも合いません。(3) 日本語の「出した」の影響で、そのまま"拿出"と訳したので、誤文になります。(4)"剪下"も日本語の「切り抜きます」の影響でしょうが、誤文ではありませんが、不自然です。以上の文に"来／去"を加えて、複合方向補語にすると正しい文になります。

(1a) **你把那些非法广告都给我拆下来。**
　　　Nǐ bǎ nèixiē fēifǎ guǎnggào dōu gěi wǒ chāixiàlai.
(2a) **这次比赛，他们带回来了两枚金牌。**
　　　Zhèi cì bǐsài, tāmen dàihuílaile liǎng méi jīnpái.

(3a) **他从钱包里拿出 100 块来。** Tā cóng qiánbāoli náchū yì bǎi kuài lái.

(4a) **我发现有意思的新闻就剪下来。**
 Wǒ fāxiàn yǒu yìsi de xīnwén jiù jiǎnxiàlai.

つまり、方向補語の要は"来／去"なのです。以下で詳しく説明いたします。

1 方向補語の中心は"来／去"である。

実は、単純方向補語も複合方向補語も一番大切なのは"来／去"です。つまり、中国語では動作の方向、話者への方向を示すことが一番重要なのです。単純方向補語は動詞の後ろに"来／去"、複合方向補語は動詞の後ろに「方向補語＋"来／去"」を使います。"来／去"が必要不可欠なのです。例えば、"走来""走去""拿来""拿去"は言えますが、"走上""走下""拿进""拿出""跑回""拿起"は単独では言えません。例えば、"他走来了""他拿来了"は言えますが、"他走上了""他拿进了"とは言えません。しかし、最後に"来／去"をつけると言えます。例えば、相手に"走上来！""走下去！""拿进去！""拿出来！""跑回去！""拿起来！"とよく言います。とにかく、"来／去"をどんどん使ってください。

それでは、今度は誤文からこの単純方向補語を考えてみましょう。

(5) 彼は 2 階にいるから、持って行ってあげてください。
 ＊他在 2 楼，你拿上给他。
(6) あの絵を下ろしてください。
 ＊你把那幅画儿拿下吧。
(7) 母はお茶を持って入って来た。
 ＊我妈妈拿进一杯茶给我。
(8) 父はたくさんのブドウを買って帰った。
 ＊我爸爸买回很多葡萄。

⑼ 彼はガールフレンドの写真を出した。
　？他拿出他女朋友的照片。
⑽ 彼は1つの石を拾った。
　？他拾起一块石头。

　いかがでしょうか。以上の誤文は全部"来／去"がありませんね。"来／去"がないと、どうなるでしょうか。1つずつ見ていきましょう。
　⑸ "你拿上给他"とは、まず言わないことを覚えましょう。日本語でも「上下」の方向より「来る／行く」のほうを使いますね。例えば「2階へ持って行って」で十分で、「持って上がって行って」とは言いませんね。また、「持って上がってください」とも言わないと思います。先に述べたように中国語は"来／去"が中心なので、"拿上"より"拿去"のほうが正解に近いのです。ここでは"拿去给他"でも十分ですが、わざわざ"2楼"を示しているので、中国語はもう1つの具体的な方向「上に」が必要です。"拿去给他"よりも"拿上去给他"のほうがいいと思います。

　⑸a **他在2楼，你拿上去给他。** Tā zài èr lóu, nǐ náshàngqu gěi tā.

　⑹ "把那幅画儿拿下"は「上にある絵を持って来ること」を言いたいので、"拿下"を使ったのでしょう。⑴の"你把那些非法广告都给我拆下"は強い命令調なので"拆下"がふさわしいですが、命令ではない場合の"拿下吧"では不自然です。ここはやはり"来／去"を加えて、複合方向補語にして、次のように直したら完璧です。

　⑹a **你把那幅画儿拿下来吧。** Nǐ bǎ nèi fú huàr náxiàlai ba.

　⑺ "拿进一杯茶给我"の「動詞＋"进"」は場所も非場所目的語も取れません。「…を持って外から中に入って来る」という動作は「動詞＋非場所目的語＋"进来"」を使わなければなりません。例えば、"老师拿一个电脑进来"（先生はパソコンを持って入って来た）"他拿了很多纸袋进来"（彼はたくさんの紙袋を持って入って来た）。

(7a) **我妈妈拿一杯茶进来给我。** Wǒ māma ná yì bēi chá jìnlai gěi wǒ.

(8) "我爸爸买回很多葡萄"も"来／去"の方向がないですね。日本語は「買って帰った」で「来る／行く」がありません。日本語は「帰る」という動詞にすでに「来る／行く」を含んでいるので、言う必要がないのです。しかし、中国語は必ず"来／去"を言わなければなりません。ここはすでに行われた動作なので、非場所目的語は複合方向補語の後に置き、"了"をつけます。

(8a) **我爸爸买回来了很多葡萄。** Wǒ bàba mǎihuílaile hěn duō pútao.

2 単純方向補語は"来／去"がなければ、文としてはまだ終わっていない。

(9) "他拿出他女朋友的照片"は文としてまだ終わっていない感じです。日本語は「…を出した」で大丈夫ですが、中国語は具体性が要求され、中から出して、目の前に出てきたというような状況の説明が必要です。ですから、文末に"来"をつけ、さらに、動作の変化を表す"了"を置いて、"他拿出他女朋友的照片来了"とすれば、文として落ち着きます。複合方向補語を使わなくても、連動文の形なら、単純方向補語だけでも落ち着きます。つまり「写真を出して、別の行動を行った」という形にすれば、単純方向補語だけでも使えます。例えば、"他拿出他女朋友的照片给我们看"（彼はガールフレンドの写真を出して見せてくれた）"他拿出他女朋友的照片交给警察"（彼はガールフレンドの写真を出して警察に渡した）、さらに"来"をつけて"他拿出他女朋友的照片来给我们看""他拿出他女朋友的照片来，交给警察"とも言えます。

(10) "他拾起一块石头"は(9)と同じく、文としてはまだ終わっていない感じです。何か次の動作があるように感じます。例えば、"他拾起一块石头向歹徒扔过去"（彼は石を拾って悪党に投げた）"他拾起一块石头把玻璃窗打破"（彼は石を拾ってガラス窓にぶつけて割った）の

ように言うのが普通です。もし、次の動作がなければ、まず方向を表すための"来"を、最後に動作の完了を表す"了"をつけ、"他拾起一块石头来了"と言いましょう。2つの動作が相次いで行われるのでなければ"来"を使ってポーズを入れ、次の動作を述べることもあります。例えば"他拾起一块石头来,仔细地看了一会儿"（彼は石を拾ってしばらく詳しく見た）"他拾起一块石头来,偷偷地放在她的包里"（彼は石を拾ってこっそり彼女のカバンに入れた）

いかがでしょうか。方向補語の"来／去"の重要さがおわかりになりましたか。とにかく、単純方向補語は「動詞＋"来／去"」だけを使ってください。"来／去"以外の単純方向補語を使う時は、必ず前後2つの動作がある時です。そうでなければ、「上下」「中と外」の方向を表すためにどんどん複合方向補語を使いましょう。

練習問題

Ⅰ 次の中国語を日本語に訳してください。
1. 明天你把那些资料拿来给我。
2. 这些钱你带去，出门多带点儿钱。
3. 她放下行李就马上给她爸爸打电话了。
4. 李先生很不愿意地拿出100块钱来。
5. 你从哪儿搬来那么多木材？

Ⅱ 次の日本語を中国語に訳してください。
1. 旅行する時に、この傘を持って行ってください。
2. お父さんは彼にすばらしい家庭教師を探して来た。
3. 先に帰ってお父さんに伝えてください。
4. 彼は定期券を持って来るのを忘れました。
5. 壁の時計を取って来て。私が拭きます。

04 "我们进去教室吧" は間違いですか

　　"进""出""上""下""回"という5つの方向動詞は単独ではあまり使わず、なるべく"来"か"去"と一緒に使うよう第1課で述べました。それでは、場所目的語があったら、どうなりますか。以下の誤文を見てください。

(1) 彼らは山へ登って行った。
　　＊他们上去山了。
(2) みんなは1階に下りた。
　　＊大家下去楼了。
(3) 私たちは教室に入りましょう。
　　＊我们进去教室吧。
(4) 彼は家に帰りました。
　　＊他回去家了。
(5) 彼らは図書館から出て来た。
　　＊他们出来图书馆了。

1　方向動詞＋場所目的語＋"来／去"

　　以上の誤文は単純方向補語と場所目的語の位置の問題です。場所目的語があれば、単純方向補語の"来／去"は場所目的語の後に置かなければならないのです。正しい文は以下のとおりです。

(1a) 他们上山去了。　Tāmen shàng shān qù le.
(2a) 大家下楼去了。　Dàjiā xià lóu qù le.
(3a) 我们进教室去吧。　Wǒmen jìn jiàoshì qù ba.
(4a) 他回家去了。　Tā huí jiā qù le.
(5a) 他们走出图书馆来了。　Tāmen zǒuchū túshūguǎn lái le.

(5a) ですが、"出"は他の動詞と違って単独で使えず、"他们出图书馆来了"とは言えないのでしたね（第2課を参照）。しかし、介詞"从"を使って、"他们从图书馆走出来了"とは言えます。

❷ "进去教室""进来教室"は方言の影響で、台湾、香港などで使われている。

時々、中国人も"我们进去教室吧""他们进来教室了"と言いますが、それは南方の方言の影響だと思います。台湾のホームページを見ると、以下の例文があります。

(6) 她明天要回去日本了。（彼女は明日日本に帰る予定だ）
(7) 你们先上去2楼吧。（あなた方は先に2階に上がってください）
(8) 你不能随便上来楼上找我。
　　（あなたは勝手に上の階に上がって私を訪ねてはいけない）
(9) 你快下去楼下找他。（あなたはすぐ下に彼を探しに行ってください）
(10) 喂，我在大厅了，你快下来大厅。
　　（もしもし、私はホールにいるから、あなたは早くホールに下りて来なさい）
(11) 你不可以随便进来我的房间。
　　（あなたは勝手に私の部屋に入って来てはいけない）
(12) 你怎么可以随便进去女生的宿舍呢？
　　（あなたは勝手に女子寮に入っていいはずがない）

しかし、(6)～(12) の例文はあくまでも方言の影響で、皆さんはやはり標準語の言い方を覚えたほうがよいと思います。つまり、「"出"以外の方向動詞＋場所＋"来／去"」という語順を覚えましょう。(6)～(12) の標準語の言い方は以下のとおりです。

(6a)　**她明天要回日本去了。**　Tā míngtiān yào huí Rìběn qù le.
(7a)　**你们先上2楼去吧。**　Nǐmen xiān shàng èr lóu qù ba.

(8a)　你不能随便上楼上来找我。
　　　Nǐ bù néng suíbiàn shàng lóushàng lái zhǎo wǒ.
(9a)　你快下楼下去找他。　Nǐ kuài xià lóuxià qù zhǎo tā.
(10a)　喂，我在大厅了，你快下大厅来。
　　　Wéi, wǒ zài dàtīng le, nǐ kuài xià dàtīng lái.
(11a)　你不可以随便进我的房间来。
　　　Nǐ bù kěyǐ suíbiàn jìn wǒ de fángjiān lái.
(12a)　你怎么可以随便进女生的宿舍去呢？
　　　Nǐ zěnme kěyǐ suíbiàn jìn nǚshēng de sùshè qù ne?

 練習問題

Ⅰ　次の中国語を日本語に訳してください。
 1. 你赶紧回家去，你老婆在等你。
 2. 他爷爷上山去打猎了。
 3. 你爸爸下楼去买面包了。
 4. 你们还是进我的房间来说吧。
 5. 咱们上3楼去找她，她在3楼。

Ⅱ　次の日本語を中国語に訳してください。
 1. 彼らはもう山から下りて来ました。
 2. 君たちは先に2階に上がってください。
 3. 彼らは1階に下りて来たよ。
 4. 奥の部屋に入って休みましょう。
 5. 彼はいつ中国に帰って来るの？

"他跑去教室了"もいけませんか

方向性を持つ"进""出""上""下""回"のほかに、移動動詞("跑""走""飞"など)も方向を表すために、よく"来"や"去"と一緒に使います。例えば、"跑来／跑去""走来／走去""飞来／飞去"。以下の例文を見てください。

(1) 他们跑来了。　Tāmen pǎolái le.（彼らは走って来た）
(2) 你看，鸭子游来了。　Nǐ kàn, yāzi yóulái le.
　　（見て、アヒルが泳いで来た）
(3) 前边儿走来了一个警察。　Qiánbiānr zǒuláile yí ge jǐngchá.
　　（前から1人の警官が歩いて来た）

しかし、以下は同じ「動詞＋"来／去"」という単純方向補語を使っていますが誤文です。なぜでしょうか。

(4) 彼は私たちの会社に歩いて来たが、入らなかった。
　　＊他走来我们公司，可是没进来。
(5) 子犬は私のそばに走って来た。
　　＊小狗跑来我的身边儿。
(6) イルカは彼のほうへ泳いで行った。
　　＊海豚游去他那儿。
(7) あれを彼は中国に持って行った。
　　＊那个东西他带去中国了。

いかがでしょうか。(1)〜(3)と(4)〜(7)はどこが違うのでしょうか。
(1)(2)「移動動詞＋"来／去"」は目的語がなく、そのまま使えます。(3)「移動動詞＋"来／去"」の後の目的語は"一个警察"という人間です。しかし、(4)(5)(6)(7)の「移動動詞＋"来／去"」の目的語は場所詞ですね。

方向補語 • 19

1 移動動詞は「場所目的語」がある場合は「動詞＋"来／去"」を使えない。

まず、よく見られる誤文を見ましょう。

(8) 駅に走って行った時、電車は行ってしまった。
　　＊我跑车站去时，电车已经走了。
(9) どのように私の家に歩いて来たの？
　　＊你怎么走我家来的？
(10) 飛行機は東京へ飛んで行きました。
　　＊飞机飞东京去了。

以上の移動動詞の後に場所目的語を置き、"来／去"を使っても誤文になります。正しい文は移動動詞の後に"到"をつけ、場所の後に"来／去"を使います。

(8a) 我跑到车站去时，电车已经走了。
　　　Wǒ pǎodào chēzhàn qù shí, diànchē yǐjīng zǒu le.
(9a) 你怎么走到我家来的？　Nǐ zěnme zǒudào wǒ jiā lái de?
(10a) 飞机飞到东京去了。　Fēijī fēidào Dōngjīng qù le.

以下の例文も見てください。

(11) 彼女は私の前に来て、小さい声であいさつをした。
　　＊她走来我前边儿，小声跟我打招呼。
　　○她走到我前边儿来，小声跟我打招呼。
　　　Tā zǒudào wǒ qiánbiānr lái, xiǎoshēng gēn wǒ dǎ zhāohu.
(12) 子猫は机の上に跳び上がって来た。
　　＊小猫跳去桌子上了。
　　○小猫跳到桌子上去了。　Xiǎo māo tiàodào zhuōzi shang qù le.

⑬ 小鳥は木のほうに飛んで行った。
　＊小鸟飞去树上了。
　○小鸟飞到树上去了。　Xiǎo niǎo fēidào shù shang qù le.
⑭ 彼がどこに行っても、子犬はついて行く。
　＊他走去哪儿，小狗都跟去那儿。
　○他走到哪儿，小狗都跟到那儿去。
　　Tā zǒudào nǎr, xiǎo gǒu dōu gēn dào nàr qù.

⑾⑿⒀は「移動動詞＋"到"＋場所＋"来／去"」、⒁は「移動動詞＋"到"＋場所」です。

2　「移動動詞＋"来／去"＋場所」は南方の言い方。

第4課で述べた"她明天要回去日本了"と同じく、"他跑去车站"も南方の言い方です。台湾のネット上の新聞にはよく以下のような例文（簡体字に直してあります）が見られます。

⒂ 你的钱包跑去哪里了？　Nǐ de qiánbāo pǎoqù nǎli le?
　（あなたの財布はどこに行ったの？）
⒃ 这个时候你跑来我家干吗？　Zhèige shíhou nǐ pǎolái wǒ jiā gànmá?
　（こんな時に私のうちに走って来て何をするの？）
⒄ 这个东西你要，你就拿去你家吧。
　Zhèige dōngxi nǐ yào, nǐ jiù náqù nǐ jiā ba.
　（この物が要るなら、あなたは家に持って行って）

「移動動詞＋"来／去"＋場所」は中国の南方や台湾、シンガポールの華僑社会では、正しいと思われますが、北京など大陸の人々にはちょっと違和感があるかもしれません。でも、両方とも通じますので、ご安心ください。あまり神経を使いすぎず、標準語の文法を覚えればいいです。

それでは、標準語を習っているみなさんは⑷～⑺を次のように直し

ましょう。

(4a) 他走到我们公司来，可是没进来。
Tā zǒudào wǒmen gōngsī lái, kěshì méi jìnlai.
(5a) 小狗跑到我的身边儿来了。
Xiǎo gǒu pǎodào wǒ de shēnbiānr lái le.
(6a) 海豚游到他那儿去了。　Hǎitún yóudào tā nàr qù le.
(7a) 那个东西他带到中国去了。
Nèige dōngxi tā dàidào Zhōngguó qù le.

3 介詞"往／向"＋場所目的語＋移動動詞＋"来／去"

移動動詞で方向や場所を示す時に、もう1つよく使う言い方は、介詞の"往"か"向"（…へ、…へ向かって）を場所の前に置き、その後に「移動動詞＋"来／去"」を使うものです。例えば (10a) は"飞机往东京飞去了"とも言えます。ほかの例も見てみましょう。

(18) 彼らはどこへ走って行ったの？
他们往哪儿跑去了？ Tāmen wǎng nǎr pǎoqù le?
他们跑到哪儿去了？ Tāmen pǎodào nǎr qù le?
(19) あの車は北のほうへ走って行ったよ。
那辆车向北边儿开去了。 Nèi liàng chē xiàng běibiānr kāiqù le.
那辆车开到北边儿去了。 Nèi liàng chē kāidào běibiānr qù le.
(20) 白鳥は我々のほうへ泳いで来た。
天鹅往我们这儿游来了。 Tiān'é wǎng wǒmen zhèr yóulái le.
天鹅游到我们这儿来了。 Tiān'é yóudào wǒmen zhèr lái le.

実際は、この「介詞＋場所＋動詞＋"来／去"」という言い方のほうがよく使われるので、ぜひ、一緒に覚えて使ってみてください。

🔺 練習問題

方向補語

Ⅰ 次の中国語を日本語に訳してください。
1. 你把这些东西拿到她的房间里去吧。
2. 她走到宿舍前边儿，可是不敢上去。
3. 警察往我们这儿走来了。
4. 你怎么飞到北京来了？你想干什么？
5. 你昨天跑到哪儿去了？大家都在找你呢。

Ⅱ 次の日本語を中国語に訳してください。
1. 彼らは何をしに教室に入って来たの？
2. 救急車は猛スピードで病院へ走って行った。
3. 彼らは私たちの大学に歩いて来た。
4. 彼は私の前に歩いて来て、1枚の紙を渡してくれた。
5. あの鳥たちは南へ飛んで行きました。

"回日本来"と"回到日本来"の違い

第4課で説明したように、"进""上""下""回"という4つの方向動詞と"来／去"からなる単純方向補語に場所目的語があれば、方向動詞と"来／去"の間に置きます。例えば、

(1) 他进教室来后，就大声说话。
    Tā jìn jiàoshì lái hòu, jiù dàshēng shuōhuà.
    (彼は教室に入って来ると大声で話した)

(2) 他上山去了，你找他有事吗？
    Tā shàng shān qù le, nǐ zhǎo tā yǒu shì ma?
    (彼は山に登って行ったけど、彼に用があるのですか)

(3) 他什么时候回日本来呢？　Tā shénme shíhou huí Rìběn lái ne?
    (彼はいつ日本に帰って来るのですか)

1 "回"だけが結果補語の"到"とよく一緒に使われる。

4つの方向動詞の中で、"回＋来／去"に場所目的語がある場合は、よく結果補語"到"と一緒に使います。例えば、

(4) 他回到日本来以后，去找过你吗？
    Tā huídào Rìběn lái yǐhòu, qù zhǎoguo nǐ ma?
    (彼は日本に帰って来てからあなたを訪ねたことがありますか)

(5) 他还是回到美国去发展了。　Tā háishi huídào Měiguó qù fāzhǎn le.
    (彼はやはりアメリカに帰って能力を生かした)

(6) 他们回到自己的家乡去了。
    Tāmen huídào zìjǐ de jiāxiāng qù le.
    (彼らは故郷に帰った)

もちろん、この"到"を使わなくても、間違いではありません。(4)は"他回日本来以后，去找过你吗？"(5)は"他还是回美国去发展了"(6)は"他们回自己的家乡去了"とも言えます。会話では"到"がないほうがよく使われます。

2 "回日本来"と"回到日本来"の違いは？

たしかに (4)"他回到日本来以后，去找过你吗？"と"他回日本来以后，去找过你吗？"、(5)"他还是回到美国去发展了"と"他还是回美国去发展了"、(6)"他们回到自己的家乡去了"と"他们回自己的家乡去了"は意味が同じです。しかし、次のような違いがあります。

2.1 "回到…来／去"は過去形、"回…来／去"は未来形に使われることが多い。

"到"は結果補語で、到着したという結果を表すので、"回到"は「…に帰った」という過去形に多く使われるのに対して、"回…来／去"は単に「帰って来る／行く」なので、未来形に使われます。例えば、

(7) 我们已经平安回到日本来了。
 Wǒmen yǐjīng píng'ān huídào Rìběn lái le.
 (私たちはもう無事に日本に帰って来ました)

(8) 他们什么时候回日本来？ Tāmen shénme shíhou huí Rìběn lái?
 (彼らはいつ日本に帰って来ますか)

(9) 他回到自己的母校去了。 Tā huídào zìjǐ de mǔxiào qù le.
 (彼は自分の母校に戻った)

(10) 他想早点儿回中国去。 Tā xiǎng zǎo diǎnr huí Zhōngguó qù.
 (彼は少し早めに中国に帰りたい)

2.2 "回到"の後には"了"が使えるが、"回"の後には"了"が使えない。

　これまで"来／去"は方向補語の要であると言ってきましたが、"回到…来／去"と"回…来／去"に限り"来／去"を省略できます。"来／去"がない場合"回到"と場所の間に"了"を使えますが、"回"と場所の間には"了"が使えません。例えば、

(11) 彼はすでに実家に帰った。
　　○他已经回到老家了。　Tā yǐjīng huídào lǎojiā le.
　　○他已经回到了老家了。　Tā yǐjīng huídàole lǎojiā le.
　　＊他已经回了老家了。
(12) 彼は東京に帰るとすぐ結婚した。
　　○他回到东京就结婚了。　Tā huídào Dōngjīng jiù jiéhūn le.
　　○他回到了东京就结婚了。　Tā huídàole Dōngjīng jiù jiéhūn le.
　　＊他回了东京就结婚了。
(13) 彼は北京に帰ってからやっと仕事を見つけた。
　　○他回到北京才找到工作。　Tā huídào Běijīng cái zhǎodào gōngzuò.
　　○他回到了北京才找到工作。
　　　Tā huídàole Běijīng cái zhǎodào gōngzuò.
　　＊他回了北京才找到工作。

2.3 "回到"と"去"の間には時間名詞が使えるが、"回"と"去"の間には使えない。

　"回到"は結果補語なので、その後に時間名詞を取れますが、"回"は取れません。例えば、

(14) 人間は過去に戻ることはできないのだ。
　　○人是不可能回到过去去的。　Rén shì bù kěnéng huídào guòqù qù de.
　　＊人是不可能回过去去的。

⒂ 私は子どものころに帰ったみたいだ。
　　○我好像回到童年去了。　　Wǒ hǎoxiàng huídào tóngnián qù le.
　　＊我好像回童年去了。
⒃ 彼らはまるで大学時代に帰ったかのようだった。
　　○他们仿佛回到大学时代去了。
　　　Tāmen fǎngfú huídào dàxué shídài qù le.
　　＊他们仿佛回大学时代去了。

とにかく、"回"はほかの方向動詞と同じく、場所目的語を"来／去"の前に置きます。また、ほかの方向動詞と違って、"回"は結果補語の"到"と一緒に使うことができ、「"回到"＋場所＋"来／去"」という文型がよく使われます。

練習問題

Ⅰ　次の中国語を日本語に訳してください。
1. 他为什么要回到贫困的老家去呢？
2. 你从哪儿来就回到哪儿去吧。
3. 她很想早点儿回国去找工作。
4. 李健昨天回到了北京，就给我打电话了。
5. 我只希望你们能平安回到日本来。

Ⅱ　次の日本語を中国語に訳してください。
1. 彼はいつアメリカに帰るの？
2. 彼女は会社に戻ると、すぐ報告書を書き始めた。
3. 李江さんは就職活動をするために、すでに上海に帰った。
4. 子どもたちが無事に帰って来たことが一番うれしいです。
5. 彼は東京に帰ってから、日本語の先生になった。

「こちらに来て」の"你来"と"你过来"の違いは？

　日本語ではお互いに見える場所にいる人に自分のところに来てもらう時は「ちょっとこちらへ」、あるいは「ちょっと来てください」と言いますね。それを中国語に訳すと、"你来""你来这儿"という人が多いのではないでしょうか。意味はわかりますが、ちょっと不自然な中国語になります。まず、以下の文を見てください。

(1) 王君、ちょっと来て。
　　？小王，你来一下。
(2) 明明、父さんのところに来て。
　　？明明，你来爸这儿。
(3) 麗ちゃん、お母さんのところに行って。
　　？小丽，你去你妈那儿。
(4) みんな、ちょっとここに来て。
　　？大家来这儿一下。

　(1)〜(4)はすべてお互いに見える場所にいるとします。何となく意味は通じるので、中国人の先生や留学生はあまり直してくれないかもしれません。これは文法というよりも発想と単語の違いです。

1　少ししか離れていなくても、動作の前に"来／去"を使う。

　まず、日常生活の中の場面を考えましょう。話者と聞き手がお互いに見える場所にいて少ししか離れていなければ、相手に何かお願いする時は、日本語は「…をしに来る／行く」とは言わないですね。しかし、中国語は以下の例文のように"来／去"を使います。

(5) <u>我</u>来洗碗，<u>你</u>去休息一会儿吧。　Wǒ lái xǐ wǎn, nǐ qù xiūxi yíhuìr ba.
（私は茶碗を洗うから、あなたはちょっと休んで）

(6) <u>你</u>来切菜，<u>我</u>去打个电话。　Nǐ lái qiè cài, wǒ qù dǎ ge diànhuà.
（あなたは野菜を切って。私はちょっと電話をします）

(7) 你别在那儿看电视，快来帮我打扫。
Nǐ bié zài nàr kàn diànshì, kuài lái bāng wǒ dǎsǎo.
（そこでテレビを見ないで、早く掃除を手伝ってください）

2　自分がいる場所に向かって来る時は、"来"だけではいけない。

　自分がいる場所に向かって人や物が来る時と、別の場所に行く時は、日本語では「来る」「行く」だけで十分です。しかし中国語に訳すと、次のような誤文がよく見られます。例えば、

(8) 彼らはここに来ますよ。
　　＊他们来这儿。
(9) 車はそこに行きますよ。
　　＊汽车去那儿。

　中国語では、見えている人や物が実際に動いて「来る」「行く」は、単に「日本に来る」「北京に行く」の「来る」「行く」と違って、具体的な動作が要求されるのです。例えば(8)(9)は「ここに来る」は「歩いて来る」のか、「走って来る」のか、「そこに行く」も「走って行く」など具体的に言わなければならないのです。それだけではなく、「ほかの場所」ではなく、「ここに向かっている」ことも示さなければなりません。日本語の「ここに来ますよ」も「ほかの場所ではなく、ここに向かっている」というニュアンスがあります。その場所を示すために、中国語は介詞の"向"か"往"を使います。(8)(9)は次のように言わなければなりません。（第5課を参照）

(8a) 他们往我们这儿走来了。　Tāmen wǎng wǒmen zhèr zǒulái le.
／他们向我们这儿走来了。　Tāmen xiàng wǒmen zhèr zǒulái le.
(9a) 汽车往那儿开去了。　Qìchē wǎng nàr kāiqù le.
／汽车向那儿开去了。　Qìchē xiàng nàr kāiqù le.

3　別の場所へ「来る」「行く」の"来""去"と区別するために、同じ場所内での移動なら"过来""过去"を使う。

これまで説明したように、中国語は動作については自分と相手がお互いに見える場所にいても、自分と相手の場を区別させる傾向があります。そして、相手に「来る」「行く」という動作を頼む時は、別のところへ「来る」「行く」の"来／去"と区別するために、"过来""过去"を使います。(1)〜(4)の誤文は次のようにしたほうが自然です。

(1a) 小王，你过来一下。　Xiǎo Wáng, nǐ guòlái yíxià.
(2a) 明明，你过来爸这儿。　Míngmíng, nǐ guòlái bà zhèr.
(3a) 小丽，你过去你妈那儿。　Xiǎo Lì, nǐ guòqù nǐ mā nàr.
(4a) 大家过来这儿一下。　Dàjiā guòlái zhèr yíxià.

つまり、"你过来"はお互いに見える所にいる時に相手に「来てください」「ここに来てください」と言う時に使います。"你来"はお互いに見えない所、例えば電話で相手が別の所にいる時に「来てください」と言う時に使います。
ちなみに「"过来"＋場所」は南方で使われることが多いが、現在は標準語でも使うようになりました。

4　同じ場所で「何かを持って行く、持って来る」も「動詞＋"过来""过去"」を使う。

中国語は自分と相手が同じ場所にいても、動作を頼む時に、相手と自分をはっきり区別するために、"过来""过去"をよく使います。例

えば、「持って行って」は"拿去"ではなく"拿过去"、「持って来て」は"拿来"ではなく"拿过来"を使うのが一般的で、丁寧な言い方です。"拿去""拿来"でも通じますが、かなりきつい命令調になります。例えば、

(10) すみません、王さん、醤油を持って来て。（同じテーブルにいる）
　　〇对不起，小王，你把酱油拿过来。
　　　　Duìbuqǐ, Xiǎo Wáng, nǐ bǎ jiàngyóu náguòlai.
　　？对不起，小王，你把酱油拿来。

(11) すみません、私のカバンを持って来て。（同じ教室にいる）
　　〇麻烦你把我的包拿过来。　Máfan nǐ bǎ wǒ de bāo náguòlai.
　　？麻烦你把我的包拿来。

(12) 課長は私にこれらの資料を持って行くように言った。
　　（課長と同じ部屋にいる）
　　〇科长叫我把这些资料拿过去。
　　　　Kēzhǎng jiào wǒ bǎ zhèixiē zīliào náguòqu.
　　？科长叫我把这些资料拿去。

いかがでしょうか。これから、同じ場所にいる相手に「こちらに」「ちょっと来て」「ちょっと行って」と言う時に、"过来""过去"、「…を持って来て」「…を持って行って」と言う時に、"拿过来""拿过去"と言えますね。

5　"过"は「渡る」「通る」「やって来る」という意味もある。

"过来""过去"の"过"はもともと動詞としては「渡る」「通る」という意味です。"过河"（川を渡る）"过桥"（橋を渡る）"过马路"（道路を渡る）。「通る、通過する」の場合は"过"だけではなく、必ず"过去"か"经过"と言わなければなりません。"经过我家"（我が家の前を通る）"从我家前边儿过去"（我が家の前を通る）"从我前边儿过去"（私の前を通る）。ただし"过去我家"とは言えません。

また、"过"はもともとの意味はある場所から別の場所へ「やって来る／行く」というニュアンスがあります。次の例文の「やって来る」「渡って行く」の中国語の言い方も覚えてください。

⒀ <u>他们在对面，我们走过去吧</u>。
　　Tāmen zài duìmiàn, wǒmen zǒuguòqu ba.
　　（彼らは向こうにいるので、私たちは渡りましょう）
⒁ <u>你别跑过去</u>。　Nǐ bié pǎoguòqu.（走って渡らないで）
⒂ <u>他们走过来了</u>，我们在这儿等。
　　Tāmen zǒuguòlai le, wǒmen zài zhèr děng.
　　（彼らはこちらに来るよ、ここで待とう）

練習問題

Ⅰ　次の中国語を日本語に訳してください。
1. 小明，你过来一下，我有事跟你谈。
2. 你过去帮你妈妈，这儿我来做。
3. 田中，你把你的作业拿过来，我看看。
4. 小健，你把这块桌布拿过去给你姐姐，她要擦桌子。
5. 妈，爸，你们快过来看，哥哥上电视了。

Ⅱ　次の日本語を中国語に訳してください。
1. お母さん、早く来て、お父さんから電話よ。
2. すみません、コショウを持って来てくれる？
3. 山田君、ちょっと君のテキストを持って来てください。
4. ほら、彼女はあそこであなたを待っているよ。早く行きなさい。
5. あなたたちはこちらに来ないで、私たちが渡ります。

複合方向補語と非場所目的語の位置

『誤用』p.315 で簡単に複合方向補語と非場所目的語の 3 種類の位置関係について紹介しましたが、それぞれの使い方の違いに触れなかったためか、以下の誤文が見られました。

(1) 先生は彼らに教科書を出しなさいと言いました。
　　＊老师叫他们快拿出来课本。
(2) 昨日、私は会社から仕事をたくさん持ち帰った。
　　＊昨天我从公司带了很多工作回来。
(3) 彼は何を買って帰りたいの。
　　＊他要买回去什么东西？
(4) 彼は 1 万円を出して私にくれた。
　　＊他拿出来一万日元给我。

複合方向補語と非場所目的語の位置関係は、『誤用』p.315 に説明したように次の 3 つがありますね。
1　動詞＋方向補語＋非場所目的語＋"来／去"（"拿出一本书来"）
2　動詞＋非場所目的語＋複合方向補語（"拿一本书出来"）
3　動詞＋複合方向補語＋非場所目的語（"拿出来一本书"）

いったい、この 3 つはどのように使い分ければよいでしょうか。これは学習者にとって、とてもわかりにくいようで、よく (1)～(4) のような誤文を作ってしまいます。以下に、この 3 つの語順について簡単に説明しながら、誤文を分析していきます。

1　動詞＋方向補語＋非場所目的語＋"来／去"

この文型は、その場で何かを取り出すなどの動作を言う時の表現です。その場にいなければ使えません。また動作者の移動もありません。

「動詞＋方向補語＋非場所目的語＋"来"」の文型を使い、非場所目的語の後は、ほとんど"来"を使います。例えば、

(5) 授業が始まると、先生はすぐ私たちに教科書を出すように言いました。
　　 一上课，老师就叫我们拿出课本来。
　　 Yí shàngkè, lǎoshī jiù jiào wǒmen náchū kèběn lái.

(6) 彼は私たちのお願いを断るために、いつもいろいろな理由を出してくる。
　　 他总是推出很多理由来拒绝我们的要求。
　　 Tā zǒngshì tuīchū hěn duō lǐyóu lái jùjué wǒmen de yāoqiú.

(7) 私は目を閉じたら、すぐいいアイディアが浮かんできた。
　　 我一闭上眼睛，就想出一个好办法来了。
　　 Wǒ yí bìshàng yǎnjing, jiù xiǎngchū yí ge hǎo bànfǎ lái le.

以上の例文を見て、(1)(4)の誤文の原因がおわかりになると思います。「その場で何かを出す」という状況なので、この1の文型を使わなければなりません。正しい文は以下のようになります。

(1a) 老师叫他们快拿出课本来。　Lǎoshī jiào tāmen kuài náchū kèběn lái.
(4a) 他拿出一万日元来给我。　Tā náchū yíwàn Rìyuán lái gěi wǒ.

動作者がその場で何かを取り出さない場合は、この文型は使えません。次の例文を見てください。

(8) あなたは台所からお椀を2つ持って来てください。
　　 ＊你去厨房拿出两个碗来。
　　 ○你去厨房拿两个碗出来。　Nǐ qù chúfáng ná liǎng ge wǎn chūlai.

(9) 人が公園から1台の小さな車を押して出て来たのが見えた。
　　 ＊我看见有一个人从公园里推出一辆小车来。
　　 ○我看见有一个人从公园里推一辆小车出来。
　　 Wǒ kànjiàn yǒu yí ge rén cóng gōngyuán li tuī yí liàng xiǎo chē chūlai.

⑽ 先生はパソコンを持って入って来た。
　＊老师拿进一个电脑来。
　○老师拿了一个电脑进来。　Lǎoshī nále yí ge diànnǎo jìnlai.

以上の例はすべて、動作者がその場で何かを取り出しているのではなく、動作者の移動を表すので、「動詞＋方向補語＋非場所目的語＋"来／去"」ではなく、次の2の「動詞＋非場所目的語＋複合方向補語」の文型を使わなければなりません。

2　動詞＋非場所目的語＋複合方向補語

この文型は、最後の「動詞＋"来／去"」は動作者の移動する方向を示します。例えば、

⑾ 彼はどこからこんなたくさんのシイタケを持って帰って来たの？
　他从什么地方拿那么多蘑菇回来？
　Tā cóng shénme dìfang ná nàme duō mógu huílai?

⑿ あなたはあの教室へ行って、椅子を1つ運んで来て。
　你去那个教室搬一把椅子过来。
　Nǐ qù nèige jiàoshì bān yì bǎ yǐzi guòlai.

⒀ 彼はビール1本と1袋のピーナッツを持って入って行った。
　他拿了一瓶啤酒和一包花生进去了。
　Tā nále yì píng píjiǔ hé yì bāo huāshēng jìnqu le.

⒁ 彼は外にいるから、早く水を1杯持って行ってあげてください。
　他在外边儿，你快拿一杯水出去给他。
　Tā zài wàibiānr, nǐ kuài ná yì bēi shuǐ chūqu gěi tā.

以上の例文を見れば、(3) の誤りがわかると思います。そうです、「帰る」という動作者の移動です。正しい文は以下のようになります。

　(3a)　他要买什么东西回去？　Tā yào mǎi shénme dōngxi huíqu?

もし、動作者の移動がない場合は、この複合方向補語の文型を使えないのです。以下の誤文を見てください。

(15) 授業の時、彼は1枚の紙を出して、私にくれた。
　　＊上课时，他拿一张纸出来给我。
　　〇上课时，他拿出一张纸来给我。
　　　Shàngkè shí, tā náchū yì zhāng zhǐ lái gěi wǒ.

(16) 彼は話した後、すぐカバンからあの本を出した。
　　＊他说完后，就从书包里拿那本书出来。
　　〇他说完后，就从书包里拿出那本书来。
　　　Tā shuōwán hòu, jiù cóng shūbāo li náchū nèi běn shū lái.

(17) あなたはなぜこんな話を言い出したの？
　　＊你怎么能说这样的话出来呢？
　　〇你怎么能说出这样的话来呢？
　　　Nǐ zěnme néng shuōchū zhèyàng de huà lái ne?

以上の誤文はすべて動作者の移動がないのに、2の文型を使っていることです。(15)(16)は動作者がその場で物を出し、(17)は話を言い出しただけであり、動作者の移動はありません。ですから、「動詞＋非場所目的語＋複合方向補語」の文型は使えず、1の「動詞＋方向補語＋非場所目的語＋"来／去"」を使うべきです。

「動詞＋非場所目的語＋複合方向補語」は、非場所目的語と動作者の移動があるので、よく「"把"構文」を使います。「非場所目的語」は"把"の後に置き、その後、動作者の移動を表す複合方向補語を使います。例えば、

(18) あなたはあなたの物を外へ持って行ってください。私はそれらの物を見たくない。
　　你把你的东西都拿出去，我不想看这些东西。
　　Nǐ bǎ nǐ de dōngxi dōu náchūqu, wǒ bù xiǎng kàn zhèixiē dōngxi.

(19) 私はあなたの物を全部持って来たよ。（部屋の中）自分で片づけてください。
我把你的东西都拿进来了，你自己收拾吧。
Wǒ bǎ nǐ de dōngxi dōu nájìnlai le, nǐ zìjǐ shōushi ba.

3　動詞＋複合方向補語＋非場所目的語

この文型は、2の文型と違って重点が動作者の移動ではなく、非場所目的語の移動にあります。そしてすでに行った動作を表す時だけに使います。その場で行われた動作には使えません。そして非場所目的語の文では、非場所目的語の前の複合方向補語は「方向補語＋"来"」しか使えません。例えば、

(20) 父は昨日どこかで訳がわからない古董品を買って帰って来た。
我爸昨天不知道在哪儿买回来了很多莫名其妙的古董。
Wǒ bà zuótiān bù zhīdào zài nǎr mǎihuílai le hěn duō mòmíngqímiào de gǔdǒng.

(21) お兄さんはどこからあんなに多くのリンゴを持って帰って来たの？
你哥哥从哪儿拿回来了那么多苹果？
Nǐ gēge cóng nǎr náhuílai le nàme duō píngguǒ?

(22) 彼はあなたたちのために、ホカホカの餃子を持って来たのに、お礼も言わないの？
他给你们端上来一碟热呼呼的饺子，你们也不说谢谢。
Tā gěi nǐmen duānshànglai yì dié rèhūhū de jiǎozi, nǐmen yě bù shuō xièxie.

以上の例文を見て、(2)の誤りがおわかりになったと思います。正しい文は以下のようになります。

(2a) **昨天我从公司带回来了很多工作。**
Zuótiān wǒ cóng gōngsī dàihuílai le hěn duō gōngzuò.

また、過去の動作でなければ、「動詞＋複合方向補語＋非場所目的語」

の文型を使えないので、1か2の文型を使ってください。以下の例文を見てください。

(23) 彼はいつも私たちにあの要求を出してくる。

＊他常常向我们提出来那样的要求。

○他常常向我们<u>提出</u>那样的要求<u>来</u>。

Tā chángcháng xiàng wǒmen tíchū nàyàng de yāoqiú lái.

(24) 私は毎日、面白い記事を切り抜きます。

＊我每天都剪下来有意思的新闻。

○我每天都<u>剪下</u>有意思的新闻<u>来</u>。

Wǒ měitiān dōu jiǎnxià yǒu yìsi de xīnwén lái.

(25) 私は北京のお土産を買って帰りたい。

＊我想买回去北京的土产。

○我想<u>买</u>北京的土产<u>回去</u>。 Wǒ xiǎng mǎi Běijīng de tǔchǎn huíqu.

4 「複合方向補語と特定非場所目的語」は"把"構文を使う。

もし非場所目的語が特定のものならば、1、2、3の3つの文型よりも、"把"構文のほうがよく使われます。「"把"＋特定非場所目的語＋動詞＋複合方向補語」の文型になります。以下の例文を見てください。

(26) ちょっと待って、中からあの物を取って来てあなたに見せてあげる。

你等等，我到里边儿<u>把那个东西拿出来</u>给你看看。

Nǐ děngdeng, wǒ dào lǐbiānr bǎ nèige dōngxi náchūlai gěi nǐ kànkan.

(27) 本棚の上のあの本を取って来てください。

请你<u>把书架上的那本书拿下来</u>。

Qǐng nǐ bǎ shūjià shang de nèi běn shū náxiàlai.

(28) あなた方の学生証を出して机の上に置きなさい。

<u>把你们的学生证拿出来</u>，放在桌子上。

Bǎ nǐmen de xuéshēngzhèng náchūlai, fàngzài zhuōzi shang.

㉖は動作者の移動、㉗㉘はその場で何かを出すことを表しますが、どれも"把"構文を使えます。

もし非場所目的語が特定のものでない場合は、2の「動作者の移動を表す」文型は"把"構文を使えませんが、1の「その場で何かを取り出す」文型と3の「非場所目的語の移動」の文型は"把"構文を使えます。例えば(5)は"一上课，老师就叫我们把课本拿出来"、㉔は"我每天都把有意思的新闻剪下来"とも言えます。

とにかく、複合方向補語と非場所目的語の文型は3つ（「その場」、「移動」、「その場でない過去」）あることと、それぞれの用法を覚えればいいです。それから、目的語が特定のものであれば、まず"把"構文を使ってください。

練習問題

Ⅰ 次の中国語を日本語に訳してください。
1. 他从书包里拿出一本漫画来。
2. 请你把你的学生证拿出来，放在桌子上。
3. 妈妈把剩下的菜都放进冰箱里去了。
4. 我弟弟昨天抱回来一只可爱的小狗。
5. 你拿这个出去给他，他看了一定会走的。

Ⅱ 次の日本語を中国語に訳してください。
1. どこでこんなにたくさんのトマトを買って来たの？（家で）
2. この椅子を2階に運んで（行って）くれませんか。
3. 彼はポケットから1枚の写真を出して、見せてくれました。
4. 彼は倉庫からあの古いストーブを出してきた。
5. 早く5千円を出して、彼にあげたら。

09 いつ複合方向補語を使うか

　複合方向補語「動詞＋方向補語（"进""出""上""下""回"など）＋"来／去"」という構造は、『誤用』p.313で簡単に説明しましたが、読者から「複合方向補語の形はわかるが、いつ複合方向補語を使わなければならないのか」という質問が来ました。たしかに日本語は「歩いて入って来る」「歩いて入って行く」「走って上がって来る」「走って上がって行く」とはあまり言わず「入って来る」「入って行く」「上がって来る」「上がって行く」で十分ですね。しかし、中国語に訳すと、単純方向補語では十分ではなく、複合方向補語を使わないと落ち着かない場合があります。まず、以下の誤文を見てみましょう。

(1) 彼が教室に入って来た時、みんな笑い出した。
　　＊他进教室来时，大家都笑了。
(2) 彼は体育館から出た時、突然ちょっとめまいがした。
　　＊他从体育馆出的时候，突然觉得有点儿头晕。
(3) この古雑誌がほしいなら、全部持って帰ってください。
　　＊这些旧杂志，你要的话，就拿回。

1　単文と連動文の文末に非方向動詞と"进""出""上""下""回"を使う時は、必ず複合方向補語を使う。

　(3)の誤文を見ればすぐわかると思います。第1課で説明しましたね。「帰ってください」は"回"だけではなく、"回去"と言わなければならないので、「持って帰ってください」は"拿回去"という複合方向補語を使います。特に、単文と連動文の後半に、非方向動詞（「歩く」「走る」「持つ」など）と"进""出""上""下""回"を一緒に使う時は、必ず複合方向補語を使わなければなりません。例えば、

(4) 私たちは歩いて上がりましょう。
   ＊我们走上吧。
   ○我们走上去吧。　Wǒmen zǒushàngqu ba.
(5) これらのリンゴを持って帰って。
   ＊这些苹果你拿回吧。
   ○这些苹果你拿回去吧。　Zhèixiē píngguǒ nǐ náhuíqu ba.
(6) 早く下りてきて。
   ＊快跑下。
   ○快跑下来。　Kuài pǎoxiàlai.

　日本語で「帰りましょう」「入ってください」のように「行く」を言わなくても、中国語ではちゃんと"去"を使わなければならないのです。そして2つの方向（「入って来る」「出て行く」「上がって行く」など）を示す場合は、必ず複合方向補語を使いましょう。

2　「歩く」「走る」「持つ」などの具体的な動作を示すために複合方向補語を使う。

　第2課で説明した通り、"进""出"は場所目的語があると単独で使えず、具体的な動詞が必要で、さらに"来／去"をつけて複合方向補語を使うのです。
　ですから、(1)(2)(3)の動作は「歩く」「走る」「持つ」などの具体的な動作なので、以下のように言わなければならないのです。

(1a) 他走进教室来时，大家都笑了。
　　 Tā zǒujìn jiàoshì lái shí, dàjiā dōu xiào le.
(2a) 他从体育馆跑出来的时候，突然觉得有点儿头晕。
　　 Tā cóng tǐyùguǎn pǎochūlai de shíhou, tūrán juéde yǒudiǎnr tóuyūn.
(3a) 这些旧杂志，你要的话，就拿回去。
　　 Zhèixiē jiù zázhì, nǐ yào de huà, jiù náhuíqu.

3 "把"構文も「上下」「中外」「帰る」という方向を示す時に複合方向補語を使う。

"把"構文はものごとを処理して移動することを表すために、目的語は"把"の後に置き、その後、処理して移動する動作を言います(『誤用』p.216-226参照)。「上下」「中外」「帰る」などの方向を示す時は、必ず複合方向補語を使います。以下の例文を見てください。

(7) そのゴミを外に持って行ってください。
请你把那些垃圾拿出去。 Qǐng nǐ bǎ nèixiē lājī náchūqu.

(8) 上にある鍋を取ってくれないか。
请你把上边儿那个锅拿下来好吗？
Qǐng nǐ bǎ shàngbiānr nèige guō náxiàlai hǎo ma?

(9) 黒板の紙を剥がしてください。
请你把黑板上的纸拆下来。
Qǐng nǐ bǎ hēibǎn shang de zhǐ chāixiàlai.

(10) これらの資料を持って帰らないで
你别把这些资料拿回去。 Nǐ bié bǎ zhèixiē zīliào náhuíqu.

練習問題

Ⅰ 次の中国語を日本語に訳してください。
 1. 一听到警报，大家都跑出去了。
 2. 你把这些资料拿回去看看。
 3. 我天天下班后，都是走回家去的。
 4. 你跑下去，肯定比他坐电梯快吗？
 5. 明年这些燕子还会飞回来吗？

Ⅱ 次の日本語を中国語に訳してください。
 1. お父さんが帰って来た時、彼は部屋に隠れた。
 2. 壁のあの掛け時計を取って来てください。
 3. 早く、早く、みんな早く走って上がりましょう。
 4. これらの果物を冷蔵庫に入れてください。
 5. 最終電車が行ってしまったので、歩いて帰りましょうか。

10 結果がないのに、なぜ結果補語を使うのか

『誤用』のp.306とp.317に結果補語について、簡単に「動作の結果を補足するもの」として「動詞＋動詞」と「動詞＋形容詞」という形について説明しましたが、学生は結果がないのに、なぜ結果補語を使わなければならないか納得できないようです。次の文の「受け取った」「見かけた」「(印象を) 残した」「授業を受けた」などは結果が生じない動詞なのに、なぜ結果補語を使わなければならないのかという質問がありました。

(1) 今日は1通の手紙を受け取りました。
  ＊今天我收了一封信。
(2) 私は北京にいた時、たくさんタバコを吸う人を見かけた。
  ＊我在北京的时候，看了很多人抽烟。
(3) 彼の話は私に深い印象を与えた。
  ＊他的话给我留了很深的印象。
(4) 私は昨日5時まで授業を受けました。
  ＊我昨天到5点上课。
(5) 郭先生の宿題が終わった。
  ＊郭老师的作业完了。

単に動作が行われたことは「動詞＋"了"」だけで十分に表せます。例えば、"吃了"（食べた）"做了"（した）"买了"（買った）。たしかに、日本語の「受け取った」「見かけた」「(印象を) 残した」「授業を受けた」「終わった」のような動作に結果があるとはわかりにくいかもしれません。単に動作が終わったと考えて、(1)(2)(3)に"了"だけを使ってしまったのでしょう。これは日本語と中国語の単語の使い方の違いかもしれません。これからそれぞれの単語について説明していきたいと思います。

（1）中国語の"收"は「収まる、収める」という意味で、"收钱"（お金を収める）"收衣服"（服を収める）の用法しかありません。"收信"になると、「手紙を収める、片づける」という意味になってしまいます。日本語も手紙は「受ける」ではなく「受け取る」ですね。理論を説明してもすべてに当てはまるとは限りませんし、納得するのも難しいので、決まった言い方はそのまま覚えるほうがいいと思います。中国語も「手紙を受け取る」は"收"ではなく、"收到"とそのまま覚えればいいと思います。

（2）"看"は単に「見る、読む」、"看了"は「見た、読んだ」で、例えば"看电视"（テレビを見る）は、動作の結果がどうなったかまでは表現できません。「見かける」は「何かを見てから目に留まる」という結果について言いたいので、"看"だけでは表現できないのです。そこで、成果などが現れる、目に見えてくるという動詞"见"か、目標が達成できることを表す"到"を結果補語として使い、"看见"（見かけた）"看到"（見えた）にします。

（3）"留"も同じく、「留まる、留める」という意味だけで、"留这个"（これを残す）"留人"（人を留める）のように、結果を表せません。しかし、「印象が留まる」「印象を留める」のように、結果まで言いたい時は必ず、「心に残す」「心に刻まれる」という結果を表す"下"をつけ、"留下美好的印象""留下深刻的印象"のように言わなければなりません。

（4）"上课"はたしかに結果がありませんが、「何時まで…した」という時間的な結果を考えて、"上课"の動詞の"上"の後に、「…まで」の"到"をつけて、時間を述べます。"上课上到 5 点"。実際、「何時まで…した」という構造を「時間補語」と言う文法書もあります。

（5）"完"は『誤用』の p.317 に述べたように、動詞としての意味は「おしまいだ」だけですので、「なくなる、終わる」の意味で使うには具体的な動詞が必要で、"做完"（やり終えた）"吃完"（食べ終えた）"看

結果補語

完"（見終えた、読み終えた）のように言わなければなりません。

　(1)～(5)の誤文は日中言語の表現の違いとも思います。正しい表現は次のようになります。

(1a) **今天我<u>收到了</u>一封信。**　Jīntiān wǒ shōudàole yì fēng xìn.
(2a) **我在北京的时候，<u>看见</u>很多人抽烟。**
　　　Wǒ zài Běijīng de shíhou, kànjiàn hěn duō rén chōuyān.
(3a) **他的话给我<u>留下了</u>很深的印象。**
　　　Tā de huà gěi wǒ liúxiàle hěn shēn de yìnxiàng.
(4a) **我昨天上课<u>上到</u>5点。**　Wǒ zuótiān shàngkè shàngdào wǔ diǎn.
(5a) **郭老师的作业我<u>做完</u>了。**　Guō lǎoshī de zuòyè wǒ zuòwán le.

　一部の日本語の動詞は中国語に直訳すると、意味合いがちょっと違って、結果を表せないことがあります。以下の誤文も見てください。

(6) あのゴミを全部拾ってください。
　　＊请你把那些垃圾拾。
(7) 最近、私は「小皇帝」という言葉をよく耳にします。
　　＊最近我常常听"小皇帝"这个词。
(8) 以前の古い家は、新しい家に変わった。
　　＊以前的旧房子，变了新房子。
(9) 先生は私をびっくりさせるようなことを話した。
　　＊老师说了一件让我吓的事。
(10) 彼らは私の名前をケーキに書いた。
　　＊他们把我的名字写蛋糕上。

　(6)「拾う」はたしかに辞書に"拾""捡"という訳がありますが、そのまま"拾"や"捡"は使えません。必ず何か結果を表す言葉と一緒に使わなければならないのです。例えば、"拾起来""拾到"。

(6a) **请你把那些垃圾<u>拾起来</u>。**　Qǐng nǐ bǎ nèixiē lājī shíqǐlai.

(7)"听"もただ「聞く」に過ぎないのです。「耳にする」は「ニュースなど何かを耳に留める」ことなので、"听"だけではなく、結果を表す"到"と一緒に使わなければなりません。

(7a) 最近我常常听到"小皇帝"这个词。
　　　Zuìjìn wǒ chángcháng tīngdào "xiǎohuángdì" zhèige cí.

(8)「変わる」もそうです。"变"だけでは、新しいものに「変わった」ことを表せないのです。"变"の後に、「何かになる」という"成"か"为"という結果補語を使わなければなりません。

(8a) 以前的旧房子，变成了新房子了。
　　　Yǐqián de jiù fángzi, biànchéngle xīn fángzi le.

(9)"吓"は単独では、あまり使いません。必ず結果を表す言葉と一緒に使います。例えば、"吓坏"（びっくりした）"吓了一大跳"（びっくりした）"吓哭了"（びっくりして泣き出した）など。

(9a) 老师说了一件让我吓坏的事。
　　　Lǎoshī shuōle yí jiàn ràng wǒ xiàhuài de shì.

(10)「書いた」は、たしかに"写了"ですが、書いたものがどこかにあるという結果を意識すると、"写了"だけでは表現できません。書いたものがどこかに留まるのであれば、動作の後に存在を表す"在"を使わなければなりません。

(10a) 他们把我的名字写在蛋糕上。
　　　 Tāmen bǎ wǒ de míngzi xiězài dàngāo shang.

このように、単に動作を述べるのではなく、結果を意識して言う時は、結果を表す動詞を補語として使うのです。組み合わせの決まっているものはそのまま覚えてしまいましょう。

練習問題

Ⅰ　次の中国語を日本語に訳してください。
1. 快下雨了，你赶快把那些衣服收起来。
2. 那件事真的吓坏了大家。
3. 你听到什么消息了？快告诉我。
4. 他写了是写了，可是没写好。
5. 你们都留下，一个都别想回去。

Ⅱ　次の日本語を中国語に訳してください。
1. 昨日中国語を２時まで勉強した。
2. 先週私は本屋さんで李先生に出会った。
3. 最近あの言葉をよく耳にします。
4. 昨日母が送って来た小包を受け取った。
5. 彼は自分の名前をカバンに書いた。

11 いつ結果補語を使うか

　中国語では、単に動作の完了は「動詞＋"了"」ですが、動作が行われた後に何か結果が生じる場合は結果補語を使うことを『誤用』のp.306とp.317で簡単に触れました。
　構造としては、動詞の後に結果を表す動詞か形容詞をつけて「動詞＋動詞／形容詞」という形で使われます。
　日本語では動作の後にいちいち結果を言わないことが多いので、理解しにくいかもしれません。結果補語を日本語に直訳すると長くなって、不自然になる場合もありますね。例えば、
　"吃完"――「食べ終わった」
　"吃坏了肚子"――「食べておなかを壊した」
　"吃饱"――「食べておなかがいっぱいになった」

　また、学生の誤文を調べてみると、ほとんど「動詞＋"了"」の形を使ってしまうことが多いです。以下の誤文を見てください。

(1) 私は1人の男が歩きながらタバコを吸っているのを見た。
　　＊我看了一个男人一边走一边抽烟。
(2) 今日の発表はちゃんと準備した。
　　＊今天的发表好好儿准备了。
(3) 私が着物を着ると、母は私を見て、とてもうれしそうでした。
　　＊我穿了和服，妈妈看着我，好像很高兴。
(4) 今日、私は友達からの電話を受けた。
　　＊今天我接了我朋友的电话。
(5) 私はだんだん中国の映画が好きになった。
　　＊我渐渐喜欢了中国电影。

　いかがでしょうか。このような文を作ってしまったことがありませ

結果補語

結果補語 • 49

んか。これらの誤文は日本語の「…した」という完了形を見て、学習者はつい「動詞＋"了"」の形を使ってしまったようです。

いったいどんな時に結果補語を使わなければならないのでしょうか。簡単に説明したいと思います。

1 動作が結果を伴えば、過去でも現在でも未来でも結果補語を使う。

　動作が結果を伴い、その結果を意識して言う時は、必ず、結果補語を使いましょう。例えば、「食べる」は「ちゃんと食べた」という結果を意識して言いたいなら、結果補語を使って"吃好"と言います。「作る」は「作って失敗する」という結果を言いたいなら結果補語を使って"做坏"と言います。もし、「すでに失敗した」のならその後に"了"をつけて、"做坏了"と言います。「失敗しないで」という未来形なら、"了"は要りませんが、"别"の後に動詞と結果補語を使って、"别做坏"になります。具体的な例文を見てみましょう。

(6) 你得把这课的语法学好。　Nǐ děi bǎ zhèi kè de yǔfǎ xuéhǎo.
　　（君はこの課の文法をちゃんと勉強しなければならない）
(7) 这一课的语法我们都学好了。
　　Zhè yí kè de yǔfǎ wǒmen dōu xuéhǎo le.（この課の文法を全部習った）
(8) 他被工作累坏病倒了。　Tā bèi gōngzuò lèihuài bìngdǎo le.
　　（彼は仕事で疲れて体を壊し、倒れた）
(9) 你应该大胆地说，说错了没关系。
　　Nǐ yīnggāi dàdǎn de shuō, shuōcuòle méi guānxi.
　　（勇気をもって話すべきだ、言い間違えても構わない）

　(6)「ちゃんと勉強する」という結果を相手に指示するので、"学好"を使うのは大丈夫ですね。(7)「習った」は日本語では結果がありませんが、中国語は「ちゃんと勉強した」と言ったほうが落ち着きます。(8)は日本語に訳しにくいかもしれません。「疲れて体を壊した」と「病気で倒れた」と2つの「動詞＋結果補語」がありますね。(9)は「言

い間違える」は未来の「動作＋結果補語」ですね。

次に過去と未来の結果補語を別々に説明します。

2 過去の動作の結果補語の用法。

過去の動作の結果補語はわかりやすいと思います。とにかく、動作の後に何か結果が生じたら、必ず結果補語を使います。その結果補語は動詞の場合もあれば、形容詞の場合もあります。例えば、

(10) 前天我已经看完那本书了。
Qiántiān wǒ yǐjīng kànwán nèi běn shū le.
（おととい、私はすでにあの本を読んだ）

(11) 昨天我在图书馆遇到小李了。
Zuótiān wǒ zài túshūguǎn yùdào Xiǎo Lǐ le. （昨日図書館で李君に会った）

(12) 这次去中国留学，我增长了不少知识。
Zhèi cì qù Zhōngguó liúxué, wǒ zēngzhǎngle bù shǎo zhīzshi.
（今回中国に留学して、私は知識をずいぶん増やした）

(13) 他把我的头发剪短了。　Tā bǎ wǒ de tóufa jiǎnduǎn le.
（彼は私の髪の毛を短く切った）

(10) (11) の"看完""遇到"という結果補語は「動詞＋動詞」で、(12) (13) の"增长""剪短"は「動詞＋形容詞」です。すべて過去の動作の結果を示しています。

3 未来の動作の結果補語の用法。

未来の動作に結果補語を使うのはちょっと理解しにくいかもしれません。これから行われる動作が結果を伴うという前提で説明する時は、必ず結果補語を使います。その時は、完了を表す"了"がないのですが、もし「完了」ではなく「…してから…する」、「…したら…」という意味ならば、"了"と一緒に使うこともあります。例えば (9)。ほか

の例も見てみましょう。

(14) <u>你把帽子戴上吧</u>。　Nǐ bǎ màozi dàishàng ba.
（帽子をかぶってください）

(15) <u>将来你会变成什么样，谁也不知道</u>。
Jiānglái nǐ huì biànchéng shénmeyàng, shéi yě bù zhīdào.
（将来あなたがどのように変わるか誰も知らない）

(16) <u>明天你吃完了晚饭给我打个电话</u>。
Míngtiān nǐ chīwánle wǎnfàn gěi wǒ dǎ ge diànhuà.
（明日あなたは晩ご飯の後に電話をください）

(17) <u>等你猜对了我再给你奖品</u>。　Děng nǐ cāiduìle wǒ zài gěi nǐ jiǎngpǐn.
（正確に当てたら賞品をあげるよ）

以上の例文は全部未来に行われる動作ですが、(14)"戴上"、(15)"变成"、(16)"吃完"、(17)"猜对"という結果補語を使っています。(16)(17)は「…してから」、「…したら…」の"了"と一緒に使っています。

4　日本語は動詞だけだが、中国語は「動詞＋結果補語」を使う場合。

以下にいくつか、日本語は動詞だけですが、中国語は「動詞＋結果補語」を使わなければならない例を挙げますので、ご自分で応用してみてください。

(18) あの小説を読みましたか？（相手に読み終わったかを確認する時）
○<u>这本小说你看完了吗</u>？　Zhèi běn xiǎoshuō nǐ kànwánle ma?
？这本小说你看了吗？

(19) 明日の資料をコピーしましたか？（ちゃんとコピーしたかの確認）
○<u>明天的资料都复印好了吗</u>？
Míngtiān de zīliào dōu fùyìnhǎo le ma?
？明天的资料都复印了吗？

⑳ これらの単語を覚えなければならない。
（覚えて定着させるべきという指示）
○这些词汇都得记下来。　Zhèixiē cíhuì dōu děi jìxiàlai.
？这些词汇都得记。

以上の例の日本語は単に動詞だけで、結果は当たり前なので言いませんが、中国語は、結果をはっきり言わないと、物足りないという感じになります。

ほかにも動詞だけで結果がない例は、
「準備した」——"准备"＋"好"＋"了"
「包んで」——"包"＋"起来"
「考えた」——"想"＋"好"＋"了"
「会う」——"遇"＋"见"

5　日本語は結果を表す動詞だけだが、中国語は「動詞＋結果補語」を使う場合。

日本語は結果を表す動詞だけで結果を表わせますが、中国語は具体的な動作を言わなければなりません。例えば、

㉑ 石油がなくなったら、どうしましょう。
○要是石油用完了，怎么办？
　　Yàoshi shíyóu yòngwán le, zěnme bàn?
＊要是石油完了，怎么办？
㉒ 彼の書いた日本語がわかりますか？
○他写的日语你看懂了吗？　Tā xiě de Rìyǔ nǐ kàndǒng le ma?
＊他写的日语你懂了吗？
㉓ 今日の仕事は終わりましたか？
○今天的工作做完了吗？　Jīntiān de gōngzuò zuòwán le ma?
＊今天的工作完了吗？

以上の日本語は結果を表す動詞だけを使っており、(21)「なくなる」、(22)「わかった」、(23)「終わった」は直訳すると、"完""懂了""完了"になりますが、中国語はやはり「動詞＋結果補語」という構造を使うべきなのです。

6　日本語は結果を表す形容詞を動詞の前に置くが、中国語は結果補語として動詞の後に置く。

　日本語は結果を表す形容詞を動詞の前に置くのが普通ですが、中国語はその形容詞を動詞の後に置き、「動詞＋形容詞の結果補語」になることもあります。例えば、

(24) 私はたくさん買ってしまった。
　　○我买多了。　Wǒ mǎi duō le. ——＊我多买了。
(25) 彼は髪の毛を黒く染めた。
　　○他的头发染黑了。　Tā de tóufa rǎn hēi le. ——＊他的头发黑染了。
(26) この穴を深く掘った。
　　○这个洞挖深了。　Zhèige dòng wā shēn le. ——＊这个洞深挖了。

　いかがでしょうか。いつ結果補語を使うかおわかりになりましたか。(1)〜(5)の誤文を次のように直せますね。

(1a)　我看见一个男人一边走一边抽烟。
　　　Wǒ kànjiàn yí ge nánrén yìbiān zǒu yìbiān chōuyān.
(2a)　今天的发表准备好了。　Jīntiān de fābiǎo zhǔnbèihǎo le.
(3a)　我穿好了和服，妈妈看着我，好像很高兴。
　　　Wǒ chuānhǎole héfú, māma kànzhe wǒ, hǎoxiàng hěn gāoxìng.
(4a)　今天我接到了我朋友的电话。
　　　Jīntiān wǒ jiēdàole wǒ péngyou de diànhuà.
(5a)　我渐渐喜欢上中国电影了。
　　　Wǒ jiànjiàn xǐhuanshàng Zhōngguó diànyǐng le.

7 まとめ——次の5点をぜひ覚えていただきたいのです。

7.1 動詞に結果が含まれている時は結果補語が必要。

例えば、「…を受け取る」「…を留める、残す」「…を見かける」は結果のニュアンスが含まれていますが、そのまま中国語に訳しただけでは（"收""留""看"）その結果を表せないので、別の動詞を補語として使わなければなりません。例えば、"收到""收下""留下""看见""看到"のように言います。「私はついに仕事を見つけました」は"我终于找了工作了"ではなく、"我终于找到工作了"になります。

7.2 動作の結果は具体的な動詞が必要。

例えば、「終わる、なくなる」の"完"、「わかる」の"懂"には、具体的な動作が必要です。"吃完"（食べ終わる）"喝完"（飲み終わる）"做完"（やり終える）、"看懂"（見てわかる）"听懂"（聞いてわかる）と言わなければなりません。「私のパソコンは弟に壊された」は"我的电脑被我弟弟坏了"ではなく、"我的电脑被我弟弟弄坏了"と言わなければなりません。

日本語の「なる」「破る」「壊す」は具体的な動作を示す必要がありませんが、中国語の"成""破""坏"は必ずふさわしい動詞を前につけます。例えば、"成"は"做成"（作って…になる）"写成"（書いて…になる）"翻译成"（…に翻訳する）、"破"は"打破"（叩いて割る）"撕破"（手で破る）。"坏"は"做坏"（作り損ねる）"打坏"（叩いて壊す）"洗坏"（洗ってだめにする）などがあります。

結果補語 • 55

7.3 「(動作を)…までした」ことを言う時も結果補語が必要。

「(動作を)…までした」ということを言いたい時は「動詞+"到"+時間」という構造を使います。例えば、"昨天我学习到晚上12点"(昨日私は夜12時まで勉強した)"他们前天打麻将打到9点"(彼らはおととい9時までマージャンをした)

ここで注意してほしいのは、目的語があれば、必ず「動詞+目的語」を先に言って、それからもう一度その動詞を言ってから、補語の"到"をつけて、最後に時間を言うのです。

7.4 動作がどこで行われたかも結果補語が必要。

もし、状態を表す動作が行われた場所を言いたいなら「動詞+補語の"在"+場所」という構造を使います。例えば、「私は北京で生まれ、上海で育った」は"我在北京生,我在上海长"ではなく、"我生在北京,长在上海"と言います。

7.5 動作が「何かのために、誰かに…してあげる」を表す時も結果補語が必要。

「何かのために、誰かに…してあげる」の場合は、動詞の後に"给"(あげる)という結果補語を使います。例えば、"这个蛋糕是做给你吃的"(このケーキはあなたに食べてもらおうと、作ってあげたのです)"这个蛋糕是买给你吃的"(このケーキはあなたのために買ってきたのだ)"这个蛋糕是做给你送人的"(このケーキはあなたが誰かにあげるために作ってあげるのです)。

8 結果補語の否定は「動詞＋結果補語」の前に"没"をつける。

　『誤用』p.320で述べたように、結果補語の否定は動詞の前に"没"をつけます。例えば、"他没做完今天的作业就睡了"（彼は今日の宿題が終わってないのに寝てしまった）、"那本书我没送给他"（あの本は私は彼にあげていない）。

練習問題

Ⅰ　次の中国語を日本語に訳してください。
1. 我一回到家，就看到桌子上有我喜欢的吃的饺子。
2. 他昨天打工打到半夜两点。
3. 这些文件我今天得处理好。
4. 老师，您是怎么记住学生的名字的？
5. 谁也很难预测自己将来会找到什么工作？

Ⅱ　次の日本語を中国語に訳してください。
1. 彼は今日たくさんの魚を釣った。
2. 今日は幸運で、1つの流れ星を見た。
3. この資料を李明さんに渡してくれませんか。
4. 今日の晩ご飯はもう用意した。
5. 私は彼の足音が聞こえなかった。あなたは聞こえましたか？

12 "想好" と "好好儿想" の違いは？

まず、以下の文を見てください。

(1) この問題はちゃんと考えてください。後悔しないように。

a. 这个问题你得好好儿想，不要后悔。

　　Zhèige wèntí nǐ děi hǎohāor xiǎng, búyào hòuhuǐ.

b. 这个问题你得想好，不要后悔。

　　Zhèige wèntí nǐ děi xiǎnghǎo, búyào hòuhuǐ.

「ちゃんと考えてください」は"好好儿想"とも"想好"とも言えますが、両者の違いはどこでしょうか。"想好"の構造は結果補語ですが、結果がまだ生じていません。結果補語と言えるのでしょうか。

たしかに「動詞＋"好"」は結果補語の構造です。例えば、"做好"（ちゃんとする）"做好了"（ちゃんとした）、"写好"（ちゃんと書く）"写好了"（ちゃんと書いた）、"洗好"（ちゃんと洗う）"洗好了"（ちゃんと洗った）、"准备好"（ちゃんと準備する）"准备好了"（ちゃんと準備した）など。以上の例を見ると「動詞＋"好"」は結果補語の構造で、"了"があると、はっきりと生じた結果がわかりますが、"了"がないと、結果がわかりにくいですね。

実は、「動詞＋"好"」は生じた結果を表すだけではなく、未来のことで、動作の結果を意識して言う時にも使えます。便宜上「未来の結果」ということにします（第11課を参照）。以下の例文を見てください。

(2) 你怎么做好这项工作呢？　Nǐ zěnme zuòhǎo zhèi xiàng gōngzuò ne?

　　（あなたはどうやってこの仕事をきちんとするの？）

(3) 写好中国字，做好中国人。
Xiěhǎo Zhōngguózì, zuòhǎo Zhōngguórén.
（中国語の字をちゃんと書けば、ちゃんと中国人になる）

(4) 学汉语，要打好发音基础。 Xué Hànyǔ, yào dǎhǎo fāyīn jīchǔ.
（中国語を勉強するには、発音の基礎をちゃんと作らなければならない）

(5) 打扫好你的房间再出去。 Dǎsǎohǎo nǐ de fángjiān zài chūqu.
（先に部屋を掃除してから出かけなさい）

以上の例はすべて、「未来の結果」を意識しているので「動詞＋"好"」を使っています。次の例も見てください。

(6) 我们已经做好该做的事了，你还要我们做什么？
Wǒmen yǐjīng zuòhǎo gāi zuò de shì le, nǐ hái yào wǒmen zuò shénme?
（私たちはすでにやるべきことをしたのに、まだ何をやらせるの？）

(7) 他已写好遗书，交给律师了。 Tā yǐ xiěhǎo yíshū, jiāogěi lǜshī le.
（彼はすでに遺書を書き終えて、弁護士に預けた）

(8) 我跟他们已打好招呼，你放心。
Wǒ gēn tāmen yǐ dǎhǎo zhāohu, nǐ fàngxīn.
（私はすでに彼らにあいさつをしたので、安心してください）

(9) 他打扫好房间就出去了。 Tā dǎsǎohǎo fángjiān jiù chūqu le.
（彼は掃除をした後、すぐ出かけた）

以上の(6)～(9)の例文はすでに行われたことなので、違和感なく「動詞＋"好"」が使えると思います。さらに「動詞＋"好"」の後に"了"をつけることもできます。例えば、(8) "我跟他们已打好了招呼，你放心"。

また、「動詞＋"好"」の後に目的語がなくても"了"をつけることができますが、その時は、条件文で未来完了を表す"了"になります。(p.51参照)。

⑽ 我<u>想好</u>了再告诉你。　Wǒ xiǎnghǎole zài gàosu nǐ.
　　（私はちゃんと考えたら、あなたに言うよ）
⑾ 等我<u>吃好</u>了你再收拾吧。　Děng wǒ chīhǎole nǐ zài shōushi ba.
　　（私が食べてから片づけてよ）
⑿ 他<u>修理好</u>了一定会来电话的。　Tā xiūlǐhǎole yídìng huì lái diànhuà de.
　　（彼は修理が終わったら、必ず電話して来るよ）

このように、結果補語の"好"は未来と過去の結果を表せます。

問題は(1)の「ちゃんと考えてください」の"好好儿想"と"想好"はどう違うかということですね。以下の例文を見てください。

⒀ ご安心ください、彼はきっとちゃんと考えてくれる。
　　＊你放心，他一定会想好的。
　　○你放心，他一定会<u>好好儿想</u>的。
　　　Nǐ fàngxīn, tā yídìng huì hǎohāor xiǎng de.
⒁ あなたはちゃんと考えないと、後悔するよ。
　　＊你不想好的话，你会后悔的。
　　○你不<u>好好儿想</u>的话，你会后悔的。
　　　Nǐ bù hǎohāor xiǎng de huà, nǐ huì hòuhuǐ de.
⒂ 自分のやったことをよく考えてください。
　　＊你自己想好一下你做的事吧。
　　○你自己<u>好好儿想</u>一下你做的事吧。
　　　Nǐ zìjǐ hǎohāor xiǎng yíxià nǐ zuò de shì ba.
⒃ 私は彼らにどのように先生に答えるかについて考えてあげた。
　　＊我帮他们好好儿想怎么回答老师了。
　　○我帮他们<u>想好</u>怎么回答老师了。
　　　Wǒ bāng tāmen xiǎnghǎo zěnme huídá lǎoshī le.

(17) いろいろな事が起こる可能性をあらかじめちゃんと考えるべきだ。

＊我们应该预先好好儿想各种可能发生的事。

○我们应该预先想好各种可能发生的事。

　　Wǒmen yīnggāi yùxiān xiǎnghǎo gèzhǒng kěnéng fāshēng de shì.

いかがでしょうか。(13)(14)(15)の"好好儿想"はいずれも何らかの結果を出すことを期待しているのではなく、態度について、いい加減ではなく、まじめに考える、という意味です。

一方、(16)(17)は、考えて結論を出すことを言っているので"想好"を使っています。

以上をまとめると、"好好儿想"は「副詞＋動詞」の構造で、単に「まじめに考えるという過程のことを言い、結果については問わない」ことを表し、否定形は"不好好儿想"です。また、動量詞の"一下"と一緒に使うことができ、動詞の重ね型も使えます。"想好"は「動詞＋結果補語」の構造で、考えて「解決方法など結果を出す」ことを表し、否定は"没想好"で、"一下"と一緒に使えません。

練習問題

I 次の中国語を日本語に訳してください。
1. 你好好儿想一下自己吧，别老批评别人。
2. 他很骄傲，从来不好好儿想一下自己的缺点。
3. 去留学之前，你得想好要学习什么。
4. 我已经帮你想好解决方法了，下来的事你得自己做。
5. 我还没想好该怎么回答他的问题呢。

II 次の日本語を中国語に訳してください。
1. ちょっとゆっくり自分の問題を考えなさい。
2. あの国は自分がやったことをちゃんと考えずに、いつも他国を批判している。
3. 卒業する前に、ちゃんと自分がどんな仕事をしたいかを考えなければなりません。
4. 行くかどうか、私はよく考えてからあなたに連絡します。
5. 彼はどのようにあのレポートを書くか、まだよく考えていない。

13 「動詞＋"完"」と「動詞＋"好"」はどう違いますか

まず、以下の例文を見てください。

(1) 今日の仕事は終わった。
　　今天的工作做完了。 Jīntiān de gōngzuò zuòwán le.
　　——**今天的工作做好了。** Jīntiān de gōngzuò zuòhǎo le.
(2) 彼は論文を書き終えた。
　　他的论文写完了。 Tā de lùnwén xiěwán le.
　　——**他的论文写好了。** Tā de lùnwén xiěhǎo le.
(3) 車は洗いましたか。
　　车洗完了吗？ Chē xǐwán le ma?
　　——**车洗好了吗？** Chē xǐhǎo le ma?
(4) あなたは（食事が）終わりましたか。
　　你吃完了吗？ Nǐ chīwán le ma?
　　——**你吃好了吗？** Nǐ chīhǎo le ma?

以上の例文は「動詞＋"完"」と「動詞＋"好"」の意味はほとんど同じです。それで、ある学生は、「動詞＋"完"」と「動詞＋"好"」は同じだと思って、以下のような誤文を作ってしまいました。

(5) あの小説は私は読み終えた。
　　＊那本小说我看好了。
(6) あのワインはあなたは飲み終えましたか。
　　＊那瓶葡萄酒你喝好了吗？
(7) あなたの健康診断はまだ終わっていないので、もう少し待ってください。
　　＊你的体检还没做好，请再等等。

結果補語 • 63

(8) 今晩の晩ご飯ができた。
　　＊今晚的晚饭准备完了。
(9) みんなちゃんと環境保護活動をするべきだ。
　　＊大家都应该做完环保工作。
(10) あの問題はちゃんと考えましたか。
　　＊那个问题你想完了吗？

　(5)(6)(7)は「動詞＋"完"」を使うべきですが、「動詞＋"好"」を使ってしまいました。逆に(8)(9)(10)は「動詞＋"好"」を使うべきですが、「動詞＋"完"」を使ってしまいました。どこが違うかおわかりになったと思います。以下に簡単にまとめます。

1　「動詞＋"完"」は「量的になくなる」ニュアンスが強い。

　(5)の「小説」はストーリーがあって、ページ数があって、量的に読み終えられるので、"看好"ではなく、"看完"を使うべきです。
　(6)の「ワイン」も飲み終えられる量があるので、"喝好"ではなく、"喝完"を使います。
　(7)の「健康診断」はいろいろ項目があって、一定の量と考えられるので、"做好"ではなく"做完"を使うべきです。以下の例文も動作によって、目的語の量がなくなることを表すので、「動詞＋"好"」ではなく、「動詞＋"完"」を使っています。

(11) 这个月的工资你已经用完了吗？
　　 Zhèige yuè de gōngzī nǐ yǐjīng yòngwán le ma?
　　（今月の給料は使ってしまったの？）
(12) 冰箱里的牛奶都喝完了。　Bīngxiāng li de niúnǎi dōu hēwán le.
　　（冷蔵庫の牛乳は全部飲んだ）
(13) 那些衣服都卖完了。　Nèixiē yīfu dōu màiwán le.
　　（あの服は全部売り切れた）

⑭ 我的话<u>讲完</u>了，你们有什么问题吗？
　　Wǒ de huà jiǎngwán le, nǐmen yǒu shénme wèntí ma?
　　（私の話は終わりです。皆さんは何か質問がありますか）

⑾「給料は使ってしまって、なくなった」ので、"用好"ではなく、"用完"ですね。⑿の「牛乳がなくなった」ことも量がなくなったことなので、"喝好"ではなく、"喝完"です。⒀の「売り切れ」も量がなくなったことなので、"卖好"ではなく、"卖完"です。⒁の「話が終わった」も"讲好"ではなく、"讲完"ですね。"讲好"は「ちゃんと話した」という意味になります。

2　「動詞＋"好"」は質的に「ちゃんと／よく…する／した、できあがる」ニュアンスが強い。

「動詞＋"好"」は動作によって目的語が量的になくなったことではなく、「よくなる／なった」「新しくできあがる／できあがった」ことを表します。例えば、⑻「晩ご飯ができた」はなくなったのではなく、できあがったことなので、"准备完"ではなく"准备好"です。日本語でよく「準備完了」と言いますが、中国語では"准备完"とは言いません。⑼「環境保護活動」も、ちゃんとすることなので、"做完"ではなく"做好"ですね。⑽「問題をちゃんと考える」も問題がなくなることではないので、"想完"ではなく"想好"を使うべきですね。以下の「動詞＋"好"」の例文も見てください。

⒂ 你的衣服<u>做好</u>了。　　Nǐ de yīfu zuòhǎo le.
　　（あなたの服はできあがった）
⒃ 这个苹果<u>洗好</u>了，可以吃了。　　Zhèige píngguǒ xǐhǎo le, kěyǐ chī le.
　　（このリンゴは洗った。食べられるよ）

(17) 那个问题你得考虑好，不能大意。
Nèige wèntí nǐ děi kǎolǜhǎo, bù néng dàyì.
(あの問題はよく考えなければならない、油断してはならない)

(18) 饭店已经订好了，没问题了。　Fàndiàn yǐjīng dìnghǎo le, méi wèntí le.
(ホテルはすでに予約したので、大丈夫だ)

(15)は服が「なくなった」のではなく、「できあがった」ので、"做完"ではなく"做好"を使います。(16)はリンゴを洗うのは量ではなく、「ちゃんと洗った」ですから、"洗完"ではなく"洗好"です。(17)はあの問題は「なくなる」のではなく、「ちゃんと考慮すること」なので、"考虑完"ではなく"考虑好"を使います。(18)の「ホテルを予約する」も量ではないので、"订好"を使わなければなりません。

3　量的にも、質的にもありうることは、「動詞＋"完"」も「動詞＋"好"」も使えます。

(1)〜(4)の例文はすべて量的にも、質的にも考えられることなので、「動詞＋"完"」も「動詞＋"好"」も使えます。量的に強調したいなら「動詞＋"完"」、質的に強調したいなら「動詞＋"好"」を使います。

(1)　「仕事」は量的に「いくつかの仕事」とも、質的に「仕事がうまくできあがる」とも考えられるので、"做完"も"做好"も使えます。ほかに"作业"（宿題）も"作业做完了""作业做好了"と言えます。

(2)「論文」も同じく量的にいくつかの論文、そして１つでも終わりがあるので、"写完"を使えます。また「論文がうまくできあがった」こともありうるので、"写好"も使えます。ほかに、"信"（手紙）も"写完"も"写好"も使えます。

(3)「車を洗った」も量的に「１台の車」、そして「終わりがある」ので、"洗完"を使えます。「車をちゃんと洗った」なら、"洗好"を使います。洗濯物も"洗完"も"洗好"も使えます。

(4)の「食事」も量的に「ごはんと料理」がなくなることがあるので、"吃完"を使えます。また、「ちゃんと食べたこと、楽しんだこと」もありうるので、"吃好"も使えます。「具体的な食べ物」なら、"吃好"ではなく、"吃完"しか使えません。"冰箱里的葡萄吃完了"とは言えますが、"冰箱里的葡萄吃好了"とは言えません。

練習問題

Ⅰ 次の中国語を日本語に訳してください。
1. 那个电视剧我还没看完，还有两集。
2. 申请护照用的照片，你拍好了没有？
3. 我的手机还没修理好，这个是临时借用的。
4. 那个药都吃完了，可是感冒还没好。
5. 今天的作业都做完了吗？

Ⅱ 次の日本語を中国語に訳してください。
1. この課の練習問題は全部やりました。
2. あの問題はみんなちゃんと討論しました。
3. 今日の会議は終わった。もう議論しないで。
4. 荷物はもう全部片づけましたか。忘れ物がないように。
5. 今日の餃子パーティーの材料は全部買いましたか。

14 "给你买""买给你"の使い方の違い

『誤用』p.370 で、簡単に介詞構造の"给你买"は「あなたの代わりに買ってあげる」、補語構造の"买给你"は「私のお金で買ってあげる、プレゼントする」と説明しました。しかし、それは両者の違いの１つにしかすぎません。以下の例文を見てください。誰のお金か、誰のためか、一概には言えないかもしれませんが。

(1) 现在很多孩子都要求父母<u>给他们买</u>手机。
　　Xiànzài hěn duō háizi dōu yāoqiú fùmǔ gěi tāmen mǎi shǒujī.
　　（今多くの子どもは親に携帯電話をねだる）

(2) 这个电脑是我花了 8 千块钱<u>给你买</u>的。
　　Zhèige diànnǎo shì wǒ huāle bāqiān kuài qián gěi nǐ mǎi de.
　　（このパソコンは 8 千元したけど買ってあげたのよ）

(3) 孩子别哭，明天我<u>给你买</u>个好玩儿的玩具，好吗?
　　Háizi bié kū, míngtiān wǒ gěi nǐ mǎi ge hǎo wánr de wánjù, hǎo ma?
　　（いい子だから、泣かないで、明日面白いおもちゃを買ってあげるよ。いい？）

(4) 这个冰箱是你几个孩子出钱<u>买给你</u>的。
　　Zhèige bīngxiāng shì nǐ jǐ ge háizi chū qián mǎigěi nǐ de.
　　（この冷蔵庫はあなたの子どもたちがお金を出し合って買ってあげたのよ）

(5) 听说那间别墅是<u>买给</u>他干爹的。
　　Tīngshuō nèi jiān biéshù shì mǎigěi tā gāndiē de.
　　（あの別荘は彼の義理のお父さんに買ってあげたものだそうだ）

(6) 情人节售出的礼物大都是<u>买给</u>母亲的。
　　Qíngrénjié shòu chū de lǐwù dàdū shì mǎigěi mǔqin de.
　　（バレンタインデーに売れたプレゼントは、ほとんどが母親にあげるも

のだ)

　(1)(2)(3)は"给你买"、(4)(5)(6)は"买给你"を使っていますが、いずれも買う人がお金を出しているのではないでしょうか。そうです。ですから『誤用』p.370 の説明はちょっと不十分ですね。この課でもっと詳しく見ていきましょう。

1 「"给"＋対象＋動詞」("给你买")の使用条件。

1.1 相手のものを使って、相手のためにしてあげるのが「"给"＋対象＋動詞」。

まず、以下の例文を見てください。

(7) 你拿钱来，我现在就去给你买。
　　Nǐ ná qián lái, wǒ xiànzài jiù qù gěi nǐ mǎi.
　　(お金を持って来て、私が今すぐ買いに行ってあげる)

(8) 小明，这是 50 块钱，你去给爸爸买两瓶啤酒。
　　Xiǎo Míng, zhè shì wǔshí kuài qián, nǐ qù gěi bàba mǎi liǎng píng píjiǔ.
　　(明ちゃん、ここに 50 元あるから、父さんにビールを２本買ってきて)

(9) 你在这儿等一下，钱给我，我去给你买。
　　Nǐ zài zhèr děng yíxià, qián gěi wǒ, wǒ qù gěi nǐ mǎi.
　　(ここで待っていて。お金をください、買ってあげるから)

　以上の例文はすべて"给你买"を使っていますが、"买给你"に置き換えることはできません。たしかに「相手のお金などを使って、相手のために何かをしてあげる」ということを表しています。ほかの動詞の例を見てみましょう。

(10) 你买木材来，我给你做。　Nǐ mǎi mùcái lái, wǒ gěi nǐ zuò.
　　(木材を買って来て、私が作ってあげる)

結果補語

⑾ <u>你</u>种一些菜，我去<u>给你卖</u>。　Nǐ zhòng yìxiē cài, wǒ qù gěi nǐ mài.
（あなたは野菜を植えて、私が売ってあげる）

1.2　抽象的なもの、治療などのサービスも「"给"＋対象＋動詞」。

具体的な目的語がなく、抽象的なもの、あるいは治療などのサービスの動作も「"给"＋対象＋動詞」を使います。例えば、

⑿ <u>你</u>在这儿等一下，我去<u>给你问问</u>。
　　Nǐ zài zhèr děng yíxià, wǒ qù gěi nǐ wènwen.
　　（ここで待っていてください、聞きに行ってあげる）
⒀ <u>你</u>累了，我<u>给你</u>按摩一下。　Nǐ lèi le, wǒ gěi nǐ ànmó yíxià.
　　（あなたは疲れているのよ。マッサージをしてあげる）
⒁ <u>你</u>最好去<u>给王大夫看一下</u>。　Nǐ zuì hǎo qù gěi Wáng dàifu kàn yíxià.
　　（一番いいのは、王医師にちょっとみてもらうことだ）

ほかに"给你打电话"（あなたに電話する）"给你出主意"（知恵を貸してあげる）"给你当翻译"（通訳をしてあげる）"给你打针"（注射してあげる）"给你打扫"（掃除してあげる）なども具体的な物ではなく、抽象的なものやサービスなので、「"给"＋対象＋動詞」を使わなければなりません。

1.3　要求と提案も「"给"＋対象＋動詞」。

「してもらう」「してあげる」動作で相手に要求したり提案する場合は、「"给"＋対象＋動詞」を使います。例えば、

⒂ <u>你</u>向公司要求<u>给</u>我们每个人买个新电脑吧。
　　Nǐ xiàng gōngsī yāoqiú gěi wǒmen měi ge rén mǎi ge xīn diànnǎo ba.
　　（あなたはみんなに1台ずつ新しいパソコンを買ってくれるよう会社に要求してください）

(16) 他们要求政府给市民道歉。

Tāmen yāoqiú zhèngfǔ gěi shìmín dàoqiàn.

（彼らは政府に市民に謝罪するよう要求した）

(17) 明天我给你们做寿司好吗？

Míngtiān wǒ gěi nǐmen zuò shòusī hǎo ma?

（明日私はみんなのためにお寿司を作ってあげましょうか）

(18) 明年我们请陆教授来给我们讲课好吗？

Míngnián wǒmen qǐng Lù jiàoshòu lái gěi wǒmen jiǎngkè hǎo ma?

（来年私たちは陸教授に教えに来ていただくようお願いしますが、どうですか）

1.4 数量詞、動量詞は「動詞」の後に置く。

数量詞か動量詞があれば、動詞の後に置きます。例えば、

(19) 李老师给我们包了很多饺子。

Lǐ lǎoshī gěi wǒmen bāole hěn duō jiǎozi.

（李先生は私たちにたくさんの餃子を作ってくれた）

(20) 我给他们画了一张画儿。　Wǒ gěi tāmen huàle yì zhāng huàr.

（私は彼らに絵を描いてあげた）

(21) 我给你计划一下。　Wǒ gěi nǐ jìhuà yíxià.

（あなたのためにちょっと計画してあげる）

以上の例は「動詞＋"给"＋対象」に置き換えることができません。"包给我们很多饺子""画给他们一张画儿""我计划给你一下"とは言えません。また、自分のものを人にあげる場合は必ず数量詞がいります。数量詞があれば、「"给"＋対象＋動詞」の後に置きます。

2 「動詞＋"给"＋対象」（"买给你"）の使用条件

2.1 「動詞＋"给"＋対象」の後に対象にしてもらいたい動作がある。

主語が行う動作の目的語が、相手に何かしてもらうことであれば、「動詞＋"给"＋対象」を使います。以下の例文を見てください。

(22) 这是我买给你吃的，快吃吧。　Zhè shì wǒ mǎigěi nǐ chī de, kuài chī ba.
（これは食べてもらおうと買ってあげたのよ。早く食べて）

(23) 这个电脑是买给你学习的，不是买给你玩儿游戏的。
Zhèige diànnǎo shì mǎigěi nǐ xuéxí de, bú shì mǎigěi nǐ wánr yóuxì de.
（このパソコンは勉強してもらおうと買ってあげたのよ、ゲームをするために買ったものではないよ）

(24) 我不能喝酒，这瓶酒是买给你喝的。
Wǒ bù néng hē jiǔ, zhèi píng jiǔ shì mǎigěi nǐ hē de.
（私は酒が飲めないから、このお酒はあなたに飲んでもらおうと買ってあげたのだ）

(22)の例文の"买给你"の後に"吃"があり、(23)の"买给你"の後に"学习"と"玩儿游戏"があり、(24)の"买给你"の後に"喝"があります。この「動詞$_1$＋"给"＋対象＋動詞$_2$」の構造は、直訳すると「…が…するために…してあげる」という意味です。この場合は必ず補語構造の「動詞＋"给"＋対象」を使います。ほかの例は"做给你吃"（食べるために作ってあげた）"表演给大家看"（みんなに見てもらうために演じた）"唱给大家听"（みんなに聞いてもらうために歌った）"念给你听"（あなたに聞いてもらうために読んであげた）

2.2 二重目的語を取る単音節の動詞は「動詞＋"给"＋対象」を使う。

二重目的語を取る単音節の動詞で「…してあげる」という意味をはっ

きりさせたい時は、「動詞＋"给"＋対象」を使わなければなりません。以下のように言います。

(25) このお金は彼があなたに返したものだ。
　　○这些钱是他还给你的。　Zhèixiē qián shì tā huángěi nǐ de.
　　＊这些钱是他给你还的。
(26) この方法は私が教えてあげる。
　　○这个方法我来教给你。　Zhèige fāngfǎ wǒ lái jiāogěi nǐ.
　　＊这个方法我给你教。
(27) 彼女は本当にあなたと結婚したいの？
　　○她真的想嫁给你吗？　Tā zhēn de xiǎng jiàgěi nǐ ma?
　　＊她真的想给你嫁吗？

以上の例文はすべて「"给"＋対象＋動詞」に置き換えられません。また、二重目的語を取れる動詞は"给"を使わなくても、意味が同じです。(25)は"这些钱是他还你的"(26)は"这个方法我来教你"(27)は"她真的想嫁你吗？"とも言えます。

ただし、"交""献"は例外で、必ず"给"と一緒に、"你交给她"（あなたは彼女に渡して）"他献给皇帝的"（彼が皇帝に献上したものだ）のように使わなければなりません。

そして、二重目的語を取る二音節の動詞（"告诉"（伝える）"请示"（指示を伺う）など）は結果補語の"给"と一緒に使えません。"告诉给你""请示给他"とは言えません。日本語は動詞の後ろに「…してあげる」をつけて言うことができますが、中国語はすべての動詞に"给"をつけられるわけではないのです。

2.3 数量詞、動量詞と一緒に使えない。

「動詞＋"给"＋対象」は数量詞や動量詞と一緒に使えません。例えば、

⑱ 私は彼に本を1冊買ってあげた。
　　＊我买给了他一本书。
　　○我给他买了一本书。　Wǒ gěi tā mǎile yì běn shū.
⑲ 私は彼にケーキを1個作ってあげた。
　　＊我做给了他一个蛋糕。
　　○我给他做了一个蛋糕。　Wǒ gěi tā zuòle yí ge dàngāo.
⑳ 私は1枚の地図を描いてあげた。
　　＊我画给了他一张地图。
　　○我给他画了一张地图。　Wǒ gěi tā huàle yì zhāng dìtú.

ただし、二重目的語を取れる単音節の動詞は時間量詞とお金と一緒に使うことができます。例えば、

㉛ 他借给小明50块钱。　Tā jiègěi Xiǎo Míng wǔshí kuài qián.
　　（彼は明さんに50元を貸してあげた）
㉜ 她嫁给他10年了。　Tā jiàgěi tā shí nián le.
　　（彼女が彼に嫁いで10年になった）

"给你买"と"买给你"から、「"给"＋対象＋動詞」と「動詞＋"给"＋対象」の用法について説明しました。さあ、⑴〜⑹の例文をもう一度見てください。すべてに「"给"＋対象＋動詞」を使えるでしょうか。⑴と⑶は要求と提案なので、「"给"＋対象＋動詞」しか使えませんね。

では、練習問題に挑戦しましょう。

練習問題

Ⅰ 次の中国語を日本語に訳してください。
 1. 请你给我们唱一首歌吧。
 2. 我给你打听一下，你在这儿休息一会儿。
 3. 她是在演戏，是哭给你看的，你别可怜她。
 4. 这本书可以借你，不过下星期你得还给我。
 5. 妈妈给我们做了很多好吃的传统日本菜。

Ⅱ 次の日本語を中国語に訳してください。
 1. 私は彼らに食べてもらうために、お寿司を作ってあげようと思います。
 2. 早く彼に携帯メールを送ってあげたら。
 3. 北京に行ったら、北京ダックを買ってきてあげるよ。
 4. このお米は母が郵送してくれたものだ。
 5. このセーターは彼の恋人が編んであげたのだ。

15 「動詞＋"起"」と「動詞＋"起来"」の違いは？

　「動詞＋"起"」も「動詞＋"起来"」も方向補語の形ですが、意味から見るとむしろ結果を表しているので、結果補語と考えた方がいいと思います。「動詞＋"起"」より「動詞＋"起来"」のほうがよく使われるので、『誤用』p.322-325 で「動詞＋"起来"」の４つの用法 ①動作が低い所から高い所に上がる ② 動作が始まる ③ 人・物を集める ④ 「…してみると」「…すると」を紹介しました。③ と ④ の用法は目的語が"起"と"来"の間に置けないことを説明しました。「動詞＋"起"」は ① ② ③ の用法しかありません。

　しかし、学生から「動詞＋"起"」とどう違うのですかという質問がありました。学生の作文は「動詞＋"起来"」を多く使っていますが、場合によっては「動詞＋"起"」を使わなければならないこともあります。いったいこの２つの用法はどう違うのでしょうか。まず、以下の誤文を見てください。

(1) 私は新聞を購読し始めた。
　　＊我订起来报纸了。
(2) 私はあのことを思い出すと、非常に悲しい。
　　＊我想起来那件事，就非常伤心。
(3) 彼女は突然李明さんについて聞きに来た。
　　＊她突然问起来李明的事。
(4) 海にたくさんのゴミが浮かんできて、とても汚い。
　　＊海面上浮起来很多垃圾，非常肮脏。
(5) 彼女は頭を上げて、私を見ている。
　　＊她抬起来头看着我。
(6) 彼はあの紙を拾って来て、ゴミ箱に捨てた。
　　＊他拾起来那张纸扔进垃圾箱里。

いかがでしょうか。どこに「動詞＋"起"」を、どこに「動詞＋"起来"」を使うべきでしょうか。どこが間違いでしょうか。これから少しずつ、「動詞＋"起"」と「動詞＋"起来"」の用法を説明いたします。

1 「動詞＋"起"」は必ず目的語が必要。

たしかに、「動詞＋"起"」の誤文は少ないですが、用法として覚えていただきたいことは、「動詞＋"起"」は必ず目的語が要るということです。そして、ほとんど複文の前半で使われます。例えば、

(7) 她拾起地上的垃圾，扔进垃圾箱里去。
　　Tā shíqǐ dìshàng de lājī, rēngjìn lājīxiāng li qù.
　　（彼女は地面のゴミを拾ってゴミ箱に捨てた）

(8) 他收起我给他的钱，一直向我说谢谢。
　　Tā shōuqǐ wǒ gěi tā de qián, yìzhí xiàng wǒ shuō xièxie.
　　（彼は私があげたお金を収めて、ずっとお礼を言った）

目的語がないなら、必ず「動詞＋"起来"」を使います。例えば、

(9) 彼女は拾いました。
　　＊她拾起了。──○她拾起来了。　Tā shíqǐlai le.

(10) 私は彼女に収めてくださいと言った。
　　＊我叫她收起。──○我叫她收起来。　Wǒ jiào tā shōuqǐlai.

したがって、自動詞は必ず、「動詞＋"起来"」を使います。例えば、

(11) 他哭起来了。　Tā kūqǐlai le.（彼は泣き出した）
(12) 她紧张起来了。　Tā jǐnzhāngqǐlai le.（彼女は緊張してきた）

2 目的語は"起"と"来"の間に置く。

『誤用』p.323 で「『動作が始まること』を表す『動詞＋"起来"』は

目的語があったら、"起"と"来"の間に置かなければならない」と説明しました。ですから、(1)(2)(3)(4)の"订起来报纸""想起来那件事""问起来李明的事""浮起来很多垃圾"は"订起报纸来""想起那件事来""问起李明的事来""浮起很多垃圾来"に直します。

(1a) 我订起报纸来了。　Wǒ dìngqǐ bàozhǐ lái le.
(2a) 我想起那件事（来），就非常伤心。
　　　Wǒ xiǎngqǐ nèi jiàn shì (lái), jiù fēicháng shāngxīn.
(3a) 她突然问起李明的事来。　Tā tūrán wènqǐ Lǐ Míng de shì lái.
(4a) 海面上浮起很多垃圾（来），非常肮脏。
　　　Hǎimiàn shang fúqǐ hěn duō lājī (lái), fēicháng āngzāng.

(2) と (4) は最後の"来"はあってもなくてもいいですが、ないほうがより自然になります。(5 を参照)

3 介詞構造があって「…し始める」という意味の時は「動詞＋"起"」を使う。

"从…"のような介詞構造の後の「…し始める」は「動詞＋"起来"」ではなく、「動詞＋"起"」を使わなければなりません。例えば、

(13) 道德从点滴做起，文明从你我做起。
　　 Dàodé cóng diǎndī zuòqǐ, wénmíng cóng nǐ wǒ zuòqǐ.
　　（道徳は小さい所から、教養は私たちからやるべきだ）
(14) 先别做别的，先从脚锻炼起。
　　 Xiān bié zuò biéde, xiān cóng jiǎo duànliànqǐ.
　　（先にほかのことをやらないで、足から鍛えましょう）
(15) 他的养老金从今年1月算起。
　　 Tā de yǎnglǎojīn cóng jīnnián yī yuè suànqǐ.
　　（彼の年金は今年1月から計算します）

4 連動文なら、「動詞＋"起来"」よりも「動詞＋"起"」を使う。

連動文で、最初の動作が「…上げる」「…し始める」で、次にまた動作がある場合は、前半の動作は「動詞＋"起"」をよく使います。例えば、

- (5a) 她<u>抬起</u>头看着我。　Tā táiqǐ tóu kànzhe wǒ.
- (6a) 他<u>拾起</u>那张纸扔进垃圾箱里。
   Tā shíqǐ nèi zhāng zhǐ rēngjìn lājīxiāng li.

ほかの例も見てみましょう。

- (16) 他<u>拿起</u>书包就跑出去了。　Tā náqǐ shūbāo jiù pǎochūqu le.
   （彼はカバンを持ってすぐ走って行った）
- (17) 他<u>拿起</u>筷子就吃。　Tā náqǐ kuàizi jiù chī.
   （彼は箸を取ってすぐ食べ始めた）
- (18) 他<u>挥起</u>拳头打了我一拳。　Tā huīqǐ quántou dǎle wǒ yì quán.
   （彼は拳を振り上げて、私を一発殴って来た）
- (19) 你别<u>搬起</u>石头打自己的脚。　Nǐ bié bānqǐ shítou dǎ zìjǐ de jiǎo.
   （石を持ち上げて、自分の足を叩かないで）（自業自得の意味）

もちろん、連動文には「動詞＋"起来"」も使えますが、2つの動作の連動感がなくなります。

5 前半が「…し始める」で、後半に状態や気持ちを述べる場合も「動詞＋"起"」を使う。

後半に状態や気持ちを述べるのは連動文ではありませんが、連動文に似ていて、その状態や気持ちをはっきりと、早く伝えたい気持ちを表すためには、「動詞＋"起来"」ではなく、「動詞＋"起"」を使います。(2)と(4)とほかの例を見てください。

(2a) 我想起那件事，就非常伤心。
　　　Wǒ xiǎngqǐ nèi jiàn shì, jiù fēicháng shāngxīn.

(4a) 海面上浮起很多垃圾，非常肮脏。
　　　Hǎimiàn shang fúqǐ hěn duō lājī, fēicháng āngzāng.

⒇ 他突然问起我，我吓了一大跳。
　　　Tā tūrán wènqǐ wǒ, wǒ xiàle yí dà tiào.
　　　（彼が突然私に聞いてきたので、びっくりしました）

(21) 那天突然刮起龙卷风，特别吓人。
　　　Nèi tiān tūrán guāqǐ lóngjuǎnfēng, tèbié xià rén.
　　　（あの日、竜巻が起こったので、大変怖かった）

6　文末の「…し始めた」は必ず「動詞＋"起来"」を使う。

「動詞＋"起"」が文末に来ることはまずありません。例えば、

(22) 私は長い間考えて、やっと思いついた。
　　　＊我想了很久，终于想起了。
(23) 彼は教室に入って、すぐ歌い始めた。
　　　＊他一进教室，就唱起歌了。

以上の誤文は「動詞＋"起来"」に直したら、正しい文になります。

(22a) 我想了很久，终于想起来了。
　　　Wǒ xiǎngle hěn jiǔ, zhōngyú xiǎngqǐlai le.
(23a) 他一进教室，就唱起歌来了。
　　　Tā yí jìn jiàoshì, jiù chàngqǐ gē lái le.

ほかの例も見てみましょう。

(24) 他感到浑身的血都涌起来了。
　　　Tā gǎndào húnshēn de xiě dōu yǒngqǐlai le.
　　　（彼は全身の血が湧き起こるように感じた）

⑵5 <u>孩子们都闹起来了</u>。　Háizimen dōu nàoqǐlai le.
（子どもたちが騒ぎ始めた）

いかがでしょうか。少し、「動詞＋"起"」と「動詞＋"起来"」の違いについて、おかわりになりましたか。では練習問題にチャレンジしてみてください。

練習問題

Ⅰ　次の中国語を日本語に訳してください。
1. 一说起教育问题，他就没完没了。
2. 他们拿起木棍就敲打起来了。
3. 这么多草，我们得从哪儿割起？
4. 会场上升起了国旗，场面相当严肃。
5. 最近他们也打起高尔夫球来了。

Ⅱ　次の日本語を中国語に訳してください。
1. この問題は複雑すぎるので、どこから話すべきかよくわからない。
2. 先生がピアノを弾くと、子どもは歌を歌い始めました。
3. みんな元気を出して、もう少し頑張りましょう。
4. いいことは自分からやり始めましょう。
5. 彼は机にあるお金を取って、すぐ走って出かけました。

16 「動詞+"上／下"」は結果補語として考えてください

1 「動詞+"上"」「動詞+"下"」は結果補語。

「動詞+"上"」と「動詞+"下"」は方向補語として実はあまり使いません。例えば"他走上""他走下"とは言わないのです。また、場所目的語がある時も、"他跑上山了"より"他跑上山来／去了"、"他跑下楼了"より"他跑下楼来／去了"のように"来／去"と一緒に使うほうが多いのです。以下の例も見てください。

(1) ○**他走上来了**。　Tā zǒushànglai le.（彼は歩いて上がって来た）
　　／○**他走上山来了**。　Tā zǒushàng shān lái le.
　　（彼は山へ歩いて上がって来た）
　　＊他走上了。／他走上山了。

(2) ○**小鸟飞上去了**。　Xiǎo niǎo fēishàngqu le.（小鳥は上に飛んで行った）
　　／○**小鸟飞上天空去了**。　Xiǎo niǎo fēishàng tiānkōng qù le.
　　（小鳥は空へ飛んで行った）
　　＊小鸟飞上了。／小鸟飞上天空了。

(3) ○**青蛙跳下去了**。　Qīngwā tiàoxiàqu le.（カエルが下へ跳びこんだ）
　　／○**青蛙跳下池里去了**。　Qīngwā tiàoxià chí li qù le.
　　（カエルは池に飛びこんで行った）
　　＊青蛙跳下了。／青蛙跳下池里了。

上の例文のように"走上""飞上""跳下"だけでは使えないのです。
しかし、非場所目的語を取ると「動詞+"上／下"」は"来／去"と一緒に使わなくても、単独で使えます。例えば、"关上门"（ドアを閉める）"写下名字"（名前を書く）"戴上帽子"（帽子をかぶる）"脱下

鞋子"（靴を脱ぐ）の"上"と"下"は方向ではなく、結果を表す「結果補語」になります。では、結果補語の「動詞+"上／下"」を説明します。

2 「動詞+"上"」の用法。

結果補語の「動詞+"上"」の意味は実に多くて、覚えにくいかもしれませんが、主な3つの用法を紹介します。

2.1 動作によって、目的語が「合わさる、場所にくっつく」状態を表す。

(4) すみません、窓を閉めてください。
　　○请你把窗关上。　Qǐng nǐ bǎ chuāng guānshang.
　　＊请你把窗关。
(5) ドアをロックするのを忘れないで。
　　○别忘了把门锁上。　Bié wàngle bǎ mén suǒshang.
　　＊别忘了把门锁。
(6) このセーターを着なさい。
　　○你把这件毛衣穿上吧。　Nǐ bǎ zhèi jiàn máoyī chuānshang ba.
　　＊你把这件毛衣穿吧。
(7) この帽子をかぶると、大変きれいですよ。
　　○你戴上这顶帽子，挺好看的。
　　　　Nǐ dàishang zhèi dǐng màozi, tǐng hǎokàn de.
　　？你戴这顶帽子，挺好看的。

"关上"と"锁上"は窓やドアが動作によって、くっついた状態になることです。"穿上""戴上"など「身につける動作」は体にくっつく状態になるので、同じく"上"という結果補語を使います。ほかに"系上领带"（ネクタイを締める）"戴上眼镜"（メガネをかける）"钉

上十字架"（十字架を釘で打ちつける）などがあります。否定は動詞の前に"没"をつけ、"没关上""没锁上"のように言います。

　(4)～(7)"把窗关""把门锁""把这件毛衣穿"の誤りは、すべて結果補語の"上"を使っていないことです。(7)の"你戴这顶帽子"は間違いではありませんが、"上"があったほうが結果の「かぶっている」状態を表せます。

2.2 動作ではなく、「好きになること」を表す。

(8) 你是不是看上她了？　Nǐ shì bu shì kànshang tā le?
　　（あなたは彼女のことが好きになったのではないか）
(9) 她喜欢上唱卡拉 OK 了。　Tā xǐhuanshang chàng kǎlāOK le.
　　（彼女はカラオケが好きになった）
(10) 她怎么会爱上他呢？　Tā zěnme huì àishang tā ne?
　　（彼女が彼を愛するはずがないよ）

　この「好きになること」を表す"上"と一緒に使える動詞はあまり多くなく、"看""喜欢""爱""迷"の4つしかないと思います。"喜欢上""爱上"は好きになってその愛情がくっついていることを表します。"看上"は「見て、気に入って、その好きな気持ちが続くこと」を表します。否定は動詞の前に"没"をつけ、"没看上""没爱上"のように言います。この用法の誤りはあまりないと思います。学生はよく"喜欢""爱"だけを使いますが、それも間違いではありません。

2.3 動作によって、「目的を達成したこと」を表す。

(11) 彼は毎日あの大学に合格するようお祈りしている。
　　○他每天祈祷能考上那所大学。
　　　Tā měitiān qídǎo néng kǎoshang nèi suǒ dàxué.
　　＊他每天祈祷能合格那所大学。

⑿ 彼はやっと社長の椅子に座れるようになった。
　○他终于坐上了总经理的椅子了。
　　　Tā zhōngyú zuòshangle zǒngjīnglǐ de yǐzi le.
　＊他终于坐了总经理的椅子了。
⒀ 彼は宝くじに当たって、大きな家に住めるようになった。
　○他中了彩票，住上大房子了。
　　　Tā zhòngle cǎipiào, zhùshang dàfángzi le.
　＊他中了彩票，住了大房子。

　補語"上"を動詞の後に置き、期待していることや、目的を達成する（した）ことを表すこともできます。この"上"は、いろいろな動詞に使えます。例えば、すごく北京ダックを食べたくて、やっと達成できたなら"吃上烤鸭了"。ほかに"喝上百年好酒"（百年物のいいお酒を飲めた）"买上汽车了"（車を買えた）などがあります。否定は"没"を使い、"没考上""没住上"のように使います。
　⑾ "他每天祈祷能合格那所大学"の誤りは動詞の"合格"です。中国語で「試験に受かる」は"考上"と言います。⑿ "他终于坐了总经理的椅子了"の"坐了"は単に「座った」という意味で、「苦労して、やっと社長の椅子に座れた」というニュアンスはないので、"坐上"にすべきなのです。⒀ "住了大房子"も「大きな家に住んだ」だけで「望みを達成したこと」を表せないので、"住上"に直します。

2.4 「何か目的があって、ある場所に来ること」を表す。

⒁ 警察が家に来た。
　○警察找上门了。　Jǐngchá zhǎoshang mén le.
　？警察来了。

⒂ 彼がプレゼントを家まで持って来たよ、どうしよう？
　　○他的礼物都送上门了，怎么办？
　　　Tā de lǐwù dōu sòngshang mén le, zěnme bàn?
　　？他的礼物都送来了，怎么办？
⒃ あの人たちは彼の家まで駆けこんできて、お金を要求した。
　　○那些人都跑上他家，向他要钱呢。
　　　Nèixiē rén dōu pǎoshang tā jiā, xiàng tā yào qián ne.
　　＊那些人都跑来他家，向他要钱呢。

　この"上"は、もともと目上の人を訪ねる「上がる」の意味ですが、皮肉の意味に転じて、よい目的には使わないのです。上の例はすべて、望ましくない目的で来たことを表しています。ですから、"昨天我找上李老师"（昨日私は李先生を訪ねた）は失礼な言い方になってしまいます。使い方はかなり限られますがよく使います。否定は"没"を使い、"没找上门""没送上门"のように言います。
　⒁"警察来了"⒂"他的礼物都送来了，怎么办？"は文法的には間違いではありませんが、単に"来"を使うだけでは、望ましくない目的のニュアンスが表せません。⒃"都跑来他家"は第4課で述べたように「動詞＋"来／去"」の後に直接、場所詞を置けないのです。しかも"来"だけでは同じく悪い目的のニュアンスが表せないので"跑上他家"に直しましょう。

3　「動詞＋"下"」の用法

　補語"下"の用法は"上"より少ないのですが、以下の2つ方法をぜひ覚えてください。

3.1 動作によって「物が元の位置から離れる、離脱する」ことを表す。

(17) 早く靴を脱いでください。

　　○你快把鞋脱下。　Nǐ kuài bǎ xié tuōxia.

　　? 你快把鞋脱了。

(18) どうして、この機械を外したの。早くつけ直して。

　　○你怎么把那个机器卸下了，快装上去。

　　　Nǐ zěnme bǎ nèige jīqì xièxia le, kuài zhuāngshàngqu.

　　? 你怎么把那个机器卸了，快装上去。

(19) どうしてネクタイを外したの。早く締めてください。

　　○你怎么把领带解下了？快系上。

　　　Nǐ zěnme bǎ lǐngdài jiěxia le? Kuài jìshang.

　　? 你怎么把领带解了？快系上。

結果補語の"下"はもともとの「上から下へ」の意味から転じて、「元の位置から離れる」ことを表し、"下"の主な用法になります。ほかに"摘下一朵花"（花を1輪摘む）"撕下一张纸"（1枚の紙をちぎる）などがあります。否定は動詞の前に"没"をつけ、"没脱下""没卸下""没解下"と言います。(17)"你快把鞋脱了"(18)"你怎么把那个机器卸了"は誤文とは言えないのですが、"脱了""卸了"より"脱下""卸下"のほうが「足から離れる」「機械から離れる」ことを表せます。(19)は"解了"とは言わないので、"解下"と言うしかありません。

3.2 「留まる、固まる」ことを表す。

結果補語の"下"は動作によって、物事がある場所に留まる、あるいは固まることも表せます。例えば、

⑳ 警察は彼に名前を書かせてから、帰らせた。
　　○警察叫他把名字<u>写下</u>，才让他走。
　　　　Jǐngchá jiào tā bǎ míngzi xiěxia, cái ràng tā zǒu.
　　＊警察叫他把名字写上，才让他走。
㉑ 彼らの結婚の日が決まりました。
　　○他们结婚的日子已经<u>定下</u>了。
　　　　Tāmen jiéhūn de rìzi yǐjīng dìngxia le.
　　＊他们结婚的日子已经定了。
㉒ あの年の特訓は、しっかりした基礎を作った。
　　○那年的特训，给我<u>打下</u>了很好的基础。
　　　　Nà nián de tèxùn, gěi wǒ dǎxiale hěn hǎo de jīchǔ.
　　＊那年的特训，给我打了很好的基础。

　この「動詞＋"下"」に関わる目的語は抽象的なことが多いのです。例えば、"安下心"（安心した）"发下誓"（誓った）"狠下心"（思いきった）"定下神"（集中した）。否定は動詞の前に"没"をつけ、"没写下""没定下""没打下"と言います。

4 方向補語としての「動詞＋"下"」の少ない例。

　1で「『動詞＋"上"』と『動詞＋"下"』は方向補語として実はあまり使いません。」と述べましたが、まったく使わないわけではありません。特に「動詞＋"下"」は動作の「上から下へ」という方向を表すこともあります。例えば、

㉓ 你<u>坐下</u>，我们慢慢儿谈。　　Nǐ zuòxia, wǒmen mànmānr tán.
　　（座ってください、ゆっくり話しましょう）
㉔ 你<u>躺下</u>，好好儿休息。　　Nǐ tǎngxia, hǎohāor xiūxi.
　　（横になって、ちゃんと休んでください）
㉕ 墙上那些纸，你给我<u>拆下</u>。　　Qiáng shang nèixiē zhǐ, nǐ gěi wǒ chāixia.
　　（壁の紙を、全部外しなさい）

もちろん、この方向を表す「動詞＋"下"」の後に、"来"をつけることもできます。"你坐下来""你躺下来""你拆下来"とも言えます。否定は動詞の前に"没"をつけます。

　しかし、「動詞＋"上"」はこのような用法があまりありません。"坐上""躺上""拆上"はありません。("坐上""躺上"は結果補語です)

　いかがでしょうか。「動詞＋"上"」と「動詞＋"下"」は方向補語よりも結果補語の用法が多いことがおわかりになったと思います。方向を表す時は「動詞＋"上来／上去"」と「動詞＋"下来／下去"」を使ったほうがいいでしょう。

練習問題

Ⅰ　次の中国語を日本語に訳してください。
1. 他考了两次，还是没考上那所大学。
2. 倒进热水，然后盖上锅盖，等10分钟就好了。
3. 人家没看上你，你别瞎想了。
4. 他等了5年，终于坐上了校长的椅子了。
5. 你快脱下鞋子，穿上拖鞋吧。

Ⅱ　次の日本語を中国語に訳してください。
1. あの村の人々は今年やっと水道水を飲めるようになった。
2. 宿題をするなら、テレビを消しなさい。
3. 彼はメガネをかけると、本当に教師みたいです。
4. 早く靴と靴下を脱いでください。
5. 彼らの質問を書いておいて、私たちはゆっくり考えましょう。

17 方向を表さない「動詞＋"下来／下去"」も結果補語と考えてください

　第16課で述べましたが、方向補語としては「動詞＋"上／下"」はあまり使わず、ほとんど「動詞＋"上来／上去"」、「動詞＋"下来／下去"」という複合方向補語が使われます。とにかく、「…上がる」「…下りる」と言いたい時は「動詞＋"上来／上去"」、「動詞＋"下来／下去"」を使ってください。例えば、"走上来""走上去""跑下来""跑下去"。

　一方、「動詞＋"上来／上去"」「動詞＋"下来／下去"」には、結果補語の用法もあります。「動詞＋"上来／上去"」は「動詞＋"上"」の用法と似ていますが、「動詞＋"上"」ほど使いません。ほとんど文末に使うことが多いです。例えば、

(1) 你把这帽子<u>戴上去</u>。　Nǐ bǎ zhè màozi dàishàngqu.
　　（この帽子をかぶってください）
(2) 他已经把礼物<u>送上</u>门<u>来</u>了。　Tā yǐjīng bǎ lǐwù sòngshàng mén lái le.
　　（彼はプレゼントを家に持って来たよ）

　しかし、「動詞＋"下来／下去"」は「動詞＋"下"」より用法が複雑ですが、よく使われるのです。この用法について、学生は間違えるというよりも回避することが多いようです。この課では「動詞＋"下来"」と「動詞＋"下去"」の結果補語の用法について、みなさんと一緒に考えたいと思います。

1 「動詞＋"下来"」の用法。

1.1 「人や物が本来の場所から離脱する、離れる」ことを表す。

　「動詞＋"下"」と同じですが、文末に使われる時、あるいは、動作

が話者の方向に向かって行われる時、"来"をつけます。例えば、

(3) 你把鞋子脱下来。　Nǐ bǎ xiézi tuōxiàlai.（靴を脱いでください）
(4) 他帮我把那个架子拆下来了。　Tā bāng wǒ bǎ nèige jiàzi chāixiàlai le.
（彼はあの棚をはずすのを手伝ってくれた）
(5) 孩子生下来后，她的生活增加了不少乐趣。
Háizi shēngxiàlai hòu, tā de shēnghuó zēngjiāle bùshǎo lèqù.
（子どもが生まれた後、彼女の生活は楽しみが増えた）

1.2 「動作によって、人や物が話者のいる場所に留まる、固定する」ことを表す。

(6) 你们都先回去，小张留下来。
Nǐmen dōu xiān huíqu, Xiǎo Zhāng liúxiàlai.
（あなたたちは先に帰って、張君は残ってください）
(7) 你把他的意见都写下来，好好儿想想。
Nǐ bǎ tā de yìjiàn dōu xiěxiàlai, hǎohāor xiǎngxiang.
（彼の意見を書いて、よく考えてください）
(8) 下个月的会议日期定下来了吗？
Xiàge yuè de huìyì rìqī dìngxiàlai le ma?
（来月の会議の日程を決めましたか）

2 「動詞＋"下去"」は「動作を続けること」を表す。

(9) 再困难，我们也得干下去。　Zài kùnnan, wǒmen yě děi gànxiàqu.
（どんな困難があっても、私たちはやり続けなければならない）
(10) 那时候，我只想活下去。　Nà shíhou, wǒ zhǐ xiǎng huóxiàqu.
（その時、私は生き続けたいとしか考えなかった）

(11) 我希望你把这份情传下去。
　　　Wǒ xīwàng nǐ bǎ zhèi fèn qíng chuánxiàqu.
　　　（このやさしさを伝えていってください）

　この「…し続ける」を表す「動詞＋"下去"」はよく使われるので、ぜひ、覚えてください。いろいろな動詞と使えます。例えば、"说下去"（話し続ける）"工作下去"（働き続ける）"学习下去"（勉強し続ける）"奋斗下去"（奮闘し続ける）"坚持下去"（頑張り続ける）…。(11)の"传下去"は"把上级的命令传下去"（上の命令を下に伝えなさい）という「下へ」の方向を表すこともあります。

3 「状態が動態から静態に変わること」は"下去"も"下来"も使える。

3.1 話者がその現場にいる時は「動詞／形容詞＋"下来"」。

動詞も形容詞も使えます。例えば、

(12) 中东的局势平静下来了。　Zhōngdōng de júshì píngjìngxiàlai le.
　　　（中東の情勢は落ち着いてきた）

(13) 不管怎么样，你应该定下心来学习。
　　　Bùguǎn zěnmeyàng, nǐ yīnggāi dìngxià xīn lái xuéxí.
　　　（どんな状況でも、あなたは落ち着いて勉強しなければならない）

(14) 老师一进教室，大家都静下来了。
　　　Lǎoshī yí jìn jiàoshì, dàjiā dōu jìngxiàlai le.
　　　（先生が教室に入ると、みんな静かになった）

3.2 話者がその現場にいないか、距離がある時は「動詞＋"下去"」。

(15) <u>你不把他的气势压下去</u>，他会更嚣张。
Nǐ bù bǎ tā de qìshì yāxiàqu, tā huì gèng xiāozhāng.
（彼の気勢を押さえないと、彼の鼻息はもっと荒くなる）

(16) <u>很多痛苦都会在忙碌中慢慢儿地消失下去</u>。
Hěn duō tòngkǔ dōu huì zài mánglù zhōng mànmānr de xiāoshīxiàqu.
（多くの辛さは忙しさの中にゆっくりと消えていく）

(17) <u>怎么样才能使狭隘的民族意识慢慢儿淡化下去呢</u>？
Zěnmeyàng cái néng shǐ xiá'ài de mínzú yìshí mànmānr dànhuàxiàqu ne?
（どのようにしたら、偏狭な民族意識を薄めていけるだろうか）

4 誤文から考えましょう。

以下の結果補語「動詞＋"下来／下去"」の誤文、それから「動詞＋"下来／下去"」を使っていない文を見てみましょう。

(18) 私たちの計画はもう全部決まった。
　　＊我们的计划都定下了。
　　○<u>我们的计划都定下来了</u>。
　　　Wǒmen de jìhuà dōu dìngxiàlai le.

(19) 大家さんは彼にあそこに続けて住んでほしくない。
　　＊房东不让他在那儿住下了。
　　○<u>房东不让他在那儿住下去了</u>。
　　　Fángdōng bú ràng tā zài nàr zhùxiàqu le.

(20) 先生は私たちに今日の単語を全部覚えてほしいと思っている。
　　？老师要我们把今天学的单词都记下。
　　○<u>老师要我们把今天学的单词都记下来</u>。
　　　Lǎoshī yào wǒmen bǎ jīntiān xué de dāncí dōu jìxiàlai.

(21) 私は続けて頑張らないといけない。

　？我一定要坚持。
　〇**我一定要坚持下去**。　Wǒ yídìng yào jiānchíxiàqu.

　いかがでしょうか。以上の誤文と正しい文の文章の違いがおわかりになりましたか。(18) (19) は文末なので、"来""去"をつけ加えればいいです。また、(19) "住下"は「住んで留まる」、"住下去"が「続けて住む」の意味なので、"住下去"を使うべきです。(20) (21) は文としては間違いではありませんが、(20)「覚えておく」は「覚えて留まる」、(21) も"坚持"だけでは「続けて頑張る」というニュアンスを表せないので、やはり"记下来""坚持下去"と言うほうが自然です。

練習問題

Ⅰ　次の中国語を日本語に訳してください。
　1. 这个地方不可能让你永远住下去的。
　2. 晚上最好找个饭店住下来，别睡在车站里。
　3. 那个时候，天渐渐地黑下来了。
　4. 那张画儿是我从杂志上剪下来的。
　5. 我希望你们都好好儿奋斗下去。

Ⅱ　次の日本語を中国語に訳してください。
　1. 騒がしいキャンパスが急に静まってきた。
　2. このプロジェクトはなぜやめたの？
　3. 私は定年まで、教え続けたいと思います。
　4. 祖先が残してくれた伝統を忘れないでください。
　5. 日本のいい文化を発展させ続けなければならないですね。

18 "走出来" と "教育出来" の「動詞＋"出来"」は違う？

「動詞＋"出来"」は「出て来る」という方向を表す（"走出来""拿出来"など）こともあれば、方向以外のこと（"想出来""教育出来"など）を表すこともあります。いったい、どういう時に「動詞＋"出来"」が使えるのでしょうか。

1 「出て来る」という動作者の移動する方向を表す。

これは基本的な用法で、学生はよくできると思います。例えば、

(1) 他从教室里走出来了。　Tā cóng jiàoshì li zǒuchūlai le.
（彼は教室から出て来た）

(2) 你快把他叫出来。　Nǐ kuài bǎ tā jiàochūlai.
（早く彼を外へ呼び出して）

場所目的語は "出" と "来" の間に置くと、多くのテキストや論文に書いてありますが、以下のような不自然な誤文が多く見られます。

(3) 彼らはスーパーから出て来た。
　　＊他们出超市来了。
(4) 李明さんは図書館から走って出て来た。
　　＊李明跑出图书馆来了。
(5) ウサギが穴から飛び出て来た。
　　＊兔子跳出山洞来了。

日本語は「…から…出て来た」ですが、場所目的語の位置に惑わされて、(3)〜(5)のような誤文を作ってしまったのでしょう。こういう時は、"出" と "来" の間ではなく、なるべく動詞の前に「介詞＋場所」を使ったほうがいいです。

結果補語 • 95

(3a) 他们从超市里走出来了。　Tāmen cóng chāoshì li zǒuchūlai le.
(4a) 李明从图书馆里跑出来了。　Lǐ Míng cóng túshūguǎn li pǎochūlai le.
(5a) 兔子从山洞里跳出来了。　Tùzi cóng shāndòng li tiàochūlai le.

実際"出"と"来"の間に置ける場所詞は、ほとんど単音節の場所詞が多いのです。例えば、

(6) 他走出门来。　Tā zǒuchū mén lái.（彼は玄関から出て来た）
(7) 他跑出洞来。　Tā pǎochū dòng lái.（彼は洞穴から走って出て来た）
(8) 青蛙跳出水来。　Qīngwā tiàochū shuǐ lái.
　　（カエルは水の中から飛び上がって来た）

2 動作者の動作によって、物が中から外へと移動することを表す。

動作者の移動ではなく、動作者の動作によって、物が中から外へと移動することにも「動詞+"出来"」が使えます。例えば、

(9) 早くあのお金を出しなさい。
　　○快把那些钱拿出来。　Kuài bǎ nèixiē qián náchūlai.
　　＊快拿出来那些钱。
(10) 椅子を外へ持って来て、私を休ませてください。
　　○你把椅子搬出来，让我休息休息。
　　　Nǐ bǎ yǐzi bānchūlai, ràng wǒ xiūxi xiūxi.
　　＊你搬出椅子来，让我休息休息。

連動文の場合、目的語は"出"と"来"の間に置きます。例えば、

(11) 彼は100元出して私にくれた。
　　○他拿出100块钱来给我。　Tā náchū yībǎi kuài qián lái gěi wǒ.
　　＊他拿出来100块钱给我。

⑿ 彼は椅子を外へ運んで来て、座らせてくれた。
　○**他搬出椅子来给我坐**。　Tā bānchū yǐzi lái gěi wǒ zuò.
　＊他搬出来椅子给我坐。

3 中から外への方向ではなく、身体部分をいつもの位置から表面に移動する方向も表す。

「手を出す」「足を出す」「舌を出す」もよく「動詞＋"出来"」を使います。例えば、

⒀ **把手伸出来**。　Bǎ shǒu shēnchūlai.（手を伸ばした）
⒁ **把舌头伸出来，我看看**。　Bǎ shétou shēnchūlai, wǒ kànkan.
　（舌を出して、見せてください）

連動文の場合、目的語は"出"と"来"の間に置きます。例えば、

⒂ 彼は手を伸ばして、私と握手をした。
　○**他伸出手来跟我握手**。　Tā shēnchū shǒu lái gēn wǒ wòshǒu.
　＊他伸手出来跟我握手。
⒃ 彼は舌を出して医者に見せます。
　○**他伸出舌头来给大夫看**。　Tā shēnchū shétou lái gěi dàifu kàn.
　＊他伸出来舌头给大夫看。

4 中から外へではなく、動作によって、「無から生まれてくる」ことを表す。

「動詞＋"出来"」は方向だけではなく、結果補語として、ないところから出て来たり、現れたり、生まれてくることにも使えます。例えば、

⒄ **这个方法是他想出来的**。　Zhèige fāngfǎ shì tā xiǎngchūlai de.
　（この方法は彼が考え出したものだ）

⒅ 这个理论是他研究出来的。　Zhèige lǐlùn shì tā yánjiūchūlai de.
　　（この理論は彼が研究してきたものだ）

生産する、考える、調べるなどの動作によく「動詞＋"出来"」が使われます。例えば、"生产出来"（生産した）、"长出来"（芽や草などが出てくる）、"做出来"（作り出した）、"猜出来"（当たった）、"琢磨出来"（いろいろ考えてきた）、"调查出来"（調べてきた）、"搜出来"（探してきた）。

目的語が特定なら主語の前に、不特定なら"出"と"来"の間に置きます。例えば、

⒆ この方法は彼が考え出したのだ。
　　○这个方法是他想出来的。
　　　　Zhèige fāngfǎ shì tā xiǎngchūlai de.
　　＊他想出这个方法来的。

⒇ 警察は彼の家で2箱の麻薬を見つけた。
　　○警察在他家搜出两盒毒品来。
　　　　Jǐngchá zài tā jiā sōuchū liǎng hé dúpǐn lái.
　　＊警察在他家搜出来两盒毒品。

5　訓練や教育を経て、新しい人ができあがることも表す。

方向ではなく、結果として、訓練や教育を経て、新しい人が出て来ることにも「動詞＋"出来"」が使われます。例えば、

㉑ 他们都是陈指导训练出来的好选手。
　　Tāmen dōu shì Chén zhǐdǎo xùnliànchūlai de hǎo xuǎnshǒu.
　　（彼らは陳監督が鍛えてきたいい選手だ）

㉒ 他们都是那所学校教育出来的。
　　Tāmen dōu shì nèi suǒ xuéxiào jiàoyùchūlai de.
　　（彼らはみんなあの学校が育ててきた人だよ）

目的語が不特定のものなら、"出"と"来"の間に置きます。例えば、

(23) あなたが優秀な選手を鍛えてくれるよう願っています。
　　○希望你能训练出一批优秀的选手来。
　　　Xīwàng nǐ néng xùnliànchū yì pī yōuxiù de xuǎnshǒu lái.
　　＊希望你能训练出来一批优秀的选手。
(24) あの学校は多くの人材を育ててきた。
　　○那所学校教育出很多人才来。
　　　Nèi suǒ xuéxiào jiàoyùchū hěn duō réncái lái.
　　＊那所学校教育出来很多人才。

6　動作が原因になって、事件や病気などが起こってきたことも表せる。

方向ではなく、動作が原因で、事件や病気などが起こったことにも「動詞＋"出来"」が使われます。例えば、

(25) 痛风这种病都是吃出来的，是一种贵族病。
　　Tòngfēng zhèi zhǒng bìng dōu shì chīchūlai de, shì yì zhǒng guìzú bìng.
　　（痛風という病気は食事によるもので、一種の貴族病だ）
(26) 那个事件都是他们闹出来的。
　　Nèige shìjiàn dōu shì tāmen nàochūlai de.
　　（あの事件は彼らがいい加減に騒いで起こってしまったことだ）

この用法はかなり上級なので、誤文はあまり見つかりません。目的語が不特定のものなら、"出"と"来"の間に置きます。例えば、

(27) 你别乱吃，吃出病来你就麻烦了。
　　Nǐ bié luàn chī, chīchū bìng lái nǐ jiù máfan le.
　　（むやみに食べないで、病気になったら自分が困るよ）
(28) 要是闹出事来，谁负责？　Yàoshi nàochū shì lái, shéi fùzé?
　　（もし事件が起こったら、誰が責任をとるの？）

いかがでしょうか。少し整理できましたか。この「動詞＋"出来"」はよく使われますから、方向ではなくても、「無から有へ」「訓練によって出て来る」結果補語の"出来"をどんどん使ってみてください。それから、以上の誤文をよく見て、間違えないようにしっかり身につけましょう。

練習問題

Ⅰ　次の中国語を日本語に訳してください。
  1. 这件事是搞出来的？真气人。
  2. 他怎么敢说出那样的话来？
  3. 现在的成果都是他辛辛苦苦努力出来的。
  4. 他这样做都是被家人逼出来的吗？
  5. 他花了3个月设计出什么样的广告来呢？

Ⅱ　次の日本語を中国語に訳してください。
  1. 彼は2ヶ月かかって、1つの面白い番組を制作した。
  2. 良い子は叩いてできるものではなく、ゆっくり教えてできるのだ。
  3. 彼女が70歳だとあなたは見てわかりますか。
  4. あの緊急の時に、彼は勇敢に立ち上がって来ました。
  5. 少し時間を作るように工夫してください。

19 いつ可能補語を使うか、使えないか

『誤用』p.331 で可能補語の用法について、簡単に説明しました。しかし、学生がよく「いつ可能補語を使わなければならないか」「助動詞の『"能"＋動詞』だけでいいのではないか」という質問をします。なかなか難しい質問だと思いますが、できる限り説明したいと思います。

1 許可による可能は「"能"＋動詞」を使い、可能補語は使えない。

まず、許可されてできる時「"能"＋動詞」は使えますが、可能補語は使えないことを覚えましょう。例えば、

(1) 这儿不能抽烟。　Zhèr bù néng chōu yān.
（ここではタバコを吸ってはいけない）

(2) 在日本 19 岁能喝酒吗？　Zài Rìběn shíjiǔ suì néng hē jiǔ ma?
（日本では 19 歳でお酒を飲めますか）

(1)(2) は許可の可能なので、可能補語を使えません。"这儿抽不了烟"、"在日本 19 岁喝得了酒吗？"とは言えません。

2 能力による可能は、肯定文は「"能"＋動詞」を使い、否定文は可能補語を使う。

能力による可能はシンプルに考えて、肯定文と疑問文は「"能"＋動詞」、否定文は可能補語を使いましょう。例えば、

(3) 你能教英语吗？　Nǐ néng jiāo Yīngyǔ ma?
（あなたは英語を教えることができますか）

可能補語 • 101

(4) 她<u>能</u>当翻译。　Tā néng dāng fānyì.（彼女は通訳になれる）
(5) 她<u>当不了</u>翻译。　Tā dāngbuliǎo fānyì.（彼女は通訳になれない）
(6) 我<u>教不了</u>英语，不过<u>能教</u>日语。
　　Wǒ jiāobuliǎo Yīngyǔ, búguò néng jiāo Rìyǔ.
　　（私は英語は教えられないが、日本語は教えられる）

　(3)は疑問文、(4)は肯定文なので、「"能"＋動詞」を使っています。(5)(6)の否定文は可能補語を使っています。
　(4)は"她当得了翻译"とも言えますが、相手に念入りに強調して説明するニュアンスが含まれます。普通は"她能当翻译"で十分です。(5)"她不能当翻译"とも言えますが、「許されない」というニュアンスが入るので、標準語では避けますが、方言の影響で、南方ではよく使われます。(6)逆にして否定を「"能"＋動詞」、肯定を可能補語にして"我不能教英语，不过教得了日语"にすると、不自然になります。むしろ、両方とも「"能"＋動詞」、あるいは可能補語を使ったほうがいいですが、やはり肯定文は「"能"＋動詞」、否定文は可能補語を使いましょう。

3　条件や都合による不可能の場合は、どんどん可能補語の否定形を使いましょう。

　可能補語で一番使われるのは、条件と都合による不可能を表す時と言っても過言ではありません。例えば、

(7) 这个教室<u>上不了网</u>。　Zhèige jiàoshì shàngbuliǎo wǎng.
　　（この教室はインターネットを使えない）
(8) 这辆车<u>坐不下</u>5个人。　Zhèi liàng chē zuòbuxià wǔ ge rén.
　　（この車は5人乗れない）
(9) 明天我有事，<u>去不了</u>。　Míngtiān wǒ yǒu shì, qùbuliǎo.
　　（明日私は用事があるので、行けない）

(10) 她忙得要命，大概来不了。　Tā máng de yàomìng, dàgài láibuliǎo.
（彼女は大変忙しくて、たぶん来られない）

　以上の例文は条件と都合が合わず、できないことを表す否定文なので、可能補語の否定形を使っています。もちろん、南方の中国人は"不能"もよく使うと思います。それも間違いではありませんが、なるべく可能補語を使えば、北でも南でも通じると思います。
　条件と都合が合う時の肯定文と疑問文は、「"能"＋動詞」も可能補語の肯定形も使えます。例えば、(7)～(10)の肯定文と疑問文は次のようになります。

(11) 这个教室能上网。　Zhèige jiàoshì néng shàngwǎng.
　――这个教室上得了网。　Zhèige jiàoshì shàngdeliǎo wǎng.
　这个教室能上网吗？　Zhèige jiàoshì néng shàngwǎng ma?
　――这个教室上得了网吗？　Zhèige jiàoshì shàngdeliǎo wǎng ma?

(12) 这辆车能坐5个人。　Zhèi liàng chē néng zuò wǔ ge rén.
　――这辆车坐得下5个人。　Zhèi liàng chē zuòdexià wǔ ge rén.
　这辆车能坐5个人吗？　Zhèi liàng chē néng zuò wǔ ge rén ma?
　――这辆车坐得下5个人吗？　Zhèi liàng chē zuòdexià wǔ ge rén ma?

(13) 明天我没事，我能去。　Míngtiān wǒ méi shì, wǒ néng qù.
　――明天我没事，我去得了。　Míngtiān wǒ méi shì, wǒ qùdeliǎo.
　明天你没事，能去吗？　Míngtiān nǐ méi shì, néng qù ma?
　――明天你没事，去得了吗？　Míngtiān nǐ méi shì, qùdeliǎo ma?

(14) 她不忙，大概能来。　Tā bù máng, dàgài néng lái.
　――她不忙，大概来得了。　Tā bù máng, dàgài láideliǎo.
　她能来吗？　Tā néng lái ma?
　――她来得了吗？　Tā láideliǎo ma?

4 可能補語に対応する「"能"＋動詞」がない場合は可能補語しか使えない。

　上にあげた可能補語は「"能"＋動詞」と対応しているので、両方使える場合がありますが、"对不起"（すまない）"对得起"（申し訳が立つ）、"靠不住"（あてにならない）"靠得住"（頼りになる）、"合不来"（しっくりしない）"合得来"（気が合う）、"禁不住"（我慢できない）"禁得住"（耐えられる）、"住得惯"（住み慣れる）"住不惯"（住み慣れない）などは「"能"＋動詞」の言い方、"能对起""能靠住""能合来"などがありません。ですから、このような固定している可能補語はもちろん可能補語しか使えません。例えば、

(15) **那个人靠得住靠不住？**　Nèige rén kàodezhù kàobuzhù?
　　（あの人は頼りになりますか）
(16) **我跟他们合不来。**　Wǒ gēn tāmen hébulái.
　　（私は彼らと合わない）
(17) **100块钱买这个东西，真划不来。**
　　Yìbǎi kuài qián mǎi zhèige dōngxi, zhēn huábulái.
　　（100元でこれを買ったが、本当に割が合わない）

5 "把"構文と受け身文は可能補語を使えず、「"能"＋動詞」を使う。

　時々学生は考えすぎて、次のような誤文を作ることもあります。

(18) 今週私は郭先生の宿題が終わらない。
　　＊这个星期我把郭老师的作业做不完。
(19) 私は１時間で部屋を片づけられる。
　　＊我一个小时把这个房间收拾得了。
(20) あれらの老人は騙されるが、私は騙されない。
　　＊那些老人被骗得了，我被骗不了。

"把"構文は何かを処理することを表し、受け身文は何かされることを表します。両方とも「可能」ではなく、結果に重点を置くので、可能補語を使えません。可能性を表現したいなら、"把"構文と受け身文ではなく、次のように普通の文にすれば可能補語が使えます。

(18a) 这个星期我<u>做不完</u>郭老师的作业。
　　　Zhèige xīngqī wǒ zuòbuwán Guō lǎoshī de zuòyè.

(19a) 我一个小时<u>收拾得了</u>这个房间。
　　　Wǒ yí ge xiǎoshí shōushidéliǎo zhèige fángjiān.

(20a) <u>骗得了</u>那些老人，<u>骗不了</u>我。
　　　Piàndeliǎo nèixiē lǎorén, piànbuliǎo wǒ.

6　連動文の最初の動詞も可能補語を使えない。

まず、以下の誤文を見てください。

(21) 雪が降ったので、外でジョギングできない。
　　＊下雪了，我们出不去跑步。
(22) 万里の長城は大変急なので、上に上がって写真を撮れない。
　　＊长城很陡，我们走不上去拍照。
(23) あの教室は人がいないので、入って休めます。
　　＊那个教室没人，我们进得去休息。

以上の誤文の後半は連動文ですが、最初の動詞に可能補語を使っていますね。これも可能補語が使えない条件です。連動文の場合は文の前半後半にかかわらず、可能を伝えたい場合は、可能補語ではなく、助動詞の"能"を使います。上の誤文は次のように直しましょう。

(21a) 下雪了，我们<u>不能</u>出去跑步。
　　　Xià xuě le, wǒmen bù néng chūqu pǎobù.

(22a) 长城很陡，我们<u>不能</u>上去拍照。
　　　Chángchéng hěn dǒu, wǒmen bù néng shàngqu pāi zhào.

(23a) **那个教室没人，我们能进去休息。**
Nèige jiàoshì méi rén, wǒmen néng jìnqu xiūxi.

いかがでしょうか。まず、「許可」「"把"構文」「受け身文」「連動文」は可能補語が使えないということを覚えましょう。次に、条件や都合による不可能の場合（否定の場合）はどんどん可能補語の否定形を使いましょう。肯定文と疑問文は「"能"＋動詞」を使います。もう１つ、"对不起""合得来"のような固定している可能補語はそれしか使えません。

練習問題

Ⅰ　次の中国語を日本語に訳してください。
1. 你要讲的话，5分钟之内讲得完吗？
2. 在那种情况下，谁也想不出解决办法来。
3. 我们都解决不了这个问题，你能解决吗？
4. 他离不开你，你离得开他吗？
5. 这个地方你住得惯住不惯？

Ⅱ　次の日本語を中国語に訳してください。
1. 明日の午後、時間を作れますか。
2. 今日は曇っているので、富士山は見えない。
3. あなたは勉強しないと、王先生に申し訳ないよ。
4. 彼らと合わなければ、一緒にいることはないのではいか。
5. おじいさんは耳が遠くて、あなたの話がはっきり聞こえないようだ。

「動詞＋"得／不"＋"了 liǎo"」の用法は？

「動詞＋"得／不"＋"了 liǎo"」（以下 liǎo を省略）はよく使われる可能補語ですが、使い方を間違えやすいようです。以下の誤文を見てみましょう。

(1) 今晩の会議は準備できましたか。
　　＊今晚的会议你准备得了准备不了？
(2) 警察は犯人を捕まえられるの？
　　＊警察抓得了犯人吗？
(3) もし切符を買えなかったら、どうしよう？
　　＊要是买不了票，怎么办？
(4) あの本は広島では買えないかもしれない。
　　＊那本书在广岛可能买不了。
(5) 自然が破壊され、結局人も住めなくなった。
　　＊自然破坏了，结果人也住不了。

いったい、どこがいけないのでしょうか。『誤用』p.332-333 で「動詞＋"得／不"＋"了"」の2つの用法を説明しました。ちょっと復習しましょう。

1　量がなくなることが可能か不可能かを表す。

(6) 这么多菜，我吃不了，他吃得了。
　　Zhème duō cài, wǒ chībuliǎo, tā chīdeliǎo.
　　（こんなにたくさんの料理、私は食べきれないが、彼は食べきれる）
(7) 一瓶啤酒，我喝不了，他喝得了。
　　Yì píng píjiǔ, wǒ hēbuliǎo, tā hēdeliǎo.
　　（ビール1本は私は飲みきれないが、彼は飲みきれる）

(8) **郭老师的作业很多，一个星期我做不了，你做得了吗？**
　　Guō lǎoshī de zuòyè hěn duō, yí ge xīngqī wǒ zuòbuliǎo, nǐ zuòdeliǎo ma?
　　（郭先生の宿題は多くて、私は1週間では終わらないけど、あなたは終わることができる？）

　この"了"はもともと「完了」の意味があるので、"完"に置き換えることができます。(6)"这么多菜，我吃不完，他吃得完"(7)"一瓶啤酒，我喝不完，他喝得完"(8)"郭老师的作业很多，一个星期我做不完，你做得完吗？"とも言えます。「動詞＋"得／不"＋"了"」のこの用法は学生はあまり間違えないので、大丈夫だと思います。

2　条件の可能と不可能を表す。

(9) **明天你来得了来不了？**　Míngtiān nǐ láideliǎo láibuliǎo?
　　（明日、あなたは来られますか）
(10) **那个会议你参加得了吗？**　Nèige huìyì nǐ cānjiādeliǎo ma?
　　（あの会議はあなたは参加できますか）
(11) **他病了，上不了课。**　Tā bìng le, shàngbuliǎo kè.
　　（彼は病気になったので、授業に出られない）

　この"了"は結果ではなく、「完成」「達成」というニュアンスがあり、ある条件や都合の下で、達成できるか、実現できるかを表します。
　この用法は学生が結構間違えて、(1)〜(5)のような誤文を作ってしまいます。では、(1)〜(5)の誤文はどこがいけないのでしょうか。

　(1)"今晚的会议你准备得了准备不了？"は条件が不明です。どんな条件か説明がないので、単に"准备得了准备不了？"と聞くのは不自然なのです。もし"一个人"（1人）、"一个小时"（1時間）のような条件をつけて、"今晚的会议你一个人准备得了准备不了？"（今晩の会議はあなたは1人で準備できますか）、"今晚的会议一个小时准备得了准备不了？"（今晩の会議は1時間で、準備できますか）にすれば、

文として成立します。

　(2)"警察抓得了犯人吗？"も同じく条件がなく、いきなり"抓得了犯人吗？"と聞くのはちょっと違和感があります。もし"一个月内"（1か月以内）、"不靠群众的合作"（一般人の協力なしで）の条件をつけて、"警察一个月内抓得了犯人吗？""警察不靠群众的合作抓得了犯人吗？"にすれば、文として成立します。

　(3)"要是买不了票，怎么办？"の「切符が買える」は、条件による実現の可能性ではないので、「動詞＋"得／不"＋"了"」を使えません。ここは結果の可能性を表す"买不到"（買えなかった、手に入らなかった）という可能補語を使います。

　(4)"那本书在广岛可能买不了"は"在广岛"という条件がありますが、"买不了"という動作のつながりが不自然になります。例えば、"我一个人买不了那么多东西"（私は１人でこんなにたくさんの物を買えない）、"只有一个小时，我买不了那么多东西"（たった１時間だけではこんなにたくさんの物を買えない）なら、"买不了"が使えますが、ここではやはり手に入らないという結果の可能性を表す"买不到"を使うべきです。

　(5)"自然破坏了，结果人也住不了"は「自然が破壊されて、人々が住めなくなった」という結果を表しています。可能ではないので、"住不了"ではなく、"不能住了"と言わなければなりません。"住不了"は"那座公寓不太大，住不了50户人家吧"（あのマンションはあまり大きくないので、50世帯は住めないでしょう）、"那样的条件，他肯定住不了一年就会搬走"（あの条件では、彼はきっと１年も住まないうちに引っ越してしまう）のように何らかの条件による実現の可能性を表します。

　以上の誤文から考えると、『誤用』p.333で「物事を達成する条件を満たすことが可能か不可能かを表します」という説明は、不完全だと

改めて思います。「動詞+"得／不"+"了"」は何らかの条件により、事が実現する可能性を表す可能補語です。多くは実現できない否定形が使われます。実現できる肯定形は疑問文か反語文しか使いません。普通の肯定形の陳述文は助動詞の"能"を使います。例えば(9) (10) (11)を肯定文にした場合"能"を使います。他の例も見ていきましょう。

(12) ○现在的医学技术，还治不了癌症。
　　　Xiànzài de yīxué jìshù, hái zhìbuliǎo áizhèng.
　　　（現代医学の技術ではまだガンを治療できない）
　　○现在的医学技术，治得了癌症吗？
　　　Xiànzài de yīxué jìshù, zhìdeliǎo áizhèng ma?
　　○现在的医学技术，能治癌症。
　　　Xiànzài de yīxué jìshù, néng zhì áizhèng.
　　＊现在的医学技术，治得了癌症。

(13) ○警察都管不了他，他爸爸管得了吗？
　　　Jǐngchá dōu guǎnbuliǎo tā, tā bàba guǎndeliǎo ma?
　　　（警察さえも彼を取り締まることができないのに、彼の親が注意できるの？）
　　○他爸爸能管他。　Tā bàba néng guǎn tā.
　　＊他爸爸管得了他。

(14) ○他还能走，我的脚疼得要命，走不了了。
　　　Tā hái néng zǒu, wǒ de jiǎo téng de yàomìng, zǒubuliǎo le.
　　　（彼はまだ歩けるが、私は足がすごく痛いので、これ以上歩けない）
　　○他能走。　Tā néng zǒu.　——＊他走得了。

(15) ○311那天，电车都停了，很多人回不了家。
　　　Sānyāoyāo nà tiān, diànchē dōu tíng le, hěn duō rén huíbuliǎo jiā.
　　　（3月11日、電車が全部止まったので、大勢の人が家に帰ることができなかった）
　　○他们回得了家吗？　Tāmen huídeliǎo jiā ma?
　　○他们能回家。　Tāmen néng huí jiā.　——＊他们回得了家。

3 否定形の「動詞+"不"+"了"」の後に数量を置き、必要としない数量を表す。

『誤用』で触れなかった用法ですが、否定形の「動詞+"不"+"了"」の後に数量詞を置くと、その数量を必要としないことを表します。肯定形は「"能"+動詞」を使い、「動詞+"得"+"了"」は反語か疑問文しか使えません。例えば、

(16) あなたのこの古いパソコンは 100 元では売れない。
　○你这个旧电脑卖不了 100 块钱。
　　Nǐ zhèige jiù diànnǎo màibuliǎo yìbǎi kuài qián.
　あなたのこのパソコンは 100 元で売れる。
　○你这个旧电脑能卖 100 块钱。
　　Nǐ zhèige jiù diànnǎo néng mài yìbǎi kuài qián.
　＊你这个旧电脑卖得了 100 块钱。

(17) あの仕事は彼女はきっと 1 年もたたずに辞めると思う。
　○那个工作她肯定干不了一年就辞职。
　　Nèige gōngzuò tā kěndìng gànbuliǎo yì nián jiù cízhí.
　あの仕事は彼女はきっと 1 年以上勤められる。
　○那个工作她肯定能干一年以上。
　　Nèige gōngzuò tā kěndìng néng gàn yì nián yǐshàng.
　＊那个工作她肯定干得了一年以上。

(18) 今どきの子どもは 1 時間続けて座っていられる？
　○现在的孩子坐得了一个小时？
　　Xiànzài de háizi zuòdeliǎo yí ge xiǎoshí?
　今どきの子どもは 1 時間も続けて座っていられない。
　○现在的孩子坐不了一个小时。
　　Xiànzài de háizi zuòbuliǎo yí ge xiǎoshí.
　＊现在的孩子坐得了一个小时。

可能補語

(19) あの仕事は5人も必要ですか。要らないでしょう。
　　○那个工作用得了5个人吗？不用吧。
　　　　Nèige gōngzuò yòngdeliǎo wǔ ge rén ma? Bú yòng ba.
　　あの仕事は5人も必要ない。
　　○那个工作用不了5个人。　　Nèige gōngzuò yòngbuliǎo wǔ ge rén.
　　＊那个工作用得了5个人。

4　「動詞＋"得／不"＋"了"」と「動詞＋"得／不"＋"完"」の違い。

1の量がなくなることが可能か不可能かを表す「動詞＋"得／不"＋"了"」は「動詞＋"得／不"＋"完"」に置き換えることができます。例えば、(6)(7)(8) の "了" は "完" に置き換えられます。

(6a)　这么多菜，我吃不完，他吃得完。
　　　Zhème duō cài, wǒ chībuwán, tā chīdewán.

(7a)　一瓶啤酒，我喝不完，他喝得完。
　　　Yì píng píjiǔ, wǒ hēbuwán, tā hēdewán.

(8a)　郭老师的作业很多，一个星期我做不完，你做得完吗？
　　　Guō lǎoshī de zuòyè hěn duō, yí ge xīngqī wǒ zuòbuwán, nǐ zuòdewán ma?

しかし、2のある条件で実現する可能性を表す "了" と、3の必要としない数量を表す "了" は "完" に置き換えることができません。例えば、(9)(10)(16)(17) は "完" が使えません。

(9)　＊明天你来得完来不完？
(10)　＊那个会议你参加得完吗？
(16)　＊你这个旧电脑卖不完100块钱。
(17)　＊那个工作她肯定干不完一年就辞职。

時々、「動詞＋"得／不"＋"了"」も「動詞＋"得／不"＋"完"」も使える場合がありますが、意味の違うことに注意しなければなりませ

ん。例えば、

(20) **今天我很忙，做不了这个工作。**
　　Jīntiān wǒ hěn máng, zuòbuliǎo zhèige gōngzuò.
　　(今日は忙しいから、この仕事ができない)

(21) **今天我很忙，做不完这个工作。**
　　Jīntiān wǒ hěn máng, zuòbuwán zhèige gōngzuò.
　　(今日は忙しいから、この仕事が終わらない)

(20)は忙しくて、この仕事をすることができないが、(21)は忙しいから、仕事はできるが、終わる可能性がないという意味です。

練習問題

Ⅰ 次の中国語を日本語に訳してください。
 1. 怎么那家店开不了一个月就关门了？
 2. 这几天，我身体很不舒服，什么都做不了。
 3. 你一个人生活，每个月用得了 5 千块钱吗？
 4. 那样的学生我教不了，你教得了吗？
 5. 30 个饺子我吃不了，他吃得了。

Ⅱ 次の日本語を中国語に訳してください。
 1. この方法ではあの問題を解決できないと思います。
 2. 彼はどんなスポーツをやっても、何日も続かずやめてしまう。
 3. 王さんは傲慢すぎて、いい旦那さんにはなれないと李さんは思う。
 4. こんなに遅い時間に、あなたは1人で家に帰れますか。
 5. この教室はネットがまだ繋がっていないので、インターネットができない。

21 可能補語の「動詞＋"得／不"＋"了"」と目的語、数量詞について

　第19、20課で、可能補語の「動詞＋"得／不"＋"了"」の基本用法について説明しました。ここでは、学生がよく間違える「動詞＋"得／不"＋"了"」と目的語、数量詞について一緒に考えたいと思います。まず、以下の誤文を見てください。

(1) 私は来月旅行に行けない。
　　＊我下个月去不了旅行。
(2) こんな厚い本、私は1時間で読めない。
　　＊这么厚的书，我看不了一个小时。
(3) 明日、あなたは頑張れますか。
　　＊明天你加油得了加油不了？
(4) 明日、電話をかけられますか。
　　＊明天你打电话得了，打电话不了？
(5) 今日はいいお天気で、富士山が見えます。
　　＊今天天气很好，看见得了富士山。
(6) この大きなテーブルは、私1人で外に運べない。
　　＊这张大桌子，我一个人搬出去不了。
(7) 彼は太りすぎだから、あのドアは小さすぎて入れない。
　　＊他太胖，那个门太小，他进去不了。

　さて、どこが間違いでしょうか。第19、20課で「動詞＋"得／不"＋"了"」の基本用法について説明しましたが、ここで「目的語との関係」、「時間条件」、「数量詞」について少し詳しく説明いたします。

1 「動詞＋"得／不"＋"了"」の目的語について。

1.1 基本的に「動詞＋"得／不"＋"了"」の前にも後にも置けます。

「目的語がなくなる可能性」と「動作が行われる条件の可能性」を表す目的語は主語の前にも「動詞＋"得／不"＋"了"」の後にも置けます。例えば、

(8) あなたは１人でこれらの餃子を食べきれますか。
　　你一个人吃得了这些饺子吗?
　　Nǐ yí ge rén chīdeliǎo zhèixiē jiǎozi ma?
　　——这些饺子你一个人吃得了吗?
　　　　Zhèixiē jiǎozi nǐ yí ge rén chīdeliǎo ma?

(9) 私はこの１本のビールを飲めないが、彼は飲める。
　　我喝不了这瓶啤酒，他喝得了。
　　Wǒ hēbuliǎo zhèi píng píjiǔ, tā hēdeliǎo.
　　——这瓶啤酒我喝不了，他喝得了。
　　　　Zhèi píng píjiǔ wǒ hēbuliǎo, tā hēdeliǎo.

(10) 私はこんなにたくさんのお金を使いきれない、持って帰ってください。
　　我用不了那么多钱，你拿回去吧。
　　Wǒ yòngbuliǎo nàme duō qián, nǐ náhuíquba.
　　——那么多钱我用不了，你拿回去吧。
　　　　Nàme duō qián wǒ yòngbuliǎo, nǐ náhuíqu ba.

ただし、話題にしたい、あるいは強調したい目的語はよく主語の前に置きます。動作主を強調したい時は、目的語は後に置きます。例えば、(8)「これらの餃子」を強調したいなら、話題として、主語の前に置き、別に強調しないなら、「動詞＋"得／不"＋"了"」の後に置きます。

1.2 目的語は「動詞」と「"得／不"+"了"」の間に置けない。

「動詞+"得／不"+"了"」は可能補語の形として覚えてください。目的語は 1.1 に述べたように、「動詞+"得／不"+"了"」の前か後に置くしかありません。分割することはできません。例えば、(8)"你一个人吃这些饺子得了吗？"、(9)"我喝这瓶啤酒不了" とは言えません。

時々、日本語では１つの動詞として使われるが、中国語では「動詞＋目的語」で組み合わせた動詞（中国語では「離合詞」と言う。『誤用』p.22 を参照）を間違えて、そのまま動詞として使ってしまうことがあるかもしれません。例えば、

(11) 彼は要求が高すぎるので、結婚できないかもしれない。
　　＊他的要求太高，恐怕结婚不了。
(12) 外がとてもうるさくて、寝られない。
　　＊外边儿很吵，我睡觉不了。
(13) もし留学したら、４年で卒業できますか。
　　＊要是我去留学，４年毕业得了吗？

"结婚""睡觉""毕业" は離合詞の動詞ですが、そのまま動詞として使うと誤文になるので、目的語の部分を「動詞＋"得／不"＋"了"」の後に持って行きましょう。(11)(12)(13) は次のようになります。

(11a) 他的要求太高，恐怕结不了婚。
　　　Tā de yāoqiú tài gāo, kǒngpà jiébuliǎo hūn.
(12a) 外边儿很吵，我睡不了觉。
　　　Wàibiānr hěn chǎo, wǒ shuìbuliǎo jiào.
(13a) 要是我去留学，４年毕得了业吗？
　　　Yàoshi wǒ qù liúxué, sì nián bìdeliǎo yè ma?

ただし、"加油"（頑張る）は分離できないので、可能補語は使えません。

2 「動詞+"得/不"+"了"」の動詞の後に、結果補語や方向補語を使えない。

「動詞+"得/不"+"了"」は可能補語なので、その後に結果補語、方向補語が使えません。時々、学生は次のような誤文を作ってしまいます。

(14) この写真は拡大できる。
　　＊这张照片放大得了。
(15) 郭先生の宿題は今日終われない。
　　＊郭老师的作业今天做完不了。
(16) 私たちの車は入れる。
　　＊我们的车开进去得了。
(17) エレベーターが壊れたので、私たちは上がれない。
　　＊电梯坏了，我们上去不了。

(14)(15)は動詞の後に結果補語、(16)(17)は方向補語を使ってしまい、誤文になりますね。たしかに、この4例は全部、動作の条件の可能性を表しているので、「動詞+"得/不"+"了"」を使えると思ったかもしれませんが、結果補語や方向補語を同時に使うことができないのです。この場合は助動詞の"能"か"不能"、あるいは他の可能補語を使います。以下のように直します。

(14a) 这张照片<u>能放大</u>。　Zhèi zhāng zhàopiàn néng fàngdà.
(15a) 郭老师的作业今天<u>能做完</u>。
　　　Guō lǎoshī de zuòyè jīntiān néng zuòwán.
　　　——郭老师的作业今天<u>做得完</u>。
　　　Guō lǎoshī de zuòyè jīntiān zuòdewán.
(16a) 我们的车<u>能开进去</u>。　Wǒmen de chē néng kāijìnqu.
　　　——我们的车<u>开得进去</u>。　Wǒmen de chē kāi de jìnqu.

(17a) 电梯坏了，我们<u>不能上去</u>。
　　　Diàntī huài le, wǒmen bù néng shàngqu.
　　　——电梯坏了，我们<u>上不去</u>。　Diàntī huài le, wǒmen shàngbuqù.

3　条件の数量詞は「動詞＋"得／不"＋"了"」の前に、目的語の数量詞は後に置く。

「動詞＋"得／不"＋"了"」にかかわる数量詞は２種類あります。例えば、「１時間で読み終える」の「１時間」は条件としての数量詞です。「１年も勤めない」の「１年」は勤めた年数で、目的語の数量詞です。条件としての数量詞は「動詞＋"得／不"＋"了"」の前に、目的語の数量詞は「動詞＋"得／不"＋"了"」の後に置きます。例えば、

(18) 我一个星期<u>看不了</u>两本书。　Wǒ yí ge xīngqī kànbuliǎo liǎng běn shū.
　　（私は１週間で２冊の本は読めない）
(19) 他一天<u>睡不了</u>８个小时。　Tā yì tiān shuìbuliǎo bā ge xiǎoshí.
　　（彼は１日８時間寝られない）
(20) 他一年<u>去得了</u>３次。　Tā yì nián qùdeliǎo sān cì.
　　（彼は年に３回行ける）

(18)の"一个星期"は条件の数量詞で、"两本书"は目的語の数量詞、(19)の"一天"は条件の数量詞で、"８个小时"は目的語の数量詞、(20)の"一年"は条件の数量詞で、"３次"は目的語の数量詞です。

多くの学生は、条件としての数量詞を目的語の数量詞と混乱して、よく「動詞＋"得／不"＋"了"」の後に使ってしまい、「この本は私は１日で読み終われない」を"这本书我看不了一天"、「この仕事は私は３日でやり終える」を"这个工作我做得了３天"と訳してしまいます。正しい言い方は、"这本书我一天看不了"、"这个工作我３天做得了"となります。したがって、条件としての数量詞は、「動詞＋"得／不"＋"了"」の前に置かなければなりません。

いかがでしょうか。以上、可能補語「動詞＋"得／不"＋"了"」の使

い方がおわかりになりましたか。では、(1)〜(7) の誤文を直しましょう。

(1a) 我下个月的旅行去不了。 Wǒ xiàge yuè de lǚxíng qùbuliǎo.
(2a) 这么厚的书，我一个小时看不了。
　　 Zhème hòu de shū, wǒ yí ge xiǎoshí kànbuliǎo.
(3a) 明天你能不能加油？ Míngtiān nǐ néng bu néng jiāyóu?
(4a) 明天你能打电话吗？ Míngtiān nǐ néng dǎ diànhuà ma?
　　／明天你打得了电话吗？ Míngtiān nǐ dǎdeliǎo diànhuà ma?
(5a) 今天天气很好，看得见富士山。
　　 Jīntiān tiānqì hěn hǎo, kàndejiàn Fùshìshān.
(6a) 这张大桌子，我一个人搬不出去。
　　 Zhèi zhāng dà zhuōzi, wǒ yí ge rén bānbuchūqu.
(7a) 他太胖，那个门太小，他进不去。
　　 Tā tài pàng, nèige mén tài xiǎo, tā jìnbuqù.

練習問題

Ⅰ　次の中国語を日本語に訳してください。
1. 现在年轻人往往工作不了几个月就辞职。
2. 他是我们的中心人物，谁也取代不了他。
3. 你骗得了警察，骗不了自己。
4. 你打工一个月挣得了 10 万日元吗？
5. 我当不了翻译，他可能当得了。

Ⅱ　次の日本語を中国語に訳してください。(「動詞＋"得／不"＋"了"」を使う)
1. 彼がやりたいことは、誰も阻止できない。
2. 彼は 1 年に論文を 2 本書けますか。
3. この 1 億円は彼は 10 年でも使いきれない。
4. 来年、あなたは中国に行けますか。
5. あの医者は彼の病気を治せますか。

22 "听不懂""没听懂"から可能補語の否定について

　『誤用』p.320 と p.335 で結果補語と可能補語の否定について説明して、結果補語の否定"没听懂"（聞いてわからなかった）と可能補語の否定"听不懂"（聞いても理解できない）を例として挙げました。しかし、学生から「留学生がよく日本語を聞いてわからなかった時に、結果補語の"没听懂"ではなく、可能補語の"听不懂"を使った」という話を聞きました。なるほど、たしかに、私の調査でも最近多くの中国人は"没听懂"よりも"听不懂"のほうをよく使っています。以下の会話を見てください。

(1) A：刚才田中老师讲的课，你听懂了吗？
　　　Gāngcái Tiánzhōng lǎoshī jiǎng de kè, nǐ tīngdǒng le ma?
　　　（さっきの田中先生の講義がわかりましたか）
　　B：听不懂。你呢？　Tīngbudǒng. Nǐ ne?（わからない。君は？）
　　A：我也听不懂。　Wǒ yě tīngbudǒng.（私もわからない）

(2) A：我说的话，你听懂了吗？　Wǒ shuō de huà, nǐ tīngdǒng le ma?
　　　（私が言ったことが、わかった？）
　　B：听不懂。　Tīngbudǒng.（わからない）
　　A：听不懂，那我再说一遍。　Tīngbudǒng, nà wǒ zài shuō yí biàn.
　　　（わからない。では、もう一度言いましょうか）

　この2つの会話に使われている"听不懂"はどうでしょうか。相手の話を聞いて、結果としてわからなかったので、"没听懂"を使うべきではないかと思う人が多いでしょう。
　結論から言うと、本来は結果補語の否定の"没听懂"を使うべきですが、今は可能補語の否定の"听不懂"を使う人が多いようです。言葉は生き物のようで、標準語も方言に影響を受けています。人の往来が多くなると、南方の言い方も標準語に入ってしまうかもしれません。

今中国語は、方言の影響により"听不懂"と"没听懂"を同じように使ってしまい、"没听懂"はすでに少数派になってしまったかもしれません。結果を言う時でも、"听不懂"がよく使われています。

1 結果補語の否定は「"没"＋動補構造」。

しかし、ほかの「動詞＋結果補語」の否定はまだ、基本的な文法にしたがっています。例えば、

(3) A：昨天那些栗子，你们吃完了吗?
　　　Zuótiān nèixiē lìzi, nǐmen chīwán le ma?
　　　(昨日のあの栗は、あなたたちは全部食べ終わりましたか)

　　B：没呢，没吃完，还有一点儿，你要吃吗?
　　　Méi ne, méi chīwán, hái yǒu yìdiǎnr, nǐ yào chī ma?
　　　(いいえ、もう少しあります。食べますか)

(4) A：郭老师的报告我还没写完，你呢?
　　　Guō lǎoshī de bàogào wǒ hái méi xiěwán, nǐ ne?
　　　(郭先生のレポートはまだ終わってないよ。君は？)

　　B：我也还没写完，没事，还有两天。
　　　Wǒ yě hái méi xiěwán, méi shì, hái yǒu liǎng tiān.
　　　(私も終わってないよ。大丈夫、あと2日ある)

(5) A：那本《大地之子》快还给我，李明想看。
　　　Nèi běn 《Dàdì zhī zǐ》 kuài huán gěi wǒ, Lǐ Míng xiǎng kàn.
　　　(あの『大地の子』を早く返して、李明さんが読みたがっているよ)

　　B：我还没看完呢。那么长，我两个星期也看不完。
　　　Wǒ hái méi kànwán ne. Nàme cháng, wǒ liǎng ge xīngqī yě kànbuwán.
　　　(まだ読み終わってないよ。あんな長い本、2週間でも読み終わらないよ)

以上の例文は結果について尋ねているので、否定の答えはちゃんと"没吃完""没写完""没看完"と言っていますね。こういう場合は中

国人は可能補語の否定"吃不完""写不完""看不完"を使いません。以下の誤文は、"听不懂"に影響されたかもしれません。

(6) 昨日天安門広場をぶらぶらしたが、残念ながら、故宮に入らなかった。
＊昨天我在天安门广场走走，很遗憾，我进不去故宫。
(7) 昨年私はこの大学に合格しなかったが、今年は受かった。
＊去年我考不上这个大学，今年考上了。
(8) 私はまだ好きな仕事が見つかってない。
＊我还找不到我喜欢的工作。
(9) 長い間考えたが、まだいい方法を思いつかない。
＊我想了很久，还是想不到什么好办法。
(10) 昨日会えなかったが、どこへ行っていたの？
＊昨天我看不见你，你去哪儿了？

以上の例は全部過去の動作、あるいは以前からずっとしていた動作の結果について述べているのに、間違って「可能補語」の否定を使ってしまいました。(6)"进不去"を"没进去"に、(7)"考不上"を"没考上"に、(8)"找不到"を"没找到"に、(9)"想不到"を"没想到"に、(10)"看不见"を"没看见"にすればいいです。

(6a) 昨天我在天安门广场走走，很遗憾，我没进故宫去。
Zuótiān wǒ zài Tiān'ānmén Guǎngchǎng zǒuzou, hěn yíhàn, wǒ méi jìn Gùgōng qù.
(7a) 去年我没考上这个大学，今年考上了。
Qùnián wǒ méi kǎoshàng zhèige dàxué, jīnnián kǎoshàng le.
(8a) 我还没找到我喜欢的工作。
Wǒ hái méi zhǎodào wǒ xǐhuan de gōngzuò.
(9a) 我想了很久，还是没想到什么好办法。
Wǒ xiǎngle hěn jiǔ, háishi méi xiǎngdào shénme hǎo bànfǎ.

(10a) **昨天我没看见你，你去哪儿了？**
　　　Zuótiān wǒ méi kànjiàn nǐ, nǐ qù nǎr le?

2 可能補語の否定は「動詞＋"不"＋補語」。

"听不懂"のように可能補語の否定は「動詞＋"不"＋補語」です（肯定は「動詞＋"得"＋補語」。実は、可能補語は否定形のほうが肯定形よりよく使われます。以下の例を見てください。

(11) **你这么晚去，一定买不到票。**
　　　Nǐ zhème wǎn qù, yídìng mǎibudào piào.
　　　（こんなに遅く行ったら、切符はきっと買えない）

(12) **我没有钱，我买不起那么贵的房子。他买得起。**
　　　Wǒ méiyǒu qián, wǒ mǎibuqǐ nàme guì de fángzi. Tā mǎideqǐ.
　　　（私はお金がないので、あんな高価な家を買えない。彼は買える）

(13) **对不起，我明天来不了。** Duìbuqǐ, wǒ míngtiān láibuliǎo.
　　　（すみません、明日、私は来られません）

(14) **这么厚的书，我一个星期看不完。**
　　　Zhème hòu de shū, wǒ yí ge xīngqī kànbuwán.
　　　（こんなに厚い本、私は1週間で読み終われない）

2.1 許可は可能補語の肯定形も否定形も使えない。

(15) ここは駐車できる／できない。
　　　＊这儿停得了车。／＊这儿停不了车。

(16) あの国は20歳でお酒を飲んでもいい／いけない。
　　　＊那个国家20岁喝得了酒。／＊那个国家20岁喝不了酒。

許可は必ず、助動詞の"能""不能"を使いましょう。

(15a) 这儿能停车。　Zhèr néng tíng chē.
　　　／这儿不能停车。　Zhèr bù néng tíng chē.
(16a) 那个国家 20 岁能喝酒。　Nèige guójiā èrshí suì néng hē jiǔ.
　　　／那个国家 20 岁不能喝酒。
　　　　Nèige guójiā èrshí suì bù néng hē jiǔ.

2.2 客観条件の否定は"不能"を使い、主観条件の否定は可能補語の否定を使う。

客観条件の理由で「何かできるかどうか」も可能補語ではなく、助動詞の"能""不能"を使いましょう。例を見てください。

⒄ あの川は浅いので、泳げない。
　　○那条河水太浅，不能游泳。
　　　Nèi tiáo hé shuǐ tài qiǎn, bù néng yóuyǒng.
　　＊那条河水太浅，游不了泳。
⒅ あの川の水はきれいなので、泳げます。
　　○那条河水很干净，能游泳。
　　　Nèi tiáo hé shuǐ hěn gānjìng, néng yóuyǒng.
　　＊那条河水很干净，游得了泳。
⒆ 来週の会議は、私は出席できない。
　　○下个星期的会议我参加不了。
　　　Xiàge xīngqī de huìyì wǒ cānjiābuliǎo.
　　？下个星期的会议我不能参加。
⒇ あなたを手伝うことができない。
　　○我帮不了你。　Wǒ bāngbuliǎo nǐ.
　　？我不能帮你。

⒄⒅ 客観条件の理由でできないことは、"不能"を使います。⒆⒇ 自分の都合でできないことは可能補語の否定を使います。"不能"を使うと、許されないという許可の否定になります。しかし、これも

方言の影響か、最近よく耳にします。間違いとは言えなくなりました。
　しかし、客観条件で、数量の可能性を表すためには、肯定は"能"も"可能補語"も使えますが、否定は一般的に"可能補語"を使います。例えば、

(21) 彼の車は5人乗れますか。
　　○他的车能坐5个人吗？　Tā de chē néng zuò wǔ ge rén ma?
　　○他的车坐得下5个人吗？　Tā de chē zuòdexià wǔ ge rén ma?
(22) 彼の部屋は3人は寝られません。
　　○他的房间睡不下3个人。　Tā de fángjiān shuìbuxià sān ge rén.
　　？他的房间不能睡3个人。

　(22)の"他的房间不能睡3个人"は(19)(20)と同じく意味は通じますが、許されないというニュアンスが強いのです。「彼の部屋に3人寝てはいけない」になります。"他的房间睡不下3个人"は、はっきりと「部屋が小さくて、3人は寝られない」という意味です。数量を説明する時は、可能補語を使うことが多いのです。

2.3　能力がなくてできないことは可能補語の否定を使う。

　能力がなくてできないことも可能補語の否定を使います。"不能"は禁止されるニュアンスが含まれます。次の例文を見てください。

(23) 私はあの会議の通訳になれない。
　　○我当不了那个会议的翻译。　Wǒ dāngbuliǎo nèige huìyì de fānyì.
　　？我不能当那个会议的翻译。
(24) 彼は上級の中国語は教えられない。
　　○他教不了高级汉语。　Tā jiāobuliǎo gāojí Hànyǔ.
　　？他不能教高级汉语。

2.4 都合でできないことも可能補語の否定を使う。

主観と客観を区別するのはややこしいかもしれませんが、とにかく、自分の条件と都合は主観的な条件と思ってください。その場合の肯定と疑問文は"能"も可能補語も使えますが、否定の場合はほとんど可能補語を使います。以下の例文を見てください。

(25) 明日の会議に参加できますか。
　　○明天的会议你能不能参加？
　　　　Míngtiān de huìyì nǐ néng bu néng cānjiā?
　　○明天的会议你参加得了参加不了？
　　　　Míngtiān de huìyì nǐ cānjiādeliǎo cānjiābuliǎo?
(26) 明日は用事があるので、行けない。
　　○明天我有事，去不了。　Míngtiān wǒ yǒu shì, qùbuliǎo.
　　？明天我有事，不能去。

3 誤文から考えましょう。

学生は可能補語の否定を間違えるというより使えず、ほとんど助動詞の"不能"を使う傾向があります。以下の誤文と正しい文を見て、可能補語の否定の用法を覚えましょう。

(27) 私は足が痛いので、山登りができない。
　　？我的脚疼，不能爬山。
　　○我的脚疼，爬不了山。　Wǒ de jiǎo téng, pábuliǎo shān.
(28) こんな大きい机は、私 1 人で運べない。
　　＊这么大的桌子，我一个人不能搬动。
　　○这么大的桌子，我一个人搬不动。
　　　　Zhème dà de zhuōzi, wǒ yí ge rén bānbudòng.

⒇ 彼の名前は今でも思い出せない。
　＊他的名字我到现在还不能想起来。
　○他的名字我到现在还想不起来。
　　Tā de míngzi wǒ dào xiànzài hái xiǎngbuqǐlai.

いかがでしょうか。"听不懂"と"没听懂"から可能補語の使い方が勉強になりましたか。言葉は生きていますが、今までの法則もしっかり観察しましょう。例外は必ずありますが、こだわらないで、また、間違っても怖がらないで、どんどん使ってください。いつか、上手になりますよ。

練習問題

Ⅰ 次の中国語を日本語に訳してください。
 1. 这样做解决不了根本的问题。
 2. 你能来最好，来不了的话给我打个电话。
 3. 那么多人挤在那儿，我进不去。
 4. 我根本没听懂他在说什么，你听懂了吗？
 5. 这个教室上不了网，那个教室能上网吗？

Ⅱ 次の日本語を中国語に訳してください。
 1. 田中さんは３か国語が話せる。
 2. 天気がいい時は富士山が見えますが、悪い時は見えません。
 3. １日50個の単語は私は覚えられない。
 4. この何日か、暑くて夜寝られません。
 5. 彼の車は５人乗れますが、私の車は乗れません。

23 状態補語の誤文から考えましょう

　状態補語は動作の状態について、評価したり描写したりする、大変重要な、かつよく使われる文法ポイントの1つです。ぜひ、マスターしてほしいと願っております。『誤用』p.342–347 で、すでに状態補語の用法について一応説明しましたが、学生は「動詞＋"得"＋副詞＋形容詞」という文型が理解できても、作文や日記を書く時、まだ間違えることがあります。この課ではその誤文から、もう一度状態補語の用法について復習しましょう。以下にいくつかの間違えやすい状況について説明したいと思います。

1　動作の状態と結果についての評価、描写でない場合は状態補語を使えない。

(1) 私は小学生に教えるのは難しいと思う。
　　＊我教小学生，教得很难。
(2) 最近この魚はあまり売っていない。
　　＊最近这种鱼卖得很少。
(3) このパンは作りやすい。
　　＊这种面包做得很容易。

(1)「教えるのが難しい」は話者の感覚だけで、動作の状態や結果ではないので、状態補語が使えません。「教えて、大変つらかった」、「楽しく教えた」なら、教えた状態と結果なので、状態補語が使え、"教得很辛苦""教得很愉快"と言えます。(2)「あまり売っていない」は状態ですが、動作が生じていないので、状態補語を使えません。例えば、「売ったが、とても大変だった」「あまりよく売れなかった」なら、結果の状態なので、"卖得很辛苦""卖得不太好"と言えます。(3)の「作

りやすい」は「教えるのが難しい」と同じく、動作がやりやすいか難しいかは、動作をした後の状態、結果ではないので、状態補語が使えません。例えば、「作ったがうまくなかった」「作ったが、とても大変だった」なら、"做得不太好""做得很辛苦"と言えます。

ですから、上の誤文は状態補語ではなく、動作を描写する言葉を動詞の前に置けばよろしいです。次のように直せばよいでしょう。

(1a) **我教小学生，我觉得很难教。**
　　　Wǒ jiāo xiǎoxuéshēng, wǒ juéde hěn nán jiāo.
(2a) **最近很少卖这种鱼。** Zuìjìn hěn shǎo mài zhèi zhǒng yú.
(3a) **这种面包很容易做。** Zhèi zhǒng miànbāo hěn róngyì zuò.

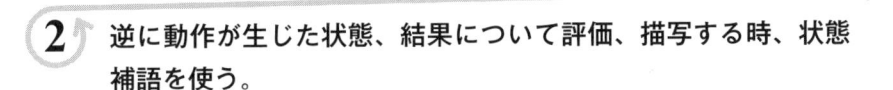

2 逆に動作が生じた状態、結果について評価、描写する時、状態補語を使う。

(4) 今日は楽しく遊んだ。
　　＊今天我们高兴玩儿了。
(5) 彼が話す日本語は日本人みたいです。
　　＊他说日语好像日本人一样。
(6) 今日は風がすごく吹いている。
　　＊今天厉害地刮风。

以上の文は動作の状態についての評価と描写なので状態補語を使うべきですが、使っていません。次のように状態補語を使いましょう。

(4a) **今天我们玩儿得很高兴。** Jīntiān wǒmen wánr de hěn gāoxìng.
(5a) **他说日语说得好像日本人一样。**
　　　Tā shuō Rìyǔ shuō de hǎoxiàng Rìběnrén yíyàng.
　　／**他日语说得好像日本人一样。**
　　　Tā Rìyǔ shuō de hǎoxiàng Rìběnrén yíyàng.

(6a) **今天风刮得很厉害。** Jīntiān fēng guā de hěn lìhai.

3 未来と仮定形の動作の状態について、評価、描写する時も状態補語を使う。

(7) もし試験がよくできたら、先生は私にごほうびをくれる。
　　＊如果我考很好，老师就给我奖品。
(8) 明日の試合は、彼らはきっとうまくいく。
　　＊明天的比赛，他们一定很好。
(9) 彼がもし高く売るなら、私は買わない。
　　＊他要是卖太贵，我就不买。

状態補語は生じた動作の状態についての評価と描写だけにしか使えないと思い込んでいませんか。実は、未来と仮定の動作の状態を想像して、評価、描写する時も使えます。(7)「もし試験の結果がよければ」、(8)「試合がうまくいく」、(9)「売るのが高すぎるなら」はすべて、未来と仮定の状態についての評価と描写なので、状態補語を使えます。以上の誤文は、次のように状態補語を使いましょう。

(7a) **如果我考得很好，老师就给我奖品。**
　　　Rúguǒ wǒ kǎo de hěn hǎo, lǎoshī jiù gěi wǒ jiǎngpǐn.
(8a) **明天的比赛，他们一定会打得很好。**
　　　Míngtiān de bǐsài, tāmen yídìng huì dǎ de hěn hǎo.
(9a) **他要是卖得太贵，我就不买。**
　　　Tā yàoshi mài de tài guì, wǒ jiù bù mǎi.

ほかの例も見てください。

(10) **明天他没事，一定起得很晚。**
　　　Míngtiān tā méi shì, yídìng qǐ de hěn wǎn.
　　　（明日は用事がないので、彼はきっと遅く起きる）

⑾ 要是吃得太饱，对身体不好。　Yàoshi chī de tài bǎo, duì shēntǐ bù hǎo.
（もし食べすぎたら、体によくない）

4　希望やお願いする時は状態補語を使えない。

⑿ 私は中国語を上手に話したい。
　　＊我想汉语说得很好。
⒀ 私は明日早く起きたい。
　　＊我想明天起得早点儿。
⒁ 彼らの生活が幸せになるようにお祈りします。
　　＊我祝他们生活得幸福。

希望やお願いは「お祝いの言葉」、あるいは「実現してほしい結果」で、評価、描写ではないので、状態補語が使えません。⑿は「中国語をマスターする」という結果を願うこと、⒀「時間的に少し早めに起きること」も結果についての評価でも描写でもありません。⒁お祝いの言葉の"生活幸福"の"生活"は名詞なので、そのまま使えばよいです。ほかのお祝いの慣用語"工作顺利""学习愉快"も「名詞＋形容詞」の構造です。ですから、⑿⒀⒁は次のように直しましょう。

（12a）我想说好汉语。　Wǒ xiǎng shuōhǎo Hànyǔ.
（13a）我想明天早点儿起床。　Wǒ xiǎng míngtiān zǎo diǎnr qǐchuáng.
（14a）我祝他们生活幸福。　Wǒ zhù tāmen shēnghuó xìngfú.

5　状態補語の"得"の直前には目的語が置けない。

⒂ 昨日はよく寝た。
　　＊昨天我睡觉得很好。
⒃ 今回の授業はとても楽しかった。
　　＊这次课，我们上课得很愉快。

⑰ 妹はダンスがうまい。
　　＊我妹妹跳舞得很好。

　以上の誤文はすべて動作の状態の描写と評価で、状態補語が使えますが、使い方が間違っているのです。『誤用』p.344-345 でも指摘しましたが、状態補語"得"の直前に名詞を置けません。目的語がついている一部の動詞（離合詞）を学生は１つの動詞と思い、そのまま"得"の前に置くのかもしれません。⑮⑯ は目的語を取って、⑰ は目的語の"舞"を動詞の前に移せばよいでしょう。

(15a) 昨天我睡得很好。　Zuótiān wǒ shuì de hěn hǎo.
(16a) 这次课，我们上得很愉快。
　　　Zhèi cì kè, wǒmen shàng de hěn yúkuài.
(17a) 我妹妹舞跳得很好。　Wǒ mèimei wǔ tiào de hěn hǎo.

6　状態補語の"得"の後には時間量詞を使えない。

⑱ 昨日ずいぶん待ったが、彼は来なかった。
　　＊我昨天等得很久，他还是没来。
⑲ 私は長時間寝たが、まだ眠い。
　　＊我睡得很长时间，还是很困。
⑳ 彼は日本語をどのくらい習ったのですか。
　　＊他日语学得多长时间？

　学生は具体的な時間（１時間、２時間）は状態補語の"得"の後に使いませんが、具体的ではない時間の"很久""很长时间"と時間疑問詞の"多长时间"をよく状態補語に使ってしまいます。具体的かどうかは関係なく、時間量詞は状態補語として使えません。"得"の後に置かないでください。誤文は以下のように"得"を"了"に直します。

(18a) 我昨天等了很久，他还是没来。
　　　Wǒ zuótiān děngle hěn jiǔ, tā háishi méi lái.
(19a) 我睡了很长时间，还是很困。
　　　Wǒ shuìle hěn cháng shíjiān, háishi hěn kùn.
(20a) 他日语学了多长时间？　Tā Rìyǔ xuéle duō cháng shíjiān?

練習問題

Ⅰ　次の中国語を日本語に訳してください。
1. 他的房间收拾得这么干净，一定不是他自己收拾的。
2. 要是他想得太简单，一定会出问题的。
3. 他今天穿得那么整齐，到底要去哪儿啊？
4. 她对任何事情都考虑得很周到。
5. 明天你别说得太快，一定要慢慢儿说。

Ⅱ　次の日本語を中国語に訳してください。
1. 私ははっきりと覚えています。彼の誕生日は5月1日ですよ。
2. 彼のおじいさんは歩くのが若い人と同じようにはやい。
3. あなたの髪の毛は短く切りすぎだよ。
4. 私たちは楽しくおしゃべりをした。
5. 厳しく訓練したら、みんな逃げてしまうよ。

24 "他认真学习"と"他学习得很认真"はどう違うの？

簡単に言えば、"他认真学习"（彼はまじめに勉強している）は主語「彼」の動詞"学习"の様子を説明していますが、"他学习得很认真"（彼の勉強する態度はまじめである）は動詞"学习"の態度について評価しています。

"认真学习"は「修飾連語」（中国語では"偏正词组"）の構造で、動詞の"学习"の前に修飾語（中国語では"状语"）の"认真"があります。"学习得很认真"は「状態補語」の構造で、動詞の"学习"の後に助詞の"得"があって、その後に"学习"の状態について補足的に説明したり、評価する語句があります。

この課ではこの2つ構造の使い方の違いについて説明いたします。

1 「形容詞／副詞＋動詞」という修飾連語の使い方。

「形容詞／副詞＋動詞」という修飾連語は、中心語が動詞であり、前の修飾部分はその動詞の様子を修飾している構造です。この構造は現在、過去、未来に行われている、あるいは行われた動作の様子を説明します。例えば、

(1) 你快走吧。　Nǐ kuài zǒu ba.（早く行きなさい）
(2) 昨天我悄悄溜出去时，他没发觉。
　　Zuótiān wǒ qiāoqiāo liūchūqu shí, tā méi fājué.
　　（昨日こっそり出かけた時、彼は気がつかなかった）
(3) 他经常热心帮助我们。　Tā jīngcháng rèxīn bāngzhù wǒmen.
　　（彼はいつも熱心に助けてくれる）

2音節の形容詞／副詞が動詞を修飾する時は、よく助詞の"地"と一緒に使います。例えば、(1)の"快"は単音節なので"地"が使え

ませんが、(2) の副詞"悄悄"と、(3) の形容詞"热心"は 2 音節なので、"地"が使えます。"昨天我悄悄地溜出去时，他没发觉""他经常热心地帮助我们"とも言えます。

2 「動詞＋"得"＋(副詞)＋形容詞」という状態補語の使い方。

「動詞＋"得"＋(副詞)＋形容詞」という状態補語は、第 23 課に述べたように「動作の結果について評価する」、「動作の結果の状態について説明する」2 つの用法があります。第 23 課を参照してください。ここでは省略します。

3 「形容詞／副詞＋動詞」と「動詞＋"得"＋(副詞)＋形容詞」の違い

3.1 動作の結果がないものは「動詞＋"得"＋(副詞)＋形容詞」を使えない。

動作の結果でなければ、「形容詞／副詞＋動詞」を使い、「動詞＋"得"＋(副詞)＋形容詞」は使えません。例えば、

(4) あの学生たちは教えにくい。
　　＊那些学生教得很难。
(5) 私たちは楽しく相談しています。
　　＊我们商量得很愉快。
(6) ヨーグルトは作りやすい。
　　＊酸奶做得很容易。

(4)「教えにくい」も、(5)「楽しく相談している」も、(6)「作りやすい」も動作の結果ではないので、「動詞＋"得"＋(副詞)＋形容詞」を使えません。次のように「形容詞／副詞＋動詞」を使います。

(4a) 那些学生很难教。　Nèixiē xuésheng hěn nán jiāo.
(5a) 我们很愉快地商量着。　Wǒmen hěn yúkuài de shāngliangzhe.
(6a) 酸奶很容易做。　Suānnǎi hěn róngyì zuò.

3.2 願いごとは動作の結果ではないので、「動詞＋"得"＋（副詞）＋形容詞」を使えない。

学生は「動詞＋"得"＋（副詞）＋形容詞」はどんな場合も状態を表す時に使えると思って、自分の望む状態を次のように言ってしまいます。

(7) 私はちゃんと中国語を勉強したい。
　　＊我想汉语学习得很好。
(8) 私は英語を流暢に話せるようになりたい。
　　＊我希望能说英语说得流利。
(9) 今晩ちゃんと寝たい。
　　＊今晚我想睡得好。

以上は希望で結果ではないので、「動詞＋"得"＋（副詞）＋形容詞」を使えず、「形容詞／副詞＋動詞」を使わなければなりません。

(7a) 我想好好儿学习汉语。　Wǒ xiǎng hǎohāor xuéxí Hànyǔ.
(8a) 我希望能流利地说英语。　Wǒ xīwàng néng liúlì de shuō Yīngyǔ.
(9a) 今晚我想好好儿睡。　Jīnwǎn wǒ xiǎng hǎohāor shuì.

3.3 命令文は必ず「形容詞／副詞＋動詞」を使う。

命令文は結果がないので、「動詞＋"得"＋（副詞）＋形容詞」を使えません。必ず、「形容詞／副詞＋動詞」を使います。例えば、

(10) あなたはまじめに勉強しなければならない。
　　○你得认真学习。　Nǐ děi rènzhēn xuéxí.
　　＊你得学习得认真。

(11) 早く行きましょう、もう時間がないよ。
   ○ **你快点儿走吧。没时间了。**　Nǐ kuài diǎnr zǒu ba. Méi shíjiān le.
   ＊你走得快点儿吧，没时间了。
(12) ゆっくり話してください、緊張しないで。
   ○ **你慢点儿说，别紧张。**　Nǐ màn diǎnr shuō, bié jǐnzhāng.
   ＊你说得慢点儿，别紧张。

3.4 動作の結果についての評価と自然現象の動きについての描写は、「形容詞／副詞＋動詞」と「動詞＋目的語＋形容詞」ではなく、必ず「動詞＋"得"＋（副詞）＋形容詞」を使う。

まず、以下の誤文を見てみましょう。

(13) 彼が話す中国語は中国人みたいだ。
   ＊他说汉语好像中国人一样。
(14) 中国は経済の発展が速い。
   ＊中国经济很快发展。
(15) 今日は大雨だ。
   ＊今天下雨很大。
(16) 今日の風はすごい。
   ＊今天刮风很厉害。

(13)「中国語は中国人みたいだ」は評価の言葉なのです。(14) も評価です。(15) (16) は自然現象の状態なので、「動詞＋目的語＋形容詞」を使うと、誤文になりますね。必ず「動詞＋"得"＋（副詞）＋形容詞」を使います。上の誤文を次のように直しましょう。

(13a) **他汉语说得好像中国人一样。**
   Tā Hànyǔ shuō de hǎoxiàng Zhōngguórén yíyàng.
(14a) **中国经济发展得很快。**
   Zhōngguó jīngjì fāzhǎn de hěn kuài.

(15a) **今天雨下得很大**。　Jīntiān yǔ xià de hěn dà.
(16a) **今天风刮得很厉害**。　Jīntiān fēng guā de hěn lìhài.

いかがでしょうか。"他认真学习"のような「形容詞／副詞＋動詞」と"他学习得很认真"のような「動詞＋"得"＋(副詞)＋形容詞」の違いがおわかりになりましたか。
では練習問題にチャレンジしてみましょう。

練習問題

Ⅰ　次の中国語を日本語に訳してください。
  1. 他们的生活过得怎么样？
  2. 他正在静静地思考那个问题，你别吵他。
  3. 风刮得很大，你还是别出门。
  4. 雪花轻轻地飘下来，真漂亮。
  5. 王老师教得很清楚，我们很快就明白了。

Ⅱ　次の日本語を中国語に訳してください。
  1. 彼らは激しく討論したが、何も結果が出なかった。
  2. 李先生の授業は、学生はみんな積極的に質問をする。
  3. あの医者はとても親切に患者さんを診察します。
  4. 今日は渋滞がひどくて、1時間も遅刻した。
  5. 今日は姉と楽しく買い物した。

25 いつ"很"を使いますか、いつ"很"を使えないのですか

"很"は「とても」という意味があるものと、肯定説明文で言い切りにする文法的な役割だけで「とても」の意味がないものがあります（『誤用』p.39）。そのためか、"很"をいつ使うか、いつ省略できるか、いつ使えないかと学生からよく聞かれます。次の文の形容詞の前には"很"が要るのか考えてみましょう。

(1) このジャスミン茶はおいしいですか。
　　？这个茉莉花茶（很）好喝吗？
(2) この料理はおいしいけど、高いです。
　　？这个菜（很）好吃，可是（很）贵。
(3) この服は安くて、きれいだ。
　　？这件衣服又（很）便宜，又（很）漂亮。
(4) 私たちの大学にはたくさんの留学生がいます。
　　？我们大学有（很）多留学生。
(5) 私は使いやすいカメラを買いたい。
　　？我想买（很）好用的照相机。
(6) 中国語は英語より面白い。
　　？汉语比英语（很）有意思。

以上の例文の（　）の"很"が要りますか。いかがでしょうか？「とても」を表す"很"は、学生は間違いなく上手に使えますが、文法的な"很"、つまり「とても」の意味がない"很"の使い方は間違いやすいかもしれません。さあ、これから「とても」の意味がない"很"が要る、要らない状況について、一緒に考えましょう。

1. 肯定の説明文には「とても」の意味がなくても"很"が必要。否定は"很"が要らない。

肯定説明文というのは、相手に何か説明する時に使われる肯定文です。例えば、「日本料理はおいしいよ」「彼は忙しい」などです。『誤用』p.39で説明したように、このような肯定説明文には形容詞の前に必ず"很"が要ります。強く読むと「とても」の意味で、軽く読むと「とても」の意味がなくなり、単に文法的に文を言い切る役割を果たします。この"很"は絶対に必要で、省略できません。例えば、

(7) あの料理はおいしい。
 ＊那个菜好吃。──○那个菜很好吃。 Nèige cài hěn hǎochī.
(8) 彼は忙しい。
 ＊他忙。──○他很忙。 Tā hěn máng.
(9) 今日は暑いですね。
 ＊今天热。──○今天很热。 Jīntiān hěn rè.

もちろん、「あの料理はとてもおいしい」「彼はとても忙しい」「今日はとても暑い」も"那个菜很好吃""他很忙""今天很热"になります。その時は"很"を強く読みます。

上の例文にもし"很"がなく、"那个菜好吃""他忙""今天热"では文として成立しません。

否定の説明文は"很"の代わりに、"不"を使うので、"很"は必要ありません。例えば、"那个菜不好吃"（あの料理はおいしくない）、"他不忙"（彼は忙しくない）、"今天不热"（今日は暑くない）。

2. 疑問文は"很"が要らない。"很"があると、「とても」の意味になる。

形容詞の疑問文は、「とても…」の意味がない場合は、"很"が使えません。"很"があると、「とても」の意味になります。例えば、

⑽　この担担麺は辛いですか。
　　这个担担面辣吗？　Zhèige dàndanmiàn là ma?
⑾　彼の家は遠いですか。
　　他的家远吗？　Tā de jiā yuǎn ma?
⑿　今回の試験はとても難しかったですか。
　　这次考试很难吗？　Zhèi cì kǎoshì hěn nán ma?

　もちろん、"这个担担面很辣吗?""他的家很远吗?"とも言えますが、その時の"很"は⑿の"很"と同じく文法的な役割ではなく、「とても」の意味になり、「この担担麺はとても辛いですか」「彼の家はとても遠いですか」の意味になります。したがって ⑴ の"这个茉莉花茶好喝吗?"は「とても」の意味がないので、"很"は要りませんね。
　また、是非疑問文と選択疑問文も"很"が使えません。例えば、

⒀　いま、北京は寒いですか。
　　○**现在北京冷不冷？**　Xiànzài Běijīng lěng bu lěng?
　　＊现在北京很冷不冷?
⒁　このパソコンが高いですか、それともあれが高いですか。
　　○**这个电脑贵还是那个贵？**　Zhèige diànnǎo guì háishi nèige guì?
　　＊这个电脑很贵还是那个很贵?
⒂　ここが便利ですか、それともあそこが便利ですか。
　　○**这儿方便还是那儿方便？**　Zhèr fāngbiàn háishi nàr fāngbiàn?
　　＊这儿很方便还是那儿很方便?

　同じ形容詞のレベルを確認する選択疑問文は、「とても」の意味を表す場合は"很"が使えます。例えば、

⒃　彼の成績はいいですか、それとも大変いいですか。
　　他的成绩好还是很好？　Tā de chéngjì hǎo háishi hěn hǎo?
⒄　彼の日本語はよくないですか、それとも大変よくないですか。
　　他的日语差还是很差？　Tā de Rìyǔ chà háishi hěn chà?

⒅　あの問題は複雑ですか、それとも大変複雑ですか。
　　那个问题复杂还是<u>很</u>复杂？　Nèige wèntí fùzá háishi hěn fùzá.

3 形容詞の対比文は「とても」の意味を表す時は"很"を使い、「とても」の意味がないなら"很"が要らない。

前後2つの人・物・事の状態や様子を対比する文では、「とても」の意味を表す場合は"很"を使い、「とても」の意味がなければ、"很"は要りません。例えば、

⒆　这个好吃，那个不好吃。　Zhèige hǎochī, nèige bù hǎochī.
　　（これはおいしいが、あれはおいしくない）
⒆a　这个<u>很</u>好吃，那个<u>很</u>不好吃。
　　Zhèige hěn hǎochī, nèige hěn bù hǎochī.
　　（これはとてもおいしいが、あれは全然おいしくない）
⒇　他忙，我不忙。　Tā máng, wǒ bù máng.
　　（彼は忙しいが、私は忙しくない）
⒇a　他<u>很</u>忙，我<u>很</u>空闲。　Tā hěn máng, wǒ hěn kòngxián.
　　（彼はとても忙しいが、私はとても暇だ）

したがって、対比文は"很"があると「とても」の意味で、"很"がなければ、「とても」の意味がありません。

4 逆説文は前後2つの説明文と考えて、「とても」の意味がなくても"很"が要る。

前後の文の関係が逆説の場合、「とても」の意味がなくても、文法的な"很"が要ります。例えば、

(21) この料理は高いが、おいしい。
　　 ○**这个菜很贵，可是很好吃。**　Zhèige cài hěn guì, kěshì hěn hǎochī.
　　 ? 这个菜贵，可是好吃。
(22) 中国語は難しいが、面白い。
　　 ○**汉语很难，不过很有意思。**　Hànyǔ hěn nán, búguò hěn yǒu yìsi.
　　 ? 汉语难，不过有意思。
(23) このパソコンは小さいが、便利です。
　　 ○**这个电脑很小，可是很方便。**
　　 　Zhèige diànnǎo hěn xiǎo, kěshì hěn fāngbiàn.
　　 ? 这个电脑小，可是方便。

　以上の逆説の文は"这个菜贵，可是好吃"、"汉语难，不过有意思"、"这个电脑小，可是方便"と言っても、中国人はわかってくれますが、中国語としては、ちょっと不自然なのです。前後の文にあるそれぞれの形容詞の前に文法的な役割の"很"を使ったほうが中国語らしくなります。したがって、(2)の"这个菜很好吃,可是很贵"は"很"が要りますね。
　しかし、ある状態の事実を承認した上での逆説文は、"很"を使うと「とても」の意味になり、「とても」の意味を表すのでなければ"很"は使えません。例えば、

(24) この問題は難しいことは難しいが、必ず解決方法がある。
　　 这个问题难是难，可是一定有解决的办法。
　　 Zhèige wèntí nán shì nán, kěshì yídìng yǒu jiějué de bànfǎ.
(25) 彼女は賢いことは賢いが、あまり努力しない。
　　 她聪明是聪明，可是不太努力。
　　 Tā cōngming shì cōngming, kěshì bú tài nǔlì.
(26) あそこはとても安全なことは安全ですが、油断しないでね。
　　 那儿很安全是很安全，不过不能大意。
　　 Nàr hěn ānquán shì hěn ānquán, búguò bù néng dàyì.

5 比較文は絶対に"很"が使えない。

"很"は他者と比較しない絶対的な程度副詞なので、比較文には使えません(『誤用』p.252 参照)。例えば、

⑵⑺ 今日は昨日よりとても暑い。
　　＊今天比昨天很热。──○今天比昨天热。　Jīntiān bǐ zuótiān rè.
⑵⑻ 彼は私より大変積極的だ。
　　＊他比我很积极。──○他比我积极。　Tā bǐ wǒ jījí.
⑵⑼ 彼の中国語は私よりとても流暢だ。
　　＊他汉语说得比我很流利。
　　○他汉语说得比我流利。　Tā Hànyǔ shuō de bǐ wǒ liúlì.

したがって、(6) の「中国語は英語より面白い」は"很"が使えず、"汉语比英语有意思"になります。

もし、比較文で「とても」の意味を表したい時は、形容詞の後に"得多"か"多了"を使います。例えば、

⑶⑽ 今天比昨天热得多。　Jīntiān bǐ zuótiān rè de duō.
　　(今日は昨日よりずいぶん暑い)
⑶⑴ 他比我积极得多。　Tā bǐ wǒ jījí de duō. (彼は私よりずっと積極的だ)
⑶⑵ 他汉语说得比我流利得多。　Tā Hànyǔ shuō de bǐ wǒ liúlì de duō.
　　(彼の中国語は私よりずっと流暢だ)

6 "多""少"が名詞を修飾する時は、必ず"很"が必要。

形容詞が名詞を修飾する時には、"新书""好人""安全地带""必然事件"のように、そのまま名詞につけます。その時は「とても」の"很"も使えません。"很新书""很好人""很安全地带"とは言えません。

また、「形容詞＋"的"」が名詞を修飾する時もあります。例えば、"新的冰箱""旧的衣柜""便宜的电脑""简单的想法"。その時に"很"を

使うと、「とても」の意味になります。"很新的冰箱""很旧的衣柜"は「ピカピカの新しい冷蔵庫」「とても古い洋服だんす」になります。したがって、(5)は「とても」の意味がないので"很"が要りませんが、この文は数量の"一个"が必要で、"我想买一个好用的照相机"(『誤用』p.87 参照)になります。

しかし、"多""少"という形容詞が名詞を修飾する時は、"多人""少东西""多的机会""少的时间"とは言えません。必ず"很"が必要です。例えば、

(33) あそこには、たくさんの留学生がいます。
　　＊那儿有多留学生。
　　○那儿有很多留学生。　　Nàr yǒu hěn duō liúxuéshēng.
(34) あの場所は知っている人が少ない。
　　＊那个地方少人知道。
　　○那个地方很少人知道。　　Nèige dìfang hěn shǎo rén zhīdào.
(35) 私たちは多くの問題に直面している。
　　＊我们面对多的问题。
　　○我们面对很多（的）问题。　　Wǒmen miànduì hěn duō (de) wèntí.

このように、「たくさん」「少ない」の"多""少"は、名詞を修飾する時は、必ず"很多""很少"と言います。助詞の"的"はあってもなくてもいいです。"很多（的）钱"（多くのお金）"很少（的）机会"（少ない機会）。したがって、(4)は"很"が絶対に必要で、"我们大学有很多留学生"と言わなければなりません。

ちなみに、"很少"は名詞を修飾することは少なく、ほとんど述語として使われます。例えば、"那儿人很少"（あそこは人が少ない）、"用这种东西的人已经很少了"（この物を使う人はもう少なくなった）。それから、"很少"は副詞として、「めったに…ない」という意味で使うほうが多いのです。例えば、"那个地方很少下雪"（あそこはめったに雪が降らない）、"他很少缺席"（彼はめったに欠席しない）。

最後に、(3)の"又…又…"の追加説明文に"很"があると、「とても」

の意味になります。(3)は"很"が要らず、"这件衣服又便宜, 又漂亮"でよろしいです。

練習問題

Ⅰ　次の中国語を日本語に訳してください。
　1. 那件事很奇怪。
　2. 她这样做很合理。
　3. 她做事比谁都小心。
　4. 你放心，她现在的生活很安定。
　5. 这首歌好听是好听，不过很难唱。

Ⅱ　次の日本語を中国語に訳してください。
　1. この何日間かとても暖かい。
　2. 彼は仕事のやり方が柔軟だ。
　3. 我々の目的ははっきりしているよ。
　4. このあたりの景色はきれいですが、観光客が少ないですね。
　5. いま、多くの若者の生活があまり安定してない。

26 "太"の使い方。"他是太好的老师"はだめですか

　副詞"太"は単独で形容詞を修飾する時は「…すぎる」という意味で、好ましくない形容詞としか使えません。例えば、"太贵"（高すぎる）、"太难"（難しすぎる）。一方、"太…了"は、状態を感嘆する時に使われ、「大変、とても、極めて」（以下「とても」と略す）という意味で、好ましい形容詞も好ましくない形容詞も感情動詞も使えます。例えば、"太好了"（極めて良かった）、"太可怕了"（とても恐ろしい）、"太感动了"（大変感動した）。

　"太"は以上の意味がありますが、学生は「…すぎる」の"太"はあまり間違いがありませんので、ここでは触れません。しかし、「とても」の"太"は日本語の「大変…」と同じだと思い込んで、よく以下の誤文を作ってしまいます。

(1) 彼は大変すばらしい先生です。
　　＊他是太好的老师。
(2) 彼は私に郭先生がとても忙しいと教えてくれた。
　　＊他告诉我郭老师太忙。
(3) あなたはあそこが大変遠いということを知っているの？
　　＊你知道那个地方太远了吗？
(4) 彼女は大変きれいな携帯電話を持っている。
　　＊她有一个太漂亮的手机。
(5) 中国は日本よりとても広い。
　　＊中国比日本太大了。

　以上の例文の日本語に「とても、大変」があるので、学生が"太"を使うことは理解できます。辞書やテキストなどは"太"の具体的な使い方にあまり触れていないので、学生が使えないのも無理はないと思います。これから「とても」の"太"の用法について見ていきましょう。

1 「とても」の"太"は必ず感嘆、憤慨する時に使われ、しかも文末に"了"が必要。

「とても」の"太"の文型は「"太"＋形容詞／感情動詞＋"了"」で、"很""非常"などと用法が同じであると思ってはいけません。

まず、「"太"＋形容詞／感情動詞＋"了"」は必ずある状態で感嘆か憤慨する時でなければ使えません。それから、文末に必ず語気助詞の"了"が必要です。例えば、

(6) 哎呀，这儿太漂亮了。　Āiyā, zhèr tài piàoliang le.
　　（ああ、ここはすごくきれいですね）
(7) 那个人太可恶了。　Nèige rén tài kěwù le.（あの人はとてもひどい）
(8) 这件事太感动人了。　Zhèi jiàn shì tài gǎndòng rén le.
　　（この事は大変人々を感動させた）

(6)の"太漂亮了"は目の前の景色に感嘆すること、(7)の"太可恶了"はその人の性格か、やり方について憤慨すること、(8)の"太感动人了"はこの事に感嘆することを表します。

もし、感嘆や憤慨がなかったら、この"太"を使えません。例えば、

(9) 私は大変すばらしい先生がいる。
　　＊我有一个太好的老师。
(10) 昨日、私はとても安いパソコンを買った。
　　＊昨天我买了一个太便宜的电脑。
(11) 彼の会社は大変有名な会社です。
　　＊他的公司是一家太有名的公司。

以上の文は感嘆でも憤慨でもなく、一般の陳述文なので、"太"ではなく、程度副詞の"很"か"非常"を使わなければなりません。次のように直しましょう。

(9a) 我有一个很好的老师。　Wǒ yǒu yí ge hěn hǎo de lǎoshī.

(10a) 昨天我买了一个非常便宜的电脑。
　　　Zuótiān wǒ mǎile yí ge fēicháng piányi de diànnǎo.
(11a) 他的公司是一家很有名的公司。
　　　Tā de gōngsī shì yì jiā hěn yǒumíng de gōngsī.

これで、(1)から(4)の誤文も直せると思います。

(1a) 他是很好的老师。　Tā shì hěn hǎo de lǎoshī.
(2a) 他告诉我郭老师很忙。　Tā gàosu wǒ Guō lǎoshī hěn máng.
(3a) 你知道那个地方很远吗？　Nǐ zhīdào nèige dìfang hěn yuǎn ma?
(4a) 她有一个非常漂亮的手机。
　　　Tā yǒu yí ge fēicháng piàoliang de shǒujī.

2 「"太"＋"不"＋形容詞／理解動詞」

感嘆や憤慨する時に使われる"太"は形容詞の否定形にも使えます。例えば、

(12) 他能有今天的成绩，太不简单了。
　　　Tā néng yǒu jīntiān de chéngjì, tài bù jiǎndān le.
　　　(彼が今日の成果を達成できるとは、大したものだ)
(13) 这世界太不公平了。　Zhè shìjiè tài bù gōngpíng le.
　　　(この世界はとても不公平だ)
(14) 他这样做，太不合理了。　Tā zhèyàng zuò, tài bù hélǐ le.
　　　(彼がこのようにしたのは、大変不合理だ)

また、"太"は、一般動詞と一緒に使えません。例えば、"太吃""太学习"とは言えません。しかし、状態を表す理解動詞や感情動詞の否定形なら、"太"の後ろに使うことができます。例えば、

(15) 他太不尊重你了。　Tā tài bù zūnzhòng nǐ le.
　　　(彼はあなたをまったく尊重していない)

副詞 • 149

⑯ 那个人太不识好歹了。　Nèige rén tài bù shí hǎodǎi le.
（あの人はまったくことの重要さを知らない）

⑰ 你太不自爱了。　Nǐ tài bù zì'ài le.
（あなたは全然自分のことを大事にしていない）

⑱ 你太不了解她了。　Nǐ tài bù liǎojiě tā le.
（あなたは全然彼女のことを理解していない）

ほかに"太不讲理了"（大変横暴だ）、"太不懂事理了"（大変愚かで物事の重要さがわからない）、"太不关心了"（まったく気にかけない）、"太不珍惜了"（全然大事にしない）などがあります。

それから、"太"は"有意思"（面白い）など"有"がつく形容詞の否定形"没…"を修飾することもできます。つまり、「"太"＋"没"＋名詞＋"了"」の文型もあります。例えば、

⑲ 那个电影太没意思了。　Nèige diànyǐng tài méi yìsi le.
（あの映画はとてもつまらない）

⑳ 这个人太没素质了。　Zhèige rén tài méi sùzhì le.
（この人は全然教養がない）

㉑ 那样做太没良心了。　Nàyàng zuò tài méi liángxīn le.
（あのようにしたら大変残酷だ）

3　「"太"＋"不"＋形容詞」と「"不"＋"太"＋形容詞」の違い。

"太不好"と"不太好"は"太"と"不"の順番が違うだけで、意味が全然違います。"太不好"は"太"が形容詞"好"の否定"不好"を修飾するので、「大変よくない」という意味ですが、"不太好"の"不"は"太"を修飾して、「とても…ではない」という意味で、つまり「あまり…」という意味になります。"不太好"なら、「あまりよくない」です。以下の例文も比較してみてください。

⑵ **这个国家太不自由了。** Zhèige guójiā tài bù zìyóu le.
（この国は全然自由がない）

(22a) **这个国家不太自由。** Zhèige guójiā bú tài zìyóu.
（この国はあまり自由がない）

⑶ **现在要找工作太不容易了。** Xiànzài yào zhǎo gōngzuò tài bù róngyì le.
（いま就職はとても大変だ）

(23a) **现在要找工作不太容易。**
Xiànzài yào zhǎo gōngzuò bú tài róngyì.
（いま就職はあまり簡単ではない）

⑷ **他太不礼貌了。** Tā tài bù lǐmào le.（彼は大変失礼だ）

(24a) **他不太礼貌。** Tā bú tài lǐmào.（彼はあまり礼儀正しくない）

それから、「"太"+"不"+形容詞」の後に語気助詞の"了"をつけることができ、意味も変わりません。「"不"+"太"+形容詞」の後には普通"了"をつけません。つけると、語気助詞ではなく、変化を表す状態助詞になり、「あまり…になった」の意味になります。例えば(22a) は文末に"了"をつけると、「この国はあまり自由がなくなった」という意味になります。

4 比較文には"太"を使えない。

"太"は"很"や"非常"と同じく絶対程度副詞（他者と比較しない程度副詞）なので、比較文には使えません。（『誤用』p.252 参照）以下の比較文は"太"を使っているので、誤文になります。

㉕ 彼のレベルは私たちよりとても高い。
＊他的水平比我们太高。

㉖ 東京の夏は北海道より大変暑い。
＊东京的夏天比北海道太热。

比較文には、"太"は"很""非常"と同じく使えないので、「とても、

大変」という差を表すには、「形容詞＋"得多"」、あるいは、「形容詞＋"多了"」を使います。

(25a) 他的水平比我们高得多。　Tā de shuǐpíng bǐ wǒmen gāo de duō.
(26a) 东京的夏天比北海道热多了。
　　　Dōngjīng de xiàtiān bǐ Běihǎidào rè duō le.

とにかく、比較文は"太"も"很"も"非常"も使えません。したがって、(5)の誤文は以下のように直せますね。

(5a) 中国比日本大得多。　Zhōngguó bǐ Rìběn dà de duō.

5　"太"は"极了"と一緒に使えない。

程度補語の「形容詞＋"极了"」も「とても…」「極めて…」という程度の高さを表現します。"太"の意味に似ていますが、両方を同時に使うことはできません。時々、学生は考えすぎて、あるいは、強調したいので、"太"と「形容詞＋"极了"」を同時に使ってしまう誤文が見られます。

(27) 今回の試験は大変難しい。
　　＊这次考试太难极了。
(28) 今の携帯電話はすごく便利です。
　　＊现在的手机太方便极了。

この2つの誤文は、"太"だけか、「形容詞＋"极了"」だけにしなければなりません。

(27a) 这次考试太难了。　Zhèi cì kǎoshì tài nán le.
　　——这次考试难极了。　Zhèi cì kǎoshì nán jíle.
(28a) 现在的手机太方便了。　Xiànzài de shǒujī tài fāngbiàn le.
　　——现在的手机方便极了。　Xiànzài de shǒujī fāngbiàn jíle.

いかがでしょうか。"太"の使い方が少し理解できましたか。今後、感嘆や憤慨の時はどんどん使ってみて、そうでない場合は"太"を使わないように気をつけましょう。

練習問題

Ⅰ　次の中国語を日本語に訳してください。
1. 这种电子词典太方便了。
2. 这些衣服款式太旧，年轻人一定不喜欢。
3. 我太饱了，吃不下了。
4. 你这样做，太不值得了。
5. 那些贪官太可恨了。

Ⅱ　次の日本語を中国語に訳してください。
　("太"を使えない場合があります)
1. みんなは彼がとても誠実な人だとわかっている。
2. 今回のデモは人々を大変悲しませた。
3. 昨日のサッカーの試合は大変すばらしかったね。
4. 彼の中国語は私よりとても上手です。
5. ああ！彼の人生はあまりにも短かった。

27　"这个很好吃"と"这个太好吃了"はどう違うか

25課の"很"も26課の"太…了"も「とても、大変…」という意味だと説明しましたが、両方の用法はどう違うのでしょうか。"这个很好吃"と"这个太好吃了"はどう違うのですか？まず、以下の誤文を見てください。

(1) たくさんの人が列に並んでいる。
　　＊我看到太多人在排队。
(2) 彼は中華料理が大変おいしいと思っている。
　　＊他觉得中国菜太好吃了。
(3) 彼の子どもは大変かわいいそうです。
　　＊听说他的孩子太可爱了。
(4) 私は大学に入ってから、毎日大変忙しいです。
　　＊我上大学以后，每天太忙了。
(5) あなたは彼の家が大変大きいと知っていますか。
　　＊你知道他的家太大吗？

1　"太"は感嘆にしか使えない。

第26課で、「"太"は感嘆の時にしか使えない」と説明していますが、それでも学生は以上のような誤文を作ってしまいます。おそらく、「感嘆」が理解しにくいのか、「大変…」の「大」が"太"と漢字が似ているので、ついついすべての「大変…」に"太"を使ってしまうのかもしれません。これから「感嘆」とはどういうことなのか、いろいろなケースを見ていきたいと思います。

1.1 一般的な事実や事実の説明は「感嘆」ではない。

(1)は自分の目に見えている事実を説明しています。単なる事実の説明や一般的な事実を述べるのは感嘆とは言えません。ですから"太"ではなく、"很"を使うべきなのです。

(1a) 我看到很多人在排队。 Wǒ kàndào hěn duō rén zài páiduì.

ほかの例も見てください。

(6) 中国語の発音は大変難しい。
＊汉语的发音太难。
○汉语的发音很难(非常难)。
　　Hànyǔ de fāyīn hěn nán (fēicháng nán).

ただし、(1)で人の列を見て驚いたのなら感嘆になります。

(7) あそこに並んでいる人は大変多いですね！
在那儿排队的人太多了！ Zài nàr páiduì de rén tài duō le!

1.2 他人が思っていることや他人から聞いたことは「感嘆」ではない。

(2)は他人が思っていることは感嘆とは言えませんので、"太"ではなく"很"を使います。

(2a) 他觉得中国菜很好吃。 Tā juéde Zhōngguócài hěn hǎochī.

また、自分が思っていることも感嘆とは言えず、"我觉得中国菜太好吃了"と言えません。思うだけでなく、自分が実際に食べた中華料理なら感嘆になるので、"太"を使えます。例えば、"我觉得昨天吃的中国菜太好吃了"（昨日食べた中華料理は大変おいしかったよ）。その後に"没得说的"（比べるものがない）、"我没吃过那么好吃的菜"（あんなにおいしい料理は食べたことがない）、"真的,实在太好吃了"（本

当に、すごくおいしかった）などの賞賛する言葉が続くことが多いのです。

(3)は他人から聞いたことも感嘆ではありませんので、"太"ではなく"很"を使いましょう。

(3a) 听说他的孩子很可爱。　Tīngshuō tā de háizi hěn kě'ài.

ほかの例も見てください。

(8) 彼はこれは大変おいしいジャスミン茶だと思った。
　　＊他以为这是太好喝的茉莉花茶。
　　○他以为这是很好喝的茉莉花茶。
　　　Tā yǐwéi zhè shì hěn hǎohē de mòlìhuāchá.

(9) 聞くところによると、九寨溝の景色は大変きれいだそうだ。
　　＊听说九寨沟的风景太漂亮。
　　○听说九寨沟的风景很漂亮。
　　　Tīngshuō Jiǔzhàigōu de fēngjǐng hěn piàoliang.

他人に聞いたのではなく、自分が体験したり、見たことなら感嘆になります。

(10) 哗，这个菜太好吃了，你做的吗？
　　　Huā, zhèige cài tài hǎochī le, nǐ zuò de ma?
　　　（ああ！この料理は大変おいしい。あなたが作ったの？）

(11) 啊哟，这个孩子太可爱了，来来，我抱抱。
　　　Āyō, zhèige háizi tài kě'ài le, lái lái, wǒ bàobao.
　　　（ああ！この子は大変かわいいよ。ささ、私に抱っこさせて）

(12) 老天爷，您给我们的恩惠太多了，谢谢谢谢！！
　　　Lǎotiānyé, nín gěi wǒmen de ēnhuì tài duō le, xièxie xièxie!!
　　　（神様、私たちに与えてくださった恩恵は大変多いです。感謝します！）

(13) 今天我实在太忙了，对不起，没办法帮你。

Jīntiān wǒ shízài tài máng le, duìbuqǐ, méi bànfǎ bāng nǐ.

（今日は本当に大変忙しくて、ごめんなさい、手伝うことができません）

1.3 いつものこと、まだ実現していないことは「感嘆」ではない。

(4) は大学に入って毎日のことで、いつものことになります。実際に見たり体験したその場でのことでないと感嘆になりません。まだ実現していないことも、もちろん感嘆にはなりません。ですから、"太"ではなく"很"を使うべきなのです。

(4a) 我上大学以后，每天很忙。

Wǒ shàng dàxué yǐhòu, měitiān hěn máng.

次の例を見ていただければ違いがよくわかると思います。

(14) 我们明年去中国留学，收获一定会很大。

Wǒmen míngnián qù Zhōngguó liúxué, shōuhuò yídìng huì hěn dà.

（私たちの来年の中国留学の収穫はきっと大きいだろう）

(14a) 我告诉你啊，我们这次去中国留学，收获太大了。

Wǒ gàosu nǐ a, wǒmen zhèi cì qù Zhōngguó liúxué, shōuhuò tài dà le.

（聞いてください。私たちの今回の中国留学の収穫はとても大きかったよ）

(15) 李老师的每一节课都讲得很生动。

Lǐ lǎoshī de měi yì jié kè dōu jiǎng de hěn shēngdòng.

（李先生のどの授業もとても活気にあふれていた）

(15a) 李老师昨天的课，讲得太精彩，太生动了。

Lǐ lǎoshī zuótiān de kè, jiǎng de tài jīngcǎi, tài shēngdòng le.

（李先生の昨日の授業は、大変すばらしくて、とても生き生きしていたよ）

⑭と⑮は未来のこといつものことですから、"太…了"は使えず"很"を使っています。（14a）と（15a）は実際に体験して感動したことや賛嘆したことですから、"太"を使います。

1.4 質問は「感嘆」ではない。

⑸は質問ですから感嘆でないことがおわかりになると思います。"太…了"は使えないので"很"を使いましょう。

(5a) 你知道他的家很大吗？　Nǐ zhīdào tā de jiā hěn dà ma?

以上の例を見てきて、「感嘆」かそうでないか、もうおわかりになったと思います。もちろん実際に体験しても、感動しなければ"很"でいいのです。"这个很好吃"と"这个太好吃了"の違いは、感嘆・感動するかしないかの違いです。"这个很好吃"は単に「これはおいしい」と説明するだけで、"这个太好吃了"は「これは本当に大変おいしいよ」という感動のニュアンスが含まれているのです。

2 「…すぎる」の"太"に気をつけてください。

時々、学生は次のような感嘆ではない"太"の文を作ります。

⑯ 这个菜太咸了。　Zhèige cài tài xián le.（この料理は塩辛すぎる）
⑰ 听说那个店的东西太贵了。
　　Tīngshuō nèige diàn de dōngxi tài guì le.（あの店の物は高すぎるらしい）
⑱ 北海道太冷了，她不想去。　Běihǎidào tài lěng le, tā bù xiǎng qù.
　　（北海道は寒すぎて、彼女は行きたがらない）

以上の例文は、感嘆ではありませんが、"太"を使っています。なぜでしょうか。そうですね、この"太"は「とても、大変…」という意味ではなく、"太"のもう1つの意味、「…すぎる」です。"了"はあってもなくてもいいです。したがって、「…すぎる」の場合は、感嘆でな

くても、一般的なことでも、"太"を使えます。その場合は「とても、大変…」の意味ではないことを覚えてください。

　以上、"很"と"太"の使い分けがおわかりになったと思います。次の練習問題にチャレンジしてください。

練習問題

Ⅰ　次の中国語を日本語に訳してください。
1. 这儿风景太漂亮了，我们在这儿拍张照吧。
2. 中国有很多地方，风景都很漂亮，你应该去看看。
3. 有那么多朋友在帮我，我真是太幸福了。
4. 她的前半生很幸福，可是后半生非常不幸福。
5. 这个方法太妙了，你试试看。

Ⅱ　次の日本語を中国語に訳してください。
　（"太"と"很"を使い分けください）
1. あの場所は大変不便だと思います。あなたはどう思うの？
2. 夜になると、この辺は大変静かになりました。
3. 昨日、彼がしたことは大変立派でした。本当に感動しました。
4. 彼の話す中国語はとてもよかった。
　（形容詞の"棒"を使ってください）
5. 今日の試合は大変すばらしかった。あなたが見なかったとは本当に惜しい。

28 「あまり…ない」は"不太"だけではない

まず、以下の誤文を見てください。

(1) あの店はあまりおいしいものがない。
　　＊那家店不太有好吃的东西。
(2) 彼は小さい時、あまりお金がなかった。
　　＊他小时候，不太有钱。
(3) 今日はあまり仕事がない。
　　＊今天不太有工作。
(4) 最近あまり雨が降らない。
　　＊最近不太下雨。
(5) 彼はあまり遅刻しない。
　　＊他不太迟到。

いかがでしょうか。このような誤文を作ったことがありませんか。おそらく日本語の「あまり…ない」を"不太…"と習ったのが原因で、以上のような誤文を作ってしまったのではないでしょうか。

1　"不太"は動詞は修飾できず、形容詞だけを修飾します。

初級段階で、「あまり安くない」「あまり忙しくない」「あまり難しくない」を、"不太便宜""不太忙""不太难"と習いましたね。"不太"は程度、レベルがあまり高くないことを表すので、形容詞しか修飾できません。ほかに"不太容易""不太清楚""不太认真"などがあります。ほかの例も見てください。

(6) A：<u>那些问题容易吗？</u>　Nèixiē wèntí róngyì ma?
　　　（あれらの問題は簡単でしたか）
　　B：<u>不太容易。</u>　Bú tài róngyì.（あまり簡単ではなかった）

(7) A：**今天天气怎么样?** Jīntiān tiānqì zěnmeyàng?
　　（今日の天気はどうですか）
　　B：**不太好**。Bú tài hǎo.（あまりよくない）

　しかし、この"不太…"は動詞を修飾できないので「あまりしないこと」を表せないのです。日本語の「あまり食べない」「あまり勉強しない」「あまり風邪をひかない」は"不太吃""不太学习""不太感冒"などは言えません。

2　「あまり＋動詞の否定」は"不常"と"不怎么"を使いましょう。

　「あまり＋動詞の否定」は程度やレベルを表すのではなく、その動作をしょっちゅうしないことを表すので、"不太…"を使えません。その時は時間副詞の"常常"の否定形"不常"、あるいは状態疑問詞"怎么"の前に"不"をつけて"不怎么"を使います。「あまり食べない」「あまり勉強しない」「あまり風邪をひかない」は"不常吃""不常学习""不常感冒"、"不怎么吃""不怎么学习""不怎么感冒"と言います。"不常""不怎么"は時間的に「しょっちゅう…しない」「たまに…する」ことを表します。例えば、

(8) 私はあまりここに遊びに来ない。
　　○**我不常来这儿玩儿**。Wǒ bù cháng lái zhèr wánr.
　　＊我不太来这儿玩儿。
(9) 彼はあまり運動しない。
　　○**他不常运动**。Tā bù cháng yùndòng.──＊他不太运动。
(10) 私は普段あまり料理を作らない。
　　○**我平时不怎么做菜**。Wǒ píngshí bù zěnme zuò cài.
　　＊我平时不太做菜。
(11) 彼はあまりインターネットをしない。
　　○**他不怎么上网**。Tā bù zěnme shàngwǎng.──＊他不太上网。

３ "不常"と"不怎么"の違い。

「あまり＋動詞の否定」は"不常"も"不怎么"も使えますが、両者はニュアンスがちょっと違います。"不常"は頻度が「いつもではない」「しょっちゅうではない」ということを表します。"不怎么"は頻度も含めて、そのほかにも動作の度合いの深さや数量において、話者が期待する基準に達していないということを表します。例えば、

(12) 他<u>不常</u>听电台的汉语讲座。
　　　Tā bù cháng tīng diàntái de Hànyǔ jiǎngzuò.
　　　（彼はあまりラジオの中国語講座を聞かない）

(13) 他<u>不怎么</u>听电台的汉语讲座。
　　　Tā bù zěnme tīng diàntái de Hànyǔ jiǎngzuò.
　　　（彼はそんなにラジオの中国語講座を聞かない）

(14) 他<u>不常</u>去看父母。　Tā bù cháng qù kàn fùmǔ.
　　　（彼はあまり親に会いに行かない）

(15) 他<u>不怎么</u>去看父母。　Tā bù zěnme qù kàn fùmǔ.
　　　（彼はそんなに親に会いに行かない）

日本語訳を見た限りでは違いがわかりにくいかもしれませんが、(12)(14)の"不常"は頻度が「いつもではない」「あまりしょっちゅう…しない」ことを表します。(13)(15)の"不怎么"は「動作が期待されているほどにはしない」と感情的に評価することを表します。

したがって、望ましくない言葉には"不常"は使えますが、"不怎么"は使えません。例えば、

(16) 彼はあまり遅刻しない。
　　　○他<u>不常</u>迟到。　Tā bù cháng chídào.──＊他不怎么迟到。

(17) 彼はあまり怒らない。
　　　○他<u>不常</u>生气。　Tā bù cháng shēngqì.──＊他不怎么生气。

⑱ 彼はあまり風邪をひかない。
　○他<u>不常</u>感冒。　Tā bù cháng gǎnmào. ──＊他不怎么感冒。

また、"不常"は"不怎么"に置き換えられますが、"不怎么"を"不常"に置き換えられないこともあります。例えば、

⑲ 農村では今あまり家を建てなくなった。
　○现在农村都<u>不怎么盖房子了</u>。
　　Xiànzài nóngcūn dōu bù zěnme gāi fángzi le.
　＊现在农村都不常（／不太）盖房子了。

⑳ 今学校では学生に人としての道理をあまり教えていない。
　○现在学校<u>不怎么教学生做人的道理</u>。
　　Xiànzài xuéxiào bù zěnme jiāo xuésheng zuòrén de dàolǐ.
　＊现在学校不常（／不太）教学生做人的道理。

㉑ この子はあまり話をしない。
　○<u>这个孩子不怎么说话</u>。　Zhèige háizi bù zěnme shuōhuà.
　＊这个孩子不常（／不太）说话。

⑲「家を建てる」は時間的に「しょっちゅう」ではないので、"不常"で否定できません。⑳「学校」は道徳を「しょっちゅう」教えないのではなくて、度合いや量的に「そんなに」教えないということですから、"不常"が使えません。㉑「話をすること」は「しょっちゅうではない」ではなく、量的に「そんなに」話をしないということしか表せないので、"不怎么"しか使えません。

それから、"不怎么"は形容詞と感情動詞、理解動詞を修飾することができますが、"不常"はできません。例えば、

㉒ この料理はそんなにおいしくない。
　○<u>这个菜不怎么好吃</u>。　Zhèige cài bù zěnme hǎochī.
　＊这个菜不常好吃。

⑵3 私は最近そんなに忙しくない。
　　○我最近不怎么忙。　Wǒ zuìjìn bù zěnme máng.
　　＊我最近不常忙。
⑵4 彼はそんなに歌が好きではない。
　　○他不怎么喜欢唱歌。　Tā bù zěnme xǐhuan chàng gē.
　　＊他不常喜欢唱歌。
⑵5 私はあまり彼の話を理解していない。
　　○我不怎么理解他说的话。　Wǒ bù zěnme lǐjiě tā shuō de huà.
　　＊我不常理解他说的话。

4　感情動詞と助動詞の「あまり…ない」は"不太…"も"不怎么"も使えます。

　一般の動詞は"不太…"は使えず、"不太吃""不太做"などとは言えませんが、感情動詞と助動詞なら"不太…"も"不怎么"も使えます。例えば、

⑵6 我不太（／不怎么）喜欢吃辣的东西。
　　Wǒ bú tài (/bù zěnme) xǐhuan chī là de dōngxi.
　　（私は辛い物があまり好きではない）
⑵7 他不太（／不怎么）关心社会问题。
　　Tā bú tài (/bù zěnme) guānxīn shèhuì wèntí.
　　（彼は社会問題にあまり関心がない）
⑵8 我不太（／不怎么）会做日本菜。
　　Wǒ bú tài (/bù zěnme) huì zuò Rìběncài.
　　（私はあまり日本料理を作れない）
⑵9 他不太（／不怎么）能接受你的意见。
　　Tā bú tài (/bù zěnme) néng jiēshòu nǐ de yìjiàn.
　　（彼はあまりあなたの意見を受け入れられない）

⑯⑰の動詞は感情動詞、⑱⑲は助動詞ですので、"不太…"も"不怎么"も使えます。ほかに、"他不太（／不怎么）爱学习"（彼はあまり勉強が好きではない）、"这件事，我不太（／不怎么）担心"（このことは私はあまり心配ではない）、"他不太（／不怎么）敢开车"（彼はあまり運転する勇気がない）などがあります。

しかし、両者にはニュアンスに違いがあります。"不太…"は程度（あまり…ではない）を表しますが、"不怎么"は頻度を意識して、不満な気持ち（そんなに…しない）を表します。例えば、⑯の"不太喜欢吃辣的东西"は好きの程度、つまり、ただ辛い物があまり好きではないことを表しますが、"不怎么喜欢吃辣的东西"は不満の気持ちを含んでいます。

また、どちらかというと中国の北方では"不怎么…"、南方では"不太…"を使う傾向があるようです。

5　「"有"＋名詞」の形容詞は"不太…"が使えるが、「"有"＋名詞」の「動詞＋目的語」は"不太…"が使えない。

中国語には、"大""小""贵"のような普通の形容詞のほかに、「"有"＋名詞」の形容詞があります。例えば、"有意思"（面白い）"有礼貌"（礼儀正しい）"有教养"（教養が高い）など。このような形容詞は"不太…"も"不怎么…"も使えます。例えば、

⑳　**这个电影不太（／不怎么）有意思。**

　　Zhèige diànyǐng bú tài (/bù zěnme) yǒu yìsi.

　　（この映画はあまり面白くない）

㉛　**那个孩子不太（／不怎么）有礼貌。**

　　Nèige háizi bú tài (/bù zěnme) yǒu lǐmào.

　　（あの子はあまり礼儀正しくない）

㉜　**那个歌星不太（／不怎么）有名。**

　　Nèige gēxīng bú tài (/bù zěnme) yǒumíng.

　　（あの歌手はあまり有名ではない）

しかし、形容詞ではなく、「動詞と目的語」構造の「"有"＋名詞」、例えば、"有人""有时间""有工作"などは"不太…"も"不怎么…"も使えません。例えば、

(33) あそこは人があまりいない。
　　＊那儿不太（／不怎么）有人。
(34) 私はあまり時間がない。
　　＊我不太（／不怎么）有时间。
(35) 彼の家の近くはあまり店がない。
　　＊他家附近不太（／不怎么）有商店。

また、「"有"＋名詞＋動詞＋目的語」の連動文も"不太…"と"不怎么…"が使えません。例えば、

(36) 私は中国語を勉強する時間があまりない。
　　＊我不太（／不怎么）有时间学习汉语。
(37) 彼はあなたに貸すお金があまりない。
　　＊他不太（／不怎么）有钱借你。
(38) 私は中国に行く機会がそんなにない。
　　＊我不太（／不怎么）有机会去中国。

このような、人や物の存在を表す「動詞と目的語」構造の「"有"＋名詞」と「"有"＋名詞＋動詞＋目的語」の連動文は、"不太…"も"不怎么…"も使えません。この場合は「"没(有)什么"＋名詞」を使います。(33)～(38)は次のような言い方になります。

(33a)　那儿没(有)什么人。　Nàr méi (yǒu) shénme rén.
(34a)　我没(有)什么时间。　Wǒ méi (yǒu) shénme shíjiān.
(35a)　他家附近没(有)什么商店。
　　　　Tā jiā fùjìn méi (yǒu) shénme shāngdiàn.
(36a)　我没(有)什么时间学习汉语。
　　　　Wǒ méi (yǒu) shénme shíjiān xuéxí Hànyǔ.
(37a)　他没(有)什么钱借你。　Tā méi (yǒu) shénme qián jiè nǐ.

(38a) 我没(有)什么机会去中国。
　　　Wǒ méi (yǒu) shénme jīhuì qù Zhōngguó.

したがって、(1)〜(5) の誤文は次のように直せばよいですね。

(1a) 那家店没(有)什么好吃的东西。
　　　Nèi jiā diàn méi (yǒu) shénme hǎochī de dōngxi.
(2a) 他小时候，没(有)什么钱。
　　　Tā xiǎo shíhou, méi (yǒu) shénme qián.
(3a) 今天没(有)什么工作。　Jīntiān méi (yǒu) shénme gōngzuò.
(4a) 最近不怎么下雨。　Zuìjìn bù zěnme xià yǔ.
(5a) 他不常迟到。　Tā bù cháng chídào.

いかがでしょうか。日本語の「あまり…しない、あまり…ではない」は"不太"だけではないことをご理解いただけましたか。さて、練習問題にチャレンジしてみてください。

練習問題

Ⅰ　次の中国語を日本語に訳してください。
1. 他们俩的汉语水平没什么差距。
2. 那个电视剧不怎么有意思。
3. 我觉得昨天的考试不太难。
4. 你的作法不太符合现实。
5. 最近没什么好看的电影。

Ⅱ　次の日本語を中国語に訳してください。
1. 彼はあまり中国に留学したくない。
2. 私はあまり英語が話せない。
3. 王さんは日本の歌舞伎にあまり興味がない。
4. あの病院の評判はあまり良くない。
5. 今日のテレビは面白い番組があまりない。

29 "只一个人"はいけないか
―"只""只有""只是"―

"只"という副詞は「ただ」「…しかない」「だけ」の意味がありますが、学生はよく以下のような誤文を作ってしまいます。

(1) 私1人だけ中国に行ったことがない。
　　＊只我一个人没去过中国。
(2) 昨日私たちの授業は、1人だけ来なかった。
　　＊昨天我们的课，只一个人没来。
(3) 私は金曜日だけ授業がない。
　　＊我只星期五没课。
(4) あの品物は安いだけで、きれいではない。
　　＊那个东西只便宜，不漂亮。
(5) あのハンバーガーは大きいだけで、全然おいしくない。
　　＊那个汉堡包只大，非常不好吃。

いかがでしょうか。ほとんどの辞書には「ただ」「…しかない」「だけ」の意味しか載ってないので、学生が以上の誤文を作ってしまうのも無理はありません。

1 "只"の後は動詞しか置けない。

"只"は動詞しか修飾できないことをまずしっかり覚えましょう。例えば、

(6) 他<u>只</u>吃菜，不吃肉。　Tā zhǐ chī cài, bù chī ròu.
　　（彼は野菜だけ食べ、肉を食べない）
(7) 昨天我<u>只</u>买了一件衣服。　Zuótiān wǒ zhǐ mǎile yí jiàn yīfu.
　　（昨日私は服を1着しか買わなかった）

(8) 他<u>只</u>想要钱，不想工作。　Tā zhǐ xiǎng yào qián, bù xiǎng gōngzuò.
（彼はお金がほしいだけで、仕事はしたくない）

介詞構造は動詞と同じ機能なので、介詞構造があれば、"只"はその介詞構造の前に置きます。例えば、

(9) 我<u>只</u>跟你说，你别跟别人说。
Wǒ zhǐ gēn nǐ shuō, nǐ bié gēn biérén shuō.
（私はあなたにしか言わないから、ほかの人に言わないで）

(10) 他<u>只</u>在学校学习，在家一点儿也不学习。
Tā zhǐ zài xuéxiào xuéxí, zài jiā yìdiǎnr yě bù xuéxí.
（彼は学校でしか勉強しない。家で少しも勉強しない）

(11) 他<u>只</u>把书包带来，课本却没带来。
Tā zhǐ bǎ shūbāo dàilái, kèběn què méi dàilái.
（彼はカバンだけを持って来て、教科書は持って来ていない）

2　名詞と数量詞の数を限定する場合は、名詞か数量詞の前に"只"ではなく、"只有"を使う。

日本語では、「彼だけ」「1人だけ」「月曜日だけ」など、名詞を限定することができるので、そのまま中国語でも名詞の前に"只"を使ってしまう学生が多いのです。(1)(2)(3)の誤文がそうですね。主語の名詞を限定する場合は"只"ではなく、"只有"を使います。例えば、

(12) 昨日の会議は張明さん1人だけ出席しなかった。
＊昨天的会议只张明一个人没出席。
○昨天的会议<u>只有</u>张明一个人没出席。
Zuótiān de huìyì zhǐ yǒu Zhāng Míng yí ge rén méi chūxí.

(13) 私は日曜日も出勤する。土曜日だけ休みだ。

　　＊我星期天也上班，只星期六休息。

　　○我星期天也上班，只有星期六休息。

　　　　Wǒ xīngqītiān yě shàngbān, zhǐ yǒu xīngqīliù xiūxi.

(14) 彼だけがあのことを知っている。

　　＊只他知道那件事。

　　○只有他知道那件事。　Zhǐ yǒu tā zhīdào nèi jiàn shì.

これで、(1)(2)(3)の誤りを直せると思います。

(1a)　只有我一个人没去过中国。

　　　　Zhǐ yǒu wǒ yí ge rén méi qùguo Zhōngguó.

(2a)　昨天我们的课，只有一个人没来。

　　　　Zuótiān wǒmen de kè, zhǐ yǒu yí ge rén méi lái.

(3a)　我只有星期五没课。　Wǒ zhǐ yǒu xīngqīwǔ méi kè.

それから、数量詞を限定する場合も"只"ではなく、"只有"を使ってください。例えば、

(15)　只有两个月，来得及吗？　Zhǐ yǒu liǎng ge yuè, láidejí ma?
　　　(2ヶ月しかないけど、間に合いますか)

(16)　只有一个人没来。　Zhǐ yǒu yí ge rén méi lái.（1人だけ来てない）

注意しなければならないのは、名詞でも主語ではなく、「…にすぎない」という意味の「ただの…だ」「単に…である」のような述語の時は"只是"を使います。例えば、

(17)　那件事只是谣言，你别相信。

　　　Nèi jiàn shì zhǐ shì yáoyán, nǐ bié xiāngxìn.

　　　(あのことはただの噂だから、信じないで)

(18)　对不起，我说的都只是一些牢骚话。

　　　Duìbuqǐ, wǒ shuō de dōu zhǐ shì yìxiē láosāo huà.

　　　(すみません、私が言っているのはただの愚痴です)

(19) 这<u>只是</u>一个开端，以后还会有很多困难。
　　 Zhè zhǐ shì yí ge kāiduān, yǐhòu hái huì yǒu hěn duō kùnnan.
　　（これは単なる始まりで、これからまだたくさん困難があるよ）

3 形容詞の前には"只"ではなく、"只是"を使います。

日本語は「安いだけ」「おいしいだけ」「大きいだけ」などと言えますが、中国語は"只便宜""只好吃""只大"とは言えません。形容詞の前には"只是"を使います。例えば、

(20) あの料理は高いだけで、少しもおいしくない。
　　＊那个菜只贵，一点儿也不好吃。
　　○那个菜<u>只是</u>贵，一点儿也不好吃。
　　　Nèige cài zhǐ shì guì, yìdiǎnr yě bù hǎochī.

(21) 彼はまじめなだけで、頭を使えない。
　　＊他只认真，可是不会动脑筋。
　　○他<u>只是</u>认真，可是不会动脑筋。
　　　Tā zhǐ shì rènzhēn, kěshì bú huì dòng nǎojīn.

(22) 彼はちょっと太っているだけで、体は全然問題がない。
　　＊他只有点儿胖，身体没什么问题。
　　○他<u>只是</u>有点儿胖，身体没什么问题。
　　　Tā zhǐ shì yǒudiǎnr pàng, shēntǐ méi shénme wèntí.

したがって、(4)(5)の誤りを直すと以下のようになります。

(4a)　那个东西<u>只是</u>便宜，不漂亮。
　　　Nèige dōngxi zhǐ shì piányi, bú piàoliang.

(5a)　那个汉堡包<u>只是</u>大，非常不好吃。
　　　Nèige hànbǎobāo zhǐ shì dà, fēicháng bù hǎochī.

練習問題

Ⅰ　次の中国語を日本語に訳してください。
  1. 昨天我只学习了一个小时的汉语。
  2. 只有5分钟，你快想办法。
  3. 这只是一件小事，你别介意。
  4. 她只为你做，不为别人做。
  5. 我只希望将来能找到自己喜欢的工作。

Ⅱ　次の日本語を中国語に訳してください。
  1. 今回の弁論大会はわずか10人しか参加者がいない。
  2. どうしましょう？私は千円しか持ってない。
  3. 彼だけが私たちの意見に反対しているよ。
  4. 毎日たった15分間体を鍛えるだけで、病気にならないと思う。
  5. あれはただの伝説で、本当のことではないみたいです。

"只有两个人" "才两个人" "就两个人" の違い

「わずか」を表す数量副詞の"只""才""就"はどれも数量の少ないことを表しますが、3つの使い方はやはり違いがあります。それを理解しないと、以下のような誤文を作ってしまうことがあります。

(1) 不合格者はわずか1人だけだ。
　　＊不及格的只一个人。
(2) 彼は中国語を1年だけ勉強した。
　　＊他学习了汉语只一年。
(3) 君だけ家にいるのですか。
　　？你就一个人在家吗？
(4) 彼はチャンスが1回しかない。
　　＊他就有一次机会。
(5) 父はわずか9歳で足を怪我した。
　　＊我爸爸才9岁跌伤了脚。
(6) 私たちは1時間しか遊ばなかった。
　　＊我们才玩儿了一个小时。

いかがでしょうか。"只"についてはどこが間違いか、もうおわかりになったと思いますが、"就""才"については、どうでしょうか。さあ、これからこの3つの違いを見ていきましょう。

1 "只"について。

第29課で、"只"について説明したので、ここでもう一度、簡単にまとめます。

1.1 "只"は数量詞だけを修飾する時には、"有"をつけて"只有"を使います。

例えば、「1人だけ来なかった」は"只一个人没来"ではなくて、"只有一个人没来"と言わなければなりません。ですから、(1) の誤文は次のように直さなければなりません。

(1a) 不及格的只有一个人。　Bù jígé de zhǐ yǒu yí ge rén.

1.2 "只"は動作にかかわる数量詞を修飾する時、必ず動詞の前に置きます。

「彼は1個しか食べなかった」は"他吃了只一个"ではなく、"他只吃了一个"と言わなければなりません。したがって、(2) の誤文は次のように直さなければなりません。

(2a) 他只学习了一年汉语。　Tā zhǐ xuéxíle yì nián Hànyǔ.
　　／他汉语只学习了一年。　Tā Hànyǔ zhǐ xuéxíle yì nián.

(2a) のように、目的語は、動詞の前か数量詞の後に置きます。"只"は必ず動詞の前に置かなければなりません。ほかの例も見ましょう。

(7) 他英语只学了3年。　Tā Yīngyǔ zhǐ xuéle sān nián.
　　他只学了3年英语。　Tā zhǐ xuéle sān nián Yīngyǔ.
　　（彼は英語を3年だけ習った）

(8) 我昨天只打了一个小时棒球。
　　Wǒ zuótiān zhǐ dǎle yí ge xiǎoshí bàngqiú.
　　我昨天棒球只打了一个小时。
　　Wǒ zuótiān bàngqiú zhǐ dǎle yí ge xiǎoshí.
　　（私は昨日1時間しか野球をしなかった）

1.3 "只"は助動詞（「能願動詞」とも言う）がある場合は助動詞の前に置きます。

例えば、「彼は1回だけ行きたい」は"他想只去一次"とも"他想去只一次"とも言わなくて、"他只想去一次"と言わなければなりません。ほかの例も見ましょう。

(9) 你只能跟他说，不能跟别人说。
　　Nǐ zhǐ néng gēn tā shuō, bù néng gēn biérén shuō.
　　（彼だけに言ってもいいが、ほかの人には言わないで）

(10) 我只会说汉语，不会说英语。
　　Wǒ zhǐ huì shuō Hànyǔ, bú huì shuō Yīngyǔ.
　　（私は中国語だけ話せるが、英語は話せない）

以上の例文を見ておわかりと思いますが、"只"は数量が少ないことを言う時は、単に客観的な事実を述べるだけで、話者の不満やうれしい感情は含みません。

2 "才"について。

数の少なさを表す"才"は"只"と同じく、数量詞か動詞の前に置きますが、違うのは、かなり不満、あるいはいぶかしく思う気持ちを含むということです。その少ない数を"才"で修飾して、次に不満あるいはいぶかしく思うことを述べます。例えば、

(11) 他才10岁，竟敢打他妈妈。　　Tā cái shí suì, jìng gǎn dǎ tā māma.
　　（彼はわずか10歳なのに、お母さんを殴るなんで）

(12) 他10个，我才一个，真不公平。
　　Tā shí ge, wǒ cái yí ge, zhēn bù gōngpíng.
　　（彼は10個、私はわずか1個しかない、本当に不公平だ）

⑬ 这次考试你才拿 30 分啊，你怎么学习的？
Zhèi cì kǎoshì nǐ cái ná sānshí fēn a, nǐ zěnme xuéxí de?
（今回の試験はたったの 30 点しか取ってないの、どうやって勉強したの？）

⑪は「わずか10歳でお母さんを殴る」と、いぶかしく腹立たしい気持ちが含まれています。⑫も「私はただ1つだけで、本当に不公平だ」という不満の気持ちを、⑬も「今回の試験はわずか30点しか取ってないことを怒っていて、どうやって勉強したか」という不満の気持ちを示しています。もし不満がなく、単に事実を述べる時は、"只"を使います。"他只有10岁""我只有一个""你只拿30分"となります。

もう1つ"只"と違って、"才"の後ろが数量詞だけの時は"有"をつけません。例えば、"他才10岁"は"他才有10岁"とは言えません。

3 "就"について。

"就"も"只"、"才"と同じく数量詞と動詞の前に置きます。数量詞だけの時は、"才"と同じく"有"をつけません。しかし、"才"と違うのは、不満の気持ちではなく、意外性を表すということです。例えば、⑪ "他才10岁，竟敢打他妈妈"は"他就10岁，竟敢打他妈妈"とは言えません。"他就10岁！"は「彼はたったの10歳？本当ですか」という意外性を表します。⑫の"我才一个"を"我就一个"に変えると、自分はたくさんもらえると思ったのに、まさか1つしかもらえなかったことを表しています。⑬ "你才拿30分"を"你就拿30分"に変えると、話者は相手が高い点数を取れると思ったが、意外にも30点しか取れなかったということを表しています。ほかの例も見てみましょう。

⑭ 他就 50 岁，看不出来。 Tā jiù wǔshí suì, kànbuchūlái.
（彼がたったの50歳なんて、見えない）

(15) 你<u>就</u>学了两年，怎么说得这么好，我不相信。
Nǐ jiù xuéle liǎng nián, zěnme shuō de zhème hǎo, wǒ bù xiāngxìn.
（あなたは2年学んだだけで、どうしてこんなにうまいの？ 信じられない）

(16) 他<u>就</u>睡了3个小时，不困吗？
Tā jiù shuìle sān ge xiǎoshí, bú kùn ma?
（彼はわずか3時間しか寝なかった。眠くないの？）

時々、第1人称の主語でも"就"を使えますが、その時は"只"と同じで、単に数の少ないことを強めに言うだけです。例えば、

(17) 我<u>就</u>买两个。　Wǒ jiù mǎi liǎng ge.（私は2つだけ買う）
(18) 我<u>就</u>吃一个。　Wǒ jiù chī yí ge.（私は1個だけ食べる）
(19) 我<u>就</u>喝一杯。　Wǒ jiù hē yì bēi.（私は1杯だけ飲む）

(17)〜(19)の"就"は"才"に置き換えられません。"我才买两个""我才吃一个""我才喝一杯"だけでは使えません。もし、前後の文に不満やいぶかしく思うことがあれば成立します。例えば、"我才买两个，你怎么瓜瓜叫呢"（私は2個しか買ってないのに、なぜ文句ばかり言うのですか）、"我才吃一个，你怎么就不高兴了"（私は1個しか食べてないのに、どうして不愉快なの？）、"我才喝一杯，你怎么就乱批评"（私は1杯しか飲んでないのに、なぜ勝手に怒るの？）。

いかがでしょうか、数量副詞の"只""才""就"の違いについて理解できましたか。(3)〜(6)の誤文を以下のように訂正できると思います。

(3a) <u>只</u>有你一个人在家吗？　Zhǐ yǒu nǐ yí ge rén zài jiā ma?
　　／<u>就</u>你一个人在家吗？　Jiù nǐ yí ge rén zài jiā ma?
(4a) 他<u>只</u>有一次机会。　Tā zhǐ yǒu yí cì jīhuì.
(5a) 我爸爸<u>只</u>有9岁的时候，跌伤了脚。
　　Wǒ bàba zhǐ yǒu jiǔ suì de shíhou, diēshāngle jiǎo.
(6a) 我们<u>只</u>玩儿了一个小时。　Wǒmen zhǐ wánrle yí ge xiǎoshí.

練習問題

Ⅰ 次の中国語を日本語に訳してください。
1. 昨天我们只谈了15分钟。
2. 我们才休息了5分钟，你怎么就生气了？
3. 我们就出去15分钟，不太久。你放心。
4. 才两个月的时间，他怎么就变成那样了？
5. 就给你一个月的时间，够不够？

Ⅱ 次の日本語を中国語に訳してください。
1. わずか1週間で、彼はどうやってこの仕事を終えるのか。
2. たった2週間で彼はこの仕事を終えた。
3. 彼は東京に2か月半しか住まなかった。
4. 彼らは知り合ってわずか3か月で、もう結婚した。
5. 私たちのクラスは、2度しか優勝しなかった。

"这么""那么"の使い方

"这么"（こんなに）と"那么"（そんなに、あんなに）という副詞は大変よく使われるので、『誤用』p.212-215 ですでに説明しましたが、その用法について、まだ説明しきれていないことがありました。読者からいろいろアドバイスをいただき、この課は復習として、誤文を一緒に考えながら、改めて"这么"と"那么"の用法を確認したいと思います。

1 "这么／那么"+形容詞

"这么"（こんなに）と"那么"（そんなに、あんなに）は、基本的に日本語と用法が同じですので、難しくはないと思います。よく形容詞を修飾します。また、形容詞と一緒に名詞を修飾します。例えば、

(1) 这么贵啊，可以便宜一点儿吗？　Zhème guì a, kěyǐ piányi yìdiǎnr ma?
　　（こんなに高いのか、もう少し安くしてもらえないか）
(2) 这么好的天气，我们出去走走吧。
　　Zhème hǎo de tiānqì, wǒmen chūqu zǒuzou ba.
　　（こんなにいいお天気だから、外へちょっと散歩しに行きましょうか）
(3) 哎呀，人那么多啊，怎么进去？　Āiyā, rén nàme duō a, zěnme jìnqu?
　　（ああ、こんなに大勢の人がどうやって入れるのか）
(4) 那么麻烦的事，你也要做吗？　Nàme máfan de shì, nǐ yě yào zuò ma?
　　（あんな面倒なこと、あなたもやりたいの？）

1.1 "这么／那么"の後には他の副詞を置けない。

"这么／那么"のよくある誤りは、次のように副詞をつけてしまう

ことです。

(5) こんなにおいしい餃子は食べたことがない。
　　＊这么很好吃的饺子，我没吃过。
(6) こんなにきれいな携帯電話、いくらですか。
　　＊这么太漂亮的手机，多少钱？
(7) あんなにたくさんのお金を見たことがない。
　　＊没看过那么很多钱。
(8) 彼女はあんなにまじめで努力家だから、先生はとても彼女のことが好きです。
　　＊她那么挺认真挺努力，老师很喜欢她。

"这么／那么"は状態を表す副詞なので、日本語と同じくその後にまた、状態、程度を表す副詞をつけることができません。つまり同時に状態や程度を表す副詞を2つ使うことはできないのです。次のように"这么／那么"の後の副詞を取ります。

(5a) **这么好吃的饺子，我没吃过。**
　　　Zhème hǎochī de jiǎozi, wǒ méi chīguo.
(6a) **这么漂亮的手机，多少钱？**
　　　Zhème piàoliang de shǒujī, duōshao qián?
(7a) **我没看过那么多钱。** Wǒ méi kànguo nàme duō qián.
(8a) **她那么认真又那么努力，老师很喜欢她。**
　　　Tā nàme rènzhēn yòu nàme nǔlì, lǎoshī hěn xǐhuan tā.

1.2 "这么／那么"と形容詞が名詞を修飾する時は"的"が要る。

学生は、"这么／那么"が副詞であることを忘れて、名詞を修飾する時、よく以下の誤文のように"的"を忘れてしまいます。

(9) こんなに複雑な問題は、私は解決できない。
＊这么复杂问题，我不能解决。
○**这么复杂的问题，我不能解决。**
Zhème fùzá de wèntí, wǒ bù néng jiějué.

(10) そんなに簡単なこと、私がやりましょう。
＊那么简单事，我做吧。
○**那么简单的事，我做吧。** Nàme jiǎndān de shì, wǒ zuò ba.

(11) あんなにうるさい場所は、私は好きではない。
＊那么吵闹地方，我不喜欢。
○**那么吵闹的地方，我不喜欢。**
Nàme chǎonào de dìfang, wǒ bù xǐhuan.

形容詞の後の"的"が省略できる形容詞は"多"と"少"の２つだけです。もちろん"的"をつけてもよいです。例えば、

(12) **这么多的人。** Zhème duō de rén.
　　——**这么多人。** Zhème duō rén.（こんなにたくさんの人）
(13) **那么少的钱。** Nàme shǎo de qián.
　　——**那么少钱。** Nàme shǎo qián.（あんなに少ないお金）

1.3 どんどん「"这么／那么"＋形容詞」を使ってください。

相手から、人、物、状態などを聞いた後に、「"这么／那么"＋形容詞」を使って返事をするのは日本語と同じですね。例えば、

(14) A：**这个电脑要25万日元。** Zhèige diànnǎo yào èrshiwǔ wàn Rìyuán.
　　（このパソコンは25万円もした）
　　B：**这么贵！你自己买的吗？** Zhème guì! Nǐ zìjǐ mǎi de ma?
　　（そんなに高いなんて！あなたは自分で買ったのですか）

(15) A：他家离学校很远，坐公交车要两个小时。

　　　Tā jiā lí xuéxiào hěn yuǎn, zuò gōngjiāochē yào liǎng ge xiǎoshí.

　　　（彼の家は学校から遠くて、バスで2時間もかかります）

　　B：那么远啊！怪不得他常常迟到。

　　　Nàme yuǎn a! Guàibude tā chángcháng chídào.

　　　（そんなに遠いなんて！道理で彼はいつも遅刻するわけだ）

(16) A：昨天来参加交流会的只有8个人。

　　　Zuótiān lái cānjiā jiāoliúhuì de zhǐ yǒu bā ge rén.

　　　（昨日交流会に参加した人はたったの8人だった）

　　B：那么少啊？为什么那么少人？

　　　Nàme shǎo a? Wèishénme nàme shǎo rén?

　　　（そんなに少ないの！なぜそんなに少ないの？）

2　"这么／那么"＋動詞

"这么／那么"は形容詞だけでなく、動詞も修飾できて、「このように…」「そのように…」になります。この用法も日本語と同じなので難しくないと思います。例えば、

(17) 你不能这么说，这么说会伤害她的。

　　Nǐ bù néng zhème shuō, zhème shuō huì shānghài tā de.

　　（このように言ってはいけない、このように言ったら彼女を傷つけるよ）

(18) 这个菜那么做，一定很好吃。

　　Zhèige cài nàme zuò, yídìng hěn hǎochī.

　　（この料理はあのように作ったら、きっとおいしい）

(19) 你这么学习汉语不行，一定要多念多说。

　　Nǐ zhème xuéxí Hànyǔ bùxíng, yídìng yào duō niàn duō shuō.

　　（あなたはこのように中国語を勉強するのはいけない、絶対にたくさん読み、たくさん話さなければなりません）

時々、相手に動作を示しながら、「"这么"＋動詞」を使うこともあ

ります。例えば、

(20) **你看，这么写，就好看了。** Nǐ kàn, zhème xiě, jiù hǎokàn le.
（見て、このように書いたら、きれいになるよ）

(21) **你看，这么做，就可以了。** Nǐ kàn, zhème zuò, jiù kěyǐ le.
（見て、このようにしたら、いいですよ）

2.1 "这么／那么"と動詞の間にほかの副詞を入れることはできない。

「"这么／那么"＋動詞」のよく見られる誤文は、"这么／那么"と動詞の間にほかの副詞を入れてしまうことです。例えば、

(22) このようにしょっちゅうコーヒーを飲んだらよくない。
＊这么常常喝咖啡不好。

(23) 彼女はああしてまだ勉強しないなら、きっと合格できない。
＊要是她那么再不学习，一定不会及格。

(24) あなたはそのようにすぐ行くのはよくない。
＊你那么就走不好。

以上の誤文はみな"这么／那么"と動詞の間に、副詞がありますね。"这么／那么"は動詞か形容詞しか修飾できない副詞なので、(22)(23)(24)のようにその後に別の副詞を使えません。副詞は"这么／那么"の前に置くか、あるいは取ります。例えば、

(22a) **常常这么喝咖啡不好。** Chángcháng zhème hē kāfēi bù hǎo.
这么喝咖啡不好。 Zhème hē kāfēi bù hǎo.
（このようにコーヒーを飲むのはよくない）

(23a) **要是她再那么不学习，一定不会及格。**
Yàoshi tā zài nàme bù xuéxí, yídìng bú huì jígé.
要是她那么不学习，一定不会及格。
Yàoshi tā nàme bù xuéxí, yídìng bú huì jígé.
（ああして勉強しないなら、きっと不合格だ）

(24a) 你就那么走不好。　Nǐ jiù nàme zǒu bù hǎo.
你那么走不好。　Nǐ nàme zǒu bù hǎo.
（あなたはそのように行ったらよくない）

いかがでしょうか。"这么／那么"の用法が少し理解できましたか。さあ、練習問題にチャレンジしてみてください。

練習問題

Ⅰ　次の中国語を日本語に訳してください。
1. 你这么喜欢汉语，一定能学好的。
2. 你们看，人那么多，到底发生了什么事？
3. 你那么吃，会吃坏身体的，得少吃一点儿。
4. 他怎么每天都那么晚回家，是不是公司出事了？
5. 我这么做，都是为了你啊！

Ⅱ　次の日本語を中国語に訳してください。
1. 彼女は体があんなに弱いので、この仕事はさせないほうがいいと思います。
2. 私がこんなに忙しいのが、わかりませんか。
3. 30キロもあるのですか。そんなに重いなんて！あなたはどうやって持つの？
4. 商売のお金はこのように計算するものではないと思います。
5. 彼はあんなに人をいじめるなんて、絶対に許せない！

状態の継続を表す"还"はいくつの用法があるのですか

『誤用』p.207-210で状態の継続を表す"还"を簡単に説明しましたが、まだ以下のような誤文が見られます。

(1) 昨年彼女はまだこの学校にいなかった。
    ？去年她还没在这个学校。
(2) 私はずっとお金がない。
    ？我还没有钱。
(3) もう8時になったが、父はまだ起きてない。
    ？8点了，我爸爸还不起床。
(4) あの物は高くない、まだ安い。
    ？那个东西不贵，还便宜。
(5) 彼女の髪の毛は長くない。まだ短い。
    ？她的头发不长，还短。

以上はどれも完全な誤文ではありませんが、日本語の意味と違うので「？」をつけます。この状態を表す"还"の使い方はどこが間違いなのでしょうか？これからちょっと復習を兼ねて、細かく"还"の用法を見ていきましょう。

1 "还"+動詞：「まだ…している」

動作や状態が持続していることを表す時には、動詞の前によく"还"を置きます。例えば、

(6) 他还在日本。　Tā hái zài Rìběn.（彼はまだ日本にいる）
(7) 他还是单身汉。　Tā háishi dānshēnhàn.（彼はまだ独身だ）

(8) 他没变，还干那行。　Tā méi biàn, hái gàn nà háng.
（彼は変わらない、まだあの仕事をしている）

(9) 我到现在还用这种牙膏。　Wǒ dào xiànzài hái yòng zhèi zhǒng yágāo.
（私は今に至るまで、まだこの種類の歯磨きを使っている）

動作の進行を表す「"在"＋動詞」と、状態の持続を表す「動詞＋"着"」「動詞＋"在"」の前によく"还"を使い、状態の持続を示します。例えば、

(10) 他还在睡觉。　Tā hái zài shuìjiào.（彼はまだ寝ている）

(11) 他们还在上课，我们等一等吧。
Tāmen hái zài shàngkè, wǒmen děng yi děng ba.
（彼らはまだ授業中だから、ちょっと待ちましょう）

(12) 雨还下着，你别走。　Yǔ hái xiàzhe, nǐ bié zǒu.
（雨がまだ降っている、君は行かないで）

(13) 他们还站在那儿等你呢。　Tāmen hái zhànzài nàr děng nǐ ne.
（彼らはまだあそこに立っていて、君を待っているよ）

2 "还"＋"没"＋動詞：「まだ…していない」

"还"がよく使われるのは、動作がまだ行われてない、あるいはまだ実現してない状態の持続を表す時です。例えば、

(14) 李明还没来。　Lǐ Míng hái méi lái.（李明さんはまだ来ていない）

(15) 我爸爸还没起床。　Wǒ bàba hái méi qǐchuáng.
（父はまだ起きてない）

(16) 他们还没下课。　Tāmen hái méi xiàkè.
（彼らはまだ授業が終わってない）

気をつけてほしいのですが、存在の「いる、ある」の"在"は、肯定形の"还在"とは言えますが、否定の"还没在"とは言えません。つまり、「いない」「いなかった」という状態は「来ていない」「来て

いなかった」ということなので、中国語では、"没在"ではなく、"没来"と言います。したがって、(1) は"还没在"ではなく、"还没来"に直せばよいです。

（1a） **去年她还没来这个学校。** 　Qùnián tā hái méi lái zhèige xuéxiào.

　一方、所有の「いる、ある」の"有"は肯定も否定も、"还"と一緒に使えますが、"还有"は「まだ…がある、いる」という「持っている状態の継続」を表します。"还没有"は「持ってないという状態の継続」を表しますが、実際は、「今はまだ持ってないが、いつか持つ」というニュアンスがあります。例えば、"我还没有车"（私はまだ車を持ってない）は現在は持ってないが、いつか持つという意味です。

　したがって、(2)"我还没有钱"はずっとお金がないということではなく、「お金をまだ持ってない」という意味です。(2) の「ずっとお金がない」は：

（2a） **我一直没有钱。** 　Wǒ yìzhí méiyǒu qián.

　それから、動作がまだ行われていない状態やまだ実現していないことを表す"还"と動詞の間には"不"を使えません。以下はよく見られる誤文です。

(17) 彼はまだ朝ご飯を食べてない。
　　＊他还不吃早饭。
　　〇**他还没吃早饭。** 　Tā hái méi chī zǎofàn.
(18) あの本は私はまだ読み終えてない。
　　＊那本书我还不看完。
　　〇**那本书我还没看完。** 　Nèi běn shū wǒ hái méi kànwán.

3　"还"＋"不"＋動詞

「まだ…しないの？」という詰問文（催促のニュアンスが含まれる）

は"还"と動詞の間に"没"ではなく、"不"を使わなければなりません。例えば、

(19) 时间到了，你还不走？　Shíjiān dào le, nǐ hái bù zǒu?
（時間ですよ、君はまだ行かないの？）
(20) 菜已经凉了，你还不吃吗？　Cài yǐjīng liáng le, nǐ hái bù chī ma?
（料理はもう冷めたよ、君はまだ食べないの？）
(21) 都半夜1点了，他还不睡啊？　Dōu bànyè yī diǎn le, tā hái bù shuì a?
（もう夜中の1時になったよ、彼はまだ寝ないの？）

(19)(20)(21) の"不"を"没"に置き換えたら、詰問するニュアンスがなくなり、単にまだ行われてない状態を説明するだけになります。

(22) 时间到了，你还没走？　Shíjiān dào le, nǐ hái méi zǒu?
（時間ですよ。君はまだ帰ってないの？）
(23) 菜已经凉了，你还没吃吗？　Cài yǐjīng liáng le, nǐ hái méi chī ma?
（料理はもう冷めたのに、君はまだ食べてないの？）
(24) 都半夜1点了，他还没睡啊？　Dōu bànyè yī diǎn le, tā hái méi shuì a?
（もう夜中の1時になったのに、彼はまだ起きているの？）

それから、理解動詞（"知道""理解""了解""懂"など）、感情動詞（"喜欢""感动""讨厌""伤心"など）、能願動詞（"想""能""愿意""肯"など）は過去も現在も、意志でなくても、すべて"不"で否定するので、「まだ知らなかった」は"还没知道"ではなく"还不知道"、「まだ好きではなかった」は"还没喜欢"ではなく"还不喜欢"、「まだ行きたくなかった」は"还没想去"ではなくて"还不想去"と言うのです。

それから、日本語では1人称と3人称も「まだ…しない」と言えますが、中国語では理解動詞と感情動詞、能願動詞以外は「"还"＋"不"＋動詞」を使えません。例えば、「私はまだお風呂に入らない」「彼はまだ留学に行かない」は、"我还不洗澡""他还不去留学"とは言えません。中国語では意志の場合は"我还不想洗澡"（私はまだお風呂に

入らない）"他还不想去留学"（彼はまだ留学しない）、条件の場合は"我还不能洗澡"（私はまだお風呂に入れない）"他还不能去留学"（彼はまだ留学に行けない）と言います。

したがって、(3)"8点了，我爸爸还不起床"は詰問ではなく、状態がまだ行われてないということなので、次のように直しましょう。

(3a) 8点了，我爸爸还没起床。　Bā diǎn le, wǒ bàba hái méi qǐchuáng.

4　"还"＋形容詞：肯定にも否定にも使える

"还"は形容詞の肯定形や否定形の前に置くと、状態の継続（肯定も否定も）を表します。例えば、

(25) A：北京现在还冷吗？　Běijīng xiànzài hái lěng ma?
　　　（北京は今はまだ寒いですか）
　　B：冷，还很冷。　Lěng, hái hěn lěng.
　　　（寒いですよ。まだとても寒いです）

(26) 这种电脑还不便宜，你再等一等吧。
　　Zhèi zhǒng diànnǎo hái bù piányi, nǐ zài děng yi děng ba.
　　（この種類のパソコンはまだ安くない、もう少し待ちましょう）

(27) 那个国家的法律还不健全。　Nèige guójiā de fǎlǜ hái bú jiànquán.
　　（あの国の法律はまだ整っていない）

「"还"＋形容詞」は状態の継続だけではなく、「まあまあ」という意味もあるので、混乱するかもしれません。混乱を避けるために、状態の継続の場合は、形容詞の前に"很"を使い、「まあまあ」の場合は"很"をつけません。したがって、(4)(5)は次のように直せます。

(4a) 那个东西不贵，还很便宜。　Nèige dōngxi bú guì, hái hěn piányi.
(5a) 她的头发不长，还很短。　Tā de tóufa bù cháng. Hái hěn duǎn.

それから、形容詞の否定は「"不"＋形容詞」ですが、変化がある形

容詞は"没"も使えます。例えば、

⑱ <u>天还没亮</u>，你再睡一会儿吧。　Tiān hái méi liàng, nǐ zài shuì yíhuìr ba.
（夜はまだ明けてないので、もう少し寝てください）

⑲ <u>他的病还没好</u>。　Tā de bìng hái méi hǎo.
（彼の病気はまだ回復してない）

⑳ <u>我还没糊涂</u>，你别骗我。　Wǒ hái méi hútu, nǐ bié piàn wǒ.
（私はまだバカではないので、騙されないよ）

以上の例文のように、まだその状態になってない、実現してない、これからその状態になるかもしれない時に「"还"＋"没"＋形容詞」を使います。ほかの例は"天还没黑"（まだ暗くない）、"人心还没乱"（人々の心はまだ乱れてない）、"这个闹钟还没坏，别扔掉"（この目覚まし時計はまだ壊れてない、捨てないで）、"苹果还没红"（リンゴはまだ赤くない）。

5　"还"＋介詞構造＋動詞

介詞構造は動作が行われる場所や対象などを表し、1つの動作と考えるので、その動作がまだ続いて行われている状態を表すために"还"をその介詞構造の前に置くこともあります。例えば、

㉛ <u>他还在北京工作</u>吗？　Tā hái zài Běijīng gōngzuò ma?
（彼はまだ北京で働いているの？）

㉜ <u>他还跟李老师学习汉语</u>。　Tā hái gēn Lǐ lǎoshī xuéxí Hànyǔ.
（彼はまだ李先生について中国語を勉強している）

㉝ <u>你现在还对他有意见</u>吗？　Nǐ xiànzài hái duì tā yǒu yìjiàn ma?
（あなたはいまも彼に不満があるの？）

さあ、継続を表す"还"のいろいろな用法がおわかりになりましたか。では、練習問題にチャレンジしてみましょう。

練習問題

Ⅰ 次の中国語を日本語に訳してください。
  1. 他已经走了，你还等什么？
  2. 他快毕业了，可是还没找到工作。
  3. 我已经答应你的要求了，你还不说？
  4. 那些大学生的想法还很幼稚，得慢慢儿训练。
  5. 你最近还跟李强他们有联系吗？

Ⅱ 次の日本語を中国語に訳してください。
  1. 王明君はまだ東京にいるそうです。
  2. 私はまだ晩ご飯を食べてないので、何か食べ物がありますか。
  3. あの人はまだ電話をしています。
  4. もう9月中旬なのに、残暑は依然として厳しい。
  5. 彼は相変わらず、まだあんなに忙しい。

33 追加を表す "还" の用法は？

『誤用』p.208-210 で人、物、動作や状態などを追加することを表す "还" について簡単に説明しましたが、学生は "还" は「まだ」だけと思って、「それに」「ほかに」など、追加を表す時に "还" を使えないことが多くて、次のような誤文を作ってしまいます。

(1) 昨日、王君は来なかった。それから林君、李君も来なかった。
　　？昨天小王没来，还小林，小李也没来。
(2) 私たちは先週日曜日に野球をした。それに映画も見に行った。
　　＊我们上个星期天去打棒球，而且去看电影了。
(3) 彼はジャスミン茶が飲みたい。また、緑茶も飲みたい。
　　＊他想喝茉莉花茶，又想喝绿茶。
(4) あなたたちはまた、何かおいしい物がありますか？
　　＊你们又有什么好吃的东西吗？

いかがでしょうか。追加の "还" がわかっても、ほかの接続詞や副詞があると、"还" を使うかどうか少し迷うのではないでしょうか。さあ、それでは復習しながら、見ていきましょう。

1　人、物の追加を表すには「"还"＋"有"＋名詞」を使う。

人や物を追加する時に、"还" の後に動詞 "有" をつけ "还有" をよく使います。日本語の「また…がいる、…がある」「あと…がある」「それから…がある」に当たります。例えば、

(5) 他家有两只猫，还有一只狗。
　　Tā jiā yǒu liǎng zhī māo, háiyǒu yì zhī gǒu.
　　(彼の家に猫が2匹、それから犬も1匹いる)

(6) <u>我们大学有很多中国留学生，</u><u>还有美国留学生和韩国留学生。</u>

Wǒmen dàxué yǒu hěn duō Zhōngguó liúxuéshēng, háiyǒu Měiguó liúxuéshēng hé Hánguó liúxuéshēng.

（私たちの大学にはたくさんの中国人の留学生がいる。それから、アメリカ人と韓国人の留学生もいる）

(7) <u>长城、颐和园、故宫都是值得去的地方，</u><u>还有天坛、景山、香山也不错。</u>

Chángchéng、Yíhéyuán、Gùgōng dōu shì zhídé qù de dìfang, háiyǒu Tiāntán、Jǐngshān、Xiāngshān yě búcuò.

（長城、頤和園、故宮、全部行く価値がある場所で、それから、天壇、景山、香山も悪くない）

この「"还"+"有"+名詞」の"还"の代わりに学生はよく間違えて、"也"（も）や"又"（また）を使ってしまいます。

(8) 彼はたくさんの漫画を持っている。さらに、たくさんアニメのDVDも持っている。

　＊他有很多漫画，也有很多动画片的DVD。

　〇<u>他有很多漫画，</u><u>还有很多动画片的DVD。</u>

　　Tā yǒu hěn duō mànhuà, háiyǒu hěn duō dònghuàpiàn de DVD.

(9) あのお茶の店はウーロン茶、ジャスミン茶、それから、緑茶、紅茶もあります。

　＊那家茶店有乌龙茶、茉莉花茶，又有绿茶、红茶。

　〇<u>那家茶店有乌龙茶、茉莉花茶，</u><u>还有绿茶、红茶。</u>

　　Nèi jiā chádiàn yǒu wūlóngchá, mòlìhuāchá, háiyǒu lǜchá, hóngchá.

(10) 留学に行くのは田中さん、高橋さん、それから、井上さん、上野さんも行く。

　＊去留学的有田中、高桥，也有井上和上野。

　〇<u>去留学的有田中、高桥，</u><u>还有井上和上野。</u>

　　Qù liúxué de yǒu Tiánzhōng、Gāoqiáo, háiyǒu Jǐngshàng hé Shàngyě.

"也"は追加ではなく、同じ主語が同時に何かを所有する時、あるいは違う主語が、同じものを所有する時の表現です。例えば、

(11) **他有钱，也有权。** Tā yǒu qián, yě yǒu quán.（彼はお金も権力もある）
(12) **他有钱，你也有钱。** Tā yǒu qián, nǐ yě yǒu qián.
　　（彼はお金がある、あなたもお金がある）

"又"は日本語の「また」とよく混同されます。実は"又"は単独で使う時は、動作がまた行われたことと、「反語表現」しかありません。（第40課を参照）

(13) **他昨天来了，今天又来了。** Tā zuótiān lái le, jīntiān yòu lái le.
　　（彼は昨日来た。今日もまた来た）
(14) **你又不认识他，怎么给我介绍？**
　　Nǐ yòu bú rènshi tā, zěnme gěi wǒ jièshào?
　　（あなたは彼のことを知らないのに、どうやって紹介してくれるの？）

同時に2つの状態や存在を説明したり、2つの動作が行われていることを表すには、"又…又…"を使わなければなりません。例えば、

(15) **他们又唱歌又跳舞，非常高兴。**
　　Tāmen yòu chàng gē yòu tiào wǔ, fēicháng gāoxìng.
　　（彼らは歌ったり、踊ったりして、とても楽しい）
(16) **这个东西又便宜又好用。** Zhèige dōngxi yòu piányi yòu hǎoyòng.
　　（これは安くて使いやすい）

しかし、"还"は同時に存在や動作を述べるのではなく、追加する物や動作の説明なのです。したがって、名詞を追加する時には、「"还"＋"有"＋名詞」を使わなければなりません。誤文(3)(4)の"又"は"还"に直します。

(3a) **他想喝茉莉花茶，还有绿茶，他也想喝。**
　　Tā xiǎng hē mòlìhuāchá, háiyǒu lǜchá, tā yě xiǎng hē.

(4a) 你们<u>还</u>有什么好吃的东西吗？
　　　Nǐmen háiyǒu shénme hǎochī de dōngxi ma?

また、(1) の誤文は、"还"の後が名詞ですが、副詞は一般的には名詞を修飾できないのです。追加する"还"は名詞を修飾する時は、必ず"还有"を使います。ですから、(1) の"还"は"还有"に直せばよいです。

(1a) 昨天小王没来，<u>还有</u>小林、小李也没来。
　　　Zuótiān Xiǎo Wáng méi lái, háiyǒu Xiǎo Lín, Xiǎo Lǐ yě méi lái.

追加ではなく、同じく「来なかった」ということを表すためには"也"を使います。例えば、"昨天小王没来，小李也没来"（昨日王君が来なかった。同じく李君も来なかった）。

2　動作や状態を追加説明する時も、「"还"＋動詞／形容詞」を使う。

名詞だけではなく、動作や状態を追加説明する時も、"还"を動詞や形容詞の前に使います。この"还"の前に"而且"を置いて一緒に使ってもいいですが、"而且"は省略できますが、"还"は省略できません。例えば、

(17) 我们参观了不少名胜古迹，(而且)<u>还</u>交了很多中国朋友。
　　　Wǒmen cānguānle bù shǎo míngshèng gǔjì, (érqiě) hái jiāole hěn duō Zhōngguó péngyou.
　　　（私たちは名勝旧跡をたくさん見学した。また、たくさん中国人の友達を作った）

(18) 他汉语说得很好，(而且)<u>还</u>拿过演讲比赛第一名呢。
　　　Tā Hànyǔ shuō de hěn hǎo, (érqiě) hái náguo yǎnjiǎng bǐsài dì yī míng ne.
　　　（彼の中国語はうまい。その上スピーチ大会で1位を取ったこともある）

⑲ 那个人不但目中无人，(而且)还仗势欺人，真岂有此理。
　　Nèige rén búdàn mùzhōng-wúrén, (érqiě) hái zhàngshì qīrén, zhēn qǐyǒucǐlǐ.
　　(あの人は傲慢なだけではなく、しかも権力を頼りに人をいじめるなんて、けしからん)

⑳ 风那么大，(而且)还下着大雨，你别出去吧。
　　Fēng nàme dà, (érqiě) hái xiàzhe dàyǔ, nǐ bié chūqu ba.
　　(風があんなに強くて、しかも大雨なので、出かけないで)

　この動作や状態を追加説明する時に使われる"还"もよく"也"や"又"、それから"而且"と混同され、以下のような誤文が見られます。

㉑ 飲食に注意しなければならない、また、体も鍛えなければならない。
　　＊你要注意饮食，也要多锻炼身体。
　　○你要注意饮食，还要多锻炼身体。
　　Nǐ yào zhùyì yǐnshí, hái yào duō duànliàn shēntǐ.

㉒ 彼は傲慢で、その上ほらを吹くのが好きだ。
　　＊他很骄傲，也爱吹牛。
　　○他很骄傲，还爱吹牛。　　Tā hěn jiāo'ào, hái ài chuīniú.

㉓ 彼は上海でたくさんの所を見学した。それに上海蟹も食べた。
　　＊他在上海参观了很多地方，而且吃了上海蟹。
　　○他在上海参观了很多地方，(而且)还吃了上海蟹。
　　Tā zài Shànghǎi cānguānle hěn duō dìfang, (érqiě) hái chīle Shànghǎixiè.

㉔ 彼は中国語が話せる。また、通訳にもなれる。
　　＊他会说汉语，又能当翻译。
　　○他会说汉语，还能当翻译。
　　Tā huì shuō Hànyǔ, hái néng dāng fānyì.

　"而且"は追加する意味もありますが、主語の状態を追加説明する時に使います。例えば、

(25) 这个中国菜很好吃，而且很便宜。

Zhèige Zhōngguócài hěn hǎochī, érqiě hěn piányi.

（この中華料理はおいしい、しかも安い）

(26) 他非常用功学习，而且经常帮助同学学习。

Tā fēicháng yònggōng xuéxí, érqiě jīngcháng bāngzhù tóngxué xuéxí.

（彼は非常に努力して勉強し、しかもよくクラスメートを助ける）

状態が違ったり、あるいは別の動作の場合は、"而且"ではなく、"还"を使います。(23)の前半は見学する、後半は蟹を食べるという違う動作なので、"而且"ではなく、"还"を使うべきです。同じく、(2)「野球をした」と「映画を見た」は違う動作なので、"而且"を"还"に直すべきです。（文末の"了"も動詞"看"の後に持ってきます）

(2a) 我们上个星期天去打棒球，还去看了电影。

Wǒmen shàngge xīngqītiān qù dǎ bàngqiú, hái qù kànle diànyǐng.

3 "不但…还…""除了…还…"

追加を表す"还"はよく"不但…""不仅…"（…ばかりではなく…）、"除了…"（…を除いて…）と一緒に使われます。例えば、

(27) 他不但想去留学，而且还想去留学一年。

Tā búdàn xiǎng qù liúxué, érqiě hái xiǎng qù liúxué yì nián.

（彼は留学したいだけではなく、それも1年間留学したい）

(28) 鞋子不仅要好看，还要耐穿舒服。

Xiézi bùjǐn yào hǎokàn, hái yào nàichuān shūfu.

（靴はきれいなだけではなく、さらに長持ちし履き心地がよくないといけない）

(29) 课余时间他除了去打工，还去做志愿工。

Kèyú shíjiān tā chúle qù dǎgōng, hái qù zuò zhìyuàngōng.

（授業以外の時間、彼はアルバイトのほかに、ボランティアもしている）

"不但…""不仅…"と"还"を使う場合は、"还"の前によく"而且"（しかも）と一緒に使いますが、㉘㉙のように"而且"は省略してもかまいません。

　この"不但…还…""除了…还…"も追加の文型なのに、"也"や"又"と混同し、学生は以下のような誤文を作ってしまいました。

㉚　彼女はピアノがうまいだけではなく、さらに作曲もできる。
　　＊她不但钢琴弹得很好，也会作曲。
　　○她不但钢琴弹得很好，还会作曲。
　　　Tā búdàn gāngqín tán de hěn hǎo, hái huì zuòqǔ.

㉛　王先生は私たちに中国語だけではなく、人としての生き方についてもたくさん教えてくださった。
　　＊王老师不但教我们汉语，又教了我们很多做人的道理。
　　○王老师不但教我们汉语，还教了我们很多做人的道理。
　　　Wáng lǎoshī búdàn jiāo wǒmen Hànyǔ, hái jiāole wǒmen hěn duō zuòrén de dàolǐ.

㉜　みんなは彼のために送別会を開いただけではなく、彼にプレゼントもあげた。
　　＊除了给他开送别会，大家也送他一件礼物。
　　○除了给他开送别会，大家还送他一件礼物。
　　　Chúle gěi tā kāi sòngbiéhuì, dàjiā hái sòng tā yí jiàn lǐwù.

㉝　蚊以外にまたたくさんのアリもいる。
　　＊除了蚊子，又有很多蚂蚁。
　　○除了蚊子，还有很多蚂蚁。　Chúle wénzi, háiyǒu hěn duō mǎyǐ.

　"除了…"は追加を表すために、必ず"还"と一緒に使いますが、"不但…""不仅…"は"也"と一緒に使うこともあるので、学生がよく混乱します。しかし、"也"は同じ状態や動作が存在したり行われることを表し、"还"は追加を表します。㉚㉜は追加なのに、"也"を使ってしまったのです。以下の例文を比較してみてください。

(34) **他不但有汽车，也有房子。** Tā búdàn yǒu qìchē, yě yǒu fángzi.
（彼は車だけではなく、家もあります）

(35) **他不但有汽车，还有房子。** Tā búdàn yǒu qìchē, háiyǒu fángzi.
（彼は車だけではなく、家まであります）

(34)は「車と家を同時に持っていること」を表しますが、(35)は「車だけではなく、さらに家もありますよ」と追加を表します。したがって、追加する時は、"也"ではなく、"还"を使いましょう。

練習問題

Ⅰ　次の中国語を日本語に訳してください。
1. 那件事，父亲不但支持我，还给了我一千块钱。
2. 鲁迅、老舍，还有巴金、茅盾都是中国很有名的作家。
3. 昨天我买了一双运动鞋，还买了一件Ｔ恤衫给我弟弟。
4. 你不但要教他们学习汉语，还得教他们学习方法。
5. 除了星期五，你还有哪一天有空？

Ⅱ　次の日本語を中国語に訳してください。
1. ニンジン、トマト、それからピーマンも私はあまり好きではない。
2. 彼女は家事だけではなく、おばあちゃんの世話もしなければならない。
3. 昨日彼女と一緒に食事して、また、一緒に映画を見に行きました。
4. 彼は車の運転だけではなく、車の修理もできます。
5. 田中さんは北京、上海のほかに、またチベットのラサと新疆のウルムチも行った。

34 程度がまあまあであることを表す"还"

『誤用』p.210 で、「程度、レベルが高くもなく、低くもなく、まあまあ」ということを表す"还"についても簡単に説明しましたが、まだ時々以下の誤文が見られます。

(1) 私の卓球はまあまあです。
　　？我的乒乓球打得还不行。
(2) この仕事は彼はまあまあできる。
　　＊这个工作他还能做。
(3) 李勇君の日本語はまあまあうまいと思う。
　　＊我觉得李勇的日语还很好。
(4) このパソコンはまあまあ安い。
　　＊这个电脑还很便宜。

以上の誤文はどこが間違いなのでしょうか。さあ、程度がまあまあなことを表す"还"を復習しながら、誤文を直しましょう。

1 "还"＋"行"（行ける）／"可以"（できる）

まず、「まあまあ」を表す"还"はよく後に"行"か"可以"をつけます。後には動詞を置けません。"还行"、"还可以"だけで、レベルが高くもなく、低くもないことを表します。日本語と同じく、満足している訳ではないが、悪くもない「まあまあいける」「まあまあできる」「まあまあ大丈夫」という意味になります。例えば、

(5) 他汉语说得还行，不过写得不太好。
　　Tā Hànyǔ shuō de hái xíng, búguò xiě de bú tài hǎo.
　　（彼は中国語の会話はまあまあですが、書くのはあまりうまくない）

(6) **她唱得还可以吧，你怎么不喜欢呢？**
　　Tā chàng de hái kěyǐ ba, nǐ zěnme bù xǐhuan ne?
　　（彼女は歌はまあまあ上手だよ。なぜ好きではないの？）

(7) **我觉得我的菜做得还行。**　　Wǒ juéde wǒ de cài zuò de hái xíng.
　　（私の作った料理はまあまあいけると思う）

　実は、「まあまあ」を表す"还"は日本語と同じく否定形がないのです。否定形になると、継続の意味になります。(1)"我的乒乓球打得还不行"は「私の卓球はまだうまくない」という意味で、うまくない状態がまだ続いていることを表すので、日本語の「まあまあです」とは違います。この文は考えすぎて、謙虚に「まあまあでうまくない」と言いたかったのでしょう。とにかく、「まあまあです」で十分謙虚なので、"还行"か"还可以"でかまいません。(1)は次のように直します。

(1a) **我的乒乓球打得还行。**　　Wǒ de pīngpāngqiú dǎ de hái xíng.

　(2)の"这个工作他还能做"は「この仕事は彼は続けてすることができる」という意味になります。程度がまあまあなことを表す"还"ではなく、継続の"还"です。「まあまあできる」は"还行"で十分です。ただし、"还行"の後に動詞が置けないので、次のように直しましょう。

(2a) **这个工作他还行。**　　Zhèige gōngzuò tā hái xíng.

2 "还"＋形容詞

　「まあまあ」の"还"は"行""可以"と一緒に使う以外に、レベルが高い、あるいは期待するレベルを表す形容詞の前に使えます。これも満足している訳ではないが、悪くもないという意味の表現です。例えば、

(8) 那家饭店的菜味道还好吃。　Nèi jiā fàndiàn de cài wèidào hái hǎochī.
（あのレストランの料理の味はまあまあおいしい）

(9) 最近他还积极，有进步了。　Zuìjìn tā hái jījí, yǒu jìnbù le.
（最近彼はまあまあ積極的で、進歩があった）

(10) A：最近身体怎么样？　Zuìjìn shēntǐ zěnmeyàng?
（最近お元気ですか）

　　 B：还好。谢谢你的关心。　Hái hǎo. Xièxie nǐ de guānxīn.
（まあまあです。ご心配くださって、ありがとう）

　この「まあまあ」と一緒に使う形容詞は必ずプラスの意味の形容詞、レベルが高い、望ましい形容詞でなければなりません。"贵""小""坏""少"などマイナスの意味の形容詞は使えません。例えば、"还贵"は「まあまあ高い」ではなく、「まだ高い」という意味になります。つまり、"还"の後にマイナスの意味の形容詞を使うと、状態の継続になるのです。(8)"好吃"(9)"积极"(10)"好"は望ましい意味の形容詞です。

　"还行""还可以"と同じく、この「まあまあ」の"还"も形容詞の否定形が使えません。"还不便宜""还不好""还不积极"などの"还"は「まあまあ」ではなく、状態の継続を表す「まだ」の意味になります。「まだ安くない」「まだよくない」「まだ積極的ではない」です。しかし"不错"は"错"の否定ではなく、「すばらしい」「悪くない」という形容詞なので、"还不错"は「まあまあ悪くない」という意味で、よく使われます。

　それから、程度がそれほど高くないことを表す「"还"＋形容詞」は"很"と一緒に使えません。学生は形容詞はよく"很"と一緒に使うことを覚えていて、つい"还"の後の形容詞にも"很"をつけてしまいます。しかし、「"还"＋"很"＋形容詞」になると、状態の継続を表す"还"になってしまいます。(3)の"我觉得李勇的日语还很好"は「李勇君の日本語はまだ上手だと思う」、(4)"这个电脑还很便宜"は「このパソコンはまだ安いです」という意味になります。したがって、(3)(4)の日本語にあたる中国語は"很"をとり、次のように直します。

(3a) 我觉得李勇的日语还好。　Wǒ juéde Lǐ Yǒng de Rìyǔ hái hǎo.

(4a) 这个电脑还便宜。　Zhèige diànnǎo hái piányi.

3　"还"＋"算"＋形容詞

「まあまあ」の"还"の後に、"算"（…とみなす、…と言える）をつけ"还算"（まあまあ言える）と言う用法がよく使われます。例えば、

(11) 这个手机的性能还算不错。
　　 Zhèige shǒujī de xìngnéng hái suàn búcuò.
　　 （この携帯電話はまあまあ悪くないと言える）

(12) 这次大会还算成功。　Zhèi cì dàhuì hái suàn chénggōng.
　　 （今回の大会はまあまあ成功したと言える）

(13) 他的部下还算能干吧。　Tā de bùxià hái suàn nénggàn ba.
　　 （彼の部下はまあまあ有能だと言えるでしょう）

つまり、自分の判断で、期待通りではないが、まあまあいけるという考えを表す時、"还算"を使います。"还算简单"（まあまあ簡単と言える）、"还算容易"（まあまあやさしいと言える）、"还算可以"（まあまあできると言える）、"还算清静"（まあまあ静かだと言える）などです。時々、"还算"の後に「わりと」の「"比较"＋形容詞」も使います。例えば、

(14) 那所医院还算比较有良心。
　　 Nèi suǒ yīyuàn hái suàn bǐjiào yǒu liángxīn.
　　 （あの病院はまあまあわりと良心的だと言える）

(15) 那个电影还算比较有意思。　Nèige diànyǐng hái suàn bǐjiào yǒu yìsi.
　　 （あの映画はまあまあわりと面白いと言える）

(16) 李老师在他们大学里还算比较有学问的。
　　 Lǐ lǎoshī zài tāmen dàxué li hái suàn bǐjiào yǒu xuéwèn de.
　　 （李先生は彼らの大学でまあまあ学問があると言える）

以上の例文の"有良心""有意思""有学问"は形容詞で、"还算"の後に「わりと」の"比較"と一緒に使っていますね。

　さあ、「まあまあ」を表す"还"の使い方が理解できましたか。練習問題にチャレンジしてください。

練習問題

Ⅰ　次の中国語を日本語に訳してください。
1. 他写的论文要点还算清楚，就是没有说服力。
2. 医院的伙食还行，不过费用比较贵。
3. 我想你这个方法还可以，你不妨试试。
4. 我的大学生活还好吧，总算毕业了。
5. 这次大会还顺利吧，反正没什么大错。

Ⅱ　次の日本語を中国語に訳してください。
1. 私のスマートフォンはちょっと古いが、まあまあ便利だ。
2. 私が住んでいるところは、まあまあ静かです。
3. 彼らの大学のキャンパスはまあまあ大きいと言えるでしょう。
4. 日本の教育レベルはまあまあ高いと思います。
5. 王健君の日本語の基礎はまあまあよいと思います。

35 未来の重複を表す"还"と"再"の違いについて

"还"は継続、追加、程度がまあまあなことを表す以外に、未来における動作の重複も表せます。例えば、

(1) 你放心，我明天还来。　Nǐ fàngxīn, wǒ míngtiān hái lái.
（安心して、明日また来るよ）

(2) 你技术不错，下次还找你剪发。
Nǐ jìshù búcuò, xià cì hái zhǎo nǐ jiǎnfā.
（あなたの腕がいいから、次回もあなたに髪の毛を切ってもらうよ）

(3) 那家店做生意不诚实，以后谁还买他的东西？
Nèi jiā diàn zuò shēngyi bù chéngshí, yǐhòu shéi hái mǎi tā de dōngxi?
（あの店は商売が誠実ではない、今後誰が買ってあげるの？）

(4) 明年你还去你哥家过年吗？　Míngnián nǐ hái qù nǐ gē jiā guònián ma?
（来年また、お兄さんの家でお正月を過ごしますか）

この動作の重複を表す"还"は、同じ重複を表す副詞"再"、"又"と混同しやすいのです。学生はよく以下のような誤文を作ってしまいます。

(5) 彼はもう1個買いたい。
　　＊他又想买一个。

(6) 来年彼らはまた中国に行く。
　　＊明年他们又去中国。

(7) あなたは明日また来ますか。
　　＊你明天再来不来？

(8) 私はもう少し寝たい。
　　＊我再想睡一会儿。

⑼ 彼はまた怒ったよ。
　　＊他还生气了。
⑽ 我々はもう少しこれを見ましょう。
　　＊我们还看看这个。

　いかがでしょうか。以上は動作の重複の「また」に"又""再""还"を使っていますが、どこが間違いなのでしょうか。
　さあ、"又"(『誤用』p.203)と"再"(『誤用』p.198)を復習しながら、重複の"还"の用法を確認しましょう。

1　"又"は過去において、同じ動作、あるいは定期的に行われた動作の重複を表す。

　"又"は過去において、同じ動作、あるいは定期的に行われた動作の重複を表します。したがって、⑸⑹は未来のことなので、"又"が使えません。また、⑼は過去の動作の重複なので、"又"を使わなければなりません。

　⑼a) 他又生气了。　Tā yòu shēngqì le.

2　"再"は未来の重複を表す。

　例えば、"请你再说一遍""我再想想"。しかし、⑺⑻は未来の重複なのに"再"を使うとなぜ誤文になるのでしょうか。
　一方、⑴⑵⑶⑷を見ると、"还"も未来の重複を表しますが、それらの例文の"还"を"再"に置き換えることができるでしょうか。同じ未来の重複を表す"再""还"はいったいどこか違うのでしょうか。では、"还"と"再"の違いについて、説明していきましょう。

3 "还"はもう一度する意志がはっきりしている時に使われる。

"还"はもう一度する意志がはっきりしている時にしか使えません。また、相手が強い意志でもう一度同じ動作をするかどうかの確認も含みます。"再"は意志ではなく、客観的な動作の重複、動作の重複の提案に使われます。例えば、(1)(2)(3)(4)はもう一度行う意志が強いことを表すために、"还"を使っています。ですから(5)(6)は"又"を"再"ではなく、"还"に直すべきです。(7)(8)は重複する意志が強いこと、あるいはその確認なので、同じく"再"を"还"に変えるべきです。

- (5a) 他<u>还</u>想买一个。　Tā hái xiǎng mǎi yí ge.（彼はまた１つ買いたい）
- (6a) 明年他们<u>还</u>去中国。　Míngnián tāmen hái qù Zhōngguó.
  （来年彼らはまた中国に行く）
- (7a) 你明天<u>还</u>来不来？　Nǐ míngtiān hái lái bu lái?
  （あなたは明日また来ますか）
- (8a) 我<u>还</u>想睡一会儿。　Wǒ hái xiǎng shuì yíhuìr.
  （私はまたもう少し寝たい）

逆に、意志がはっきりしなかったり、あるいは、意志が含まれない、単なる動作の重複、あるいは、もう一度してもらいたい、もう一度したらという提案、意見を述べる時は、"还"ではなく、"再"を使わなければなりません。例えば、

- (11) 他恐怕无法<u>再</u>支持下去。　Tā kǒngpà wúfǎ zài zhīchí xiàqu.
  （おそらく彼はやり続けるのは無理だと思う）
- (12) 我们从头<u>再</u>做一遍吧。　Wǒmen cóng tóu zài zuò yí biàn ba.
  （私たちは最初からもう一度やりましょう）
- (13) 我们要求他<u>再</u>给我们一个机会。
  Wǒmen yāoqiú tā zài gěi wǒmen yí ge jīhuì.
  （私たちは彼にもう一度チャンスをくれるように要求した）
- (14) 你<u>再</u>通知他一下。　Nǐ zài tōngzhī tā yíxià.（もう一度彼に知らせて）

以上の例文は強い意志が含まれておらず、意志の確認でもないので、"还"を使えません。

4. 重複を表す"还"の後には動詞の重ね型や"一下"を一緒に使えない。"再"は使える。

重複を表す"还"は強い意志がある時の表現ですので、軽い気持ちや、軽い動作を表す動詞の重ね型や"一下"「ちょっと…する」と一緒に使えません。"再"は使えます。例えば、

(15) あなたはもう少し考えてください。
　　＊你还想想吧。
　　○你再想想吧。　Nǐ zài xiǎngxiang ba.
(16) 私たちはもう少し待ちましょう。
　　＊我们还等一下吧。
　　○我们再等一下吧。　Wǒmen zài děng yíxià ba.
(17) ちょっと待って、私はまたちょっと見るから。
　　＊你等等，我还看看。
　　○你等等，我再看看。　Nǐ děngdeng, wǒ zài kànkan.

ですから、(10)は次のように直します。

(10a)　我们再看看这个。　Wǒmen zài kànkan zhèige.

5. 重複を表す"还"の後に助動詞を置けるが、"再"は置けない。

重複を表す"还"の後には助動詞を置けますが、"再"は置けません。逆に"再"の前に助動詞を置けますが、"还"は置けません。例えば、

(18) 彼はまた続けてこのようにすることができるの？
　　○他还能继续这样做吗？　Tā hái néng jìxù zhèyàng zuò ma?
　　＊他再能继续这样做吗？

○他能再继续这样做吗？　Tā néng zài jìxù zhèyàng zuò ma?
(19) 彼はまたあなたに会いたい。
　　○他还想见你。　Tā hái xiǎngjiàn nǐ.
　　＊他再想见你。
　　○他想再见你。　Tā xiǎng zài jiàn nǐ.
(20) この職はあなたは続けるべきです。
　　○这个职位，你还应该继续做下去。
　　　　Zhèige zhíwèi, nǐ hái yīnggāi jìxù zuò xiàqu.
　　＊这个职位，你再应该继续做下去。
　　○这个职位，你应该再继续做下去。
　　　　Zhèige zhíwèi, nǐ yīnggāi zài jìxù zuò xiàqu.

6　重複を表す"还"は否定形がないが、"再"はある。

重複を表す"还"は強い意志を表すので、肯定形しかありませんが、"再"は肯定も否定もあります。例えば、

(21) 彼がもう一度仕事をしなかったら、どうしましょう？
　　？他还不工作，怎么办？
　　○他再不工作，怎么办？　Tā zài bù gōngzuò, zěnme bàn?
(22) 彼はまた休まないと、疲れて体を壊すよ。
　　？他还不休息，会累坏的。
　　○他再不休息，会累坏的。　Tā zài bù xiūxi, huì lèihuài de.
(23) あなたはもう一度頑張らないと、後悔するよ。
　　？你还不努力学习，会后悔的。
　　○你再不努力学习，会后悔的。
　　　　Nǐ zài bù nǔlì xuéxí, huì hòuhuǐ de.

(21)の"他还不工作，怎么办？"(22)の"你还不休息，会累坏的"(23)の"你还不努力学习，会后悔的"は文法は間違っていませんが、"还"が重複ではなく、継続を表すものになります。(21)は「彼がまだ仕事

をしないなら、どうしよう？」、(22) は「彼はずっと休まないなら、疲れて体を壊すよ」、(23) は「あなたはまだ頑張らないと、後悔するよ」という意味になります。

練習問題

Ⅰ　次の中国語を日本語に訳してください。
 1. 明年你还去中国留学吗？
 2. 你的东西不错，价钱也合适，我下次还来跟你买。
 3. 你如果再获得第一名，我还会给你一样的奖金。
 4. 我觉得你再给他打个电话比较好。
 5. 他都醉了，你还让他喝。

Ⅱ　次の日本語を中国語に訳してください。
 1. 来週また来るから、心配しないで。
 2. いいですか、もう1杯飲みたいです。
 3. 彼はまた私たちの交流会に参加するの？
 4. 機会があったら、また会いに来ます。
 5. どんなことがあっても、私は彼に言わなければならない。

"明天我还来" と "明天我再来" の違い

　"明天我再来"（私はまた明日来る）、"明天你再来"（明日あなたはまた来て）は言えますが、「明日彼はまた来る」を "明天他再来" とは言えません。また、"明天我还来"（明日私はまた来る）、"明天他还来"（明日彼はまた来る）は言えますが、「明日あなたはまた来て」を "明天你还来" とは言えません。

　"再" と "还" は両方とも「また」という意味ですが、どうしてこのような違いがあるのでしょうか。中国人は無意識に使い分けていますが、学生は辞書で調べてもよくわからないようです。なぜ、主語が変わるだけで、言えなくなるのでしょうか。同じ意味の "再" と "还" はいったいどうやって使い分けたらよいのでしょうか。

　学生は日本語の「また」を訳す時 "还" よりも "再" をよく使うようです。よく使われる "请你再说一遍" の影響ですべての動作の「もう一度」に "再" を使ってしまい、以下の誤文を作ってしまいました。

(1) あなたは明日、また来ますか。彼はあなたに怒っているよ。
　　＊你明天再来吗？他生你的气了。
(2) 明日は日曜日だから、彼はまた来ます。
　　＊明天星期天，他再来。

　第35課で "再" と "还" についてひととおり説明しましたが、これから、この2つの「また」を表す "再" と "还" の使い分けについてもう一度確認したいと思います。

1 "还"はしている動作や状態の「継続」を表す。"再"はある動作の「繰り返し」を表す。

　"还"も"再"も「また」という意味がありますが、どちらかというと"还"は第32課で述べたように、ある動作や状態の「継続」に重点を置き、"再"はある行われた動作を「もう一度繰り返す」ことに重点を置きます。詳しくは第32課をご参照ください。以下の例文も見てください。

　(3) この料理は私はまだ食べるよ、持って行かないで。
　　　○这个菜我还吃，你别拿走。　Zhèige cài wǒ hái chī, nǐ bié názǒu.
　　　＊这个菜我再吃，你别拿走。
　(4) 彼はまだそこで働いている。
　　　○他还在那儿工作。　Tā hái zài nàr gōngzuò.
　　　＊他再在那儿工作。

　以上の例文はすべて、ある動作や状態の継続を示すので、"再"ではなく、"还"を使っています。

　逆に、以下の例文は継続ではなく、単に動作をもう一度、あるいは何度も繰り返すことを表すためには、"还"ではなく、"再"を使わなくてはいけません。

　(5) 明日、またあなたに電話をするよ。
　　　○明天我再给你打电话吧。　Míngtiān wǒ zài gěi nǐ dǎ diànhuà ba.
　　　＊明天我还给你打电话吧。
　(6) この問題は簡単ではないので、もう少し考えてください。
　　　○这问题不容易，你再想想。
　　　　Zhè wèntí bù róngyì, nǐ zài xiǎngxiang.
　　　＊这问题不容易，你还想想。

② "还"は自分が進んでやるというはっきりした意志のニュアンスがあり、"再"はそのニュアンスがない。

　"还"は"再"よりは自分からするというはっきりした意志が含まれています。ですから、自分と第三者の気持ちを伝えることはできますが、相手の気持ちはわからないので、"还"は使えません。
　以下の例文は話者と第三者のはっきりした意志を表すために、"再"ではなく、"还"を使わなければなりません。詳しくは第35課の3をご参照ください。

(7) あなたはまた来るの？
　　○你还来吗？　　Nǐ hái lái ma?
　　＊你再来吗？
(8) 彼はまた映画を見に行くの？
　　○他还去看电影吗？　　Tā hái qù kàn diànyǐng ma?
　　＊他再去看电影吗？

③ "再"は相手にお願いする時に使えるが、"还"はできない。

　2に述べたように"还"は自分がもう一度するというはっきりした意志が含まれているので、相手にお願いしたり、頼む時には使えません。逆に"再"は意志のニュアンスがないので、相手にお願いする時に使えます。第35課の3もご参照ください。例えば、

(9) 明日、また来てください。
　　○明天请你再来。　　Míngtiān qǐng nǐ zài lái. ──＊明天请你还来。
(10) もう少し考えてください。
　　○请你再想想。　　Qǐng nǐ zài xiǎngxiang. ──＊请你还想想。

4 "再"は動作を繰り返す回数を表す数量詞と一緒に使える。

"再"は動作を繰り返す回数を表せるので、後の動詞は数量詞を取れますが、"还"は単に動作か状態の継続を表すだけなので、数量詞と一緒に使えません。例えば、

(11) 私はもう一度聞きたい。
　　○我想再听一遍。　Wǒ xiǎng zài tīng yí biàn. ── ＊我想还听一遍。
(12) 私はあと５分待ちます。
　　○我再等５分钟。　Wǒ zài děng wǔ fēnzhōng. ── ＊我还等5分钟。
(13) 彼はもう２つ買いたい。
　　○他想再买两个。　Tā xiǎng zài mǎi liǎng ge. ── ＊他还再买两个。

5 "明天我还来"と"明天我再来"の違い。

"来"という動詞は継続も繰り返しも表せるので、"明天我还来"も"明天我再来"も言えますが、ここまで述べたことに基づいて、両者のニュアンスがわかったと思います。まとめると以下のようになりますね。

5.1 "明天我还来"と"明天我再来"どちらもOK。

"还来"は強い意志を表し、"再来"は単にもう一度来ることを伝えるだけです。

5.2 "明天你再来"は言えるが、"明天你还来"はダメ。

"你还来"は、相手の意志がわからないので使えません。相手の意志を確認する疑問文なら使えます。"明天你还来吗？"
"你再来"は、相手に「もう一度来てください」というお願いの意

味になります。

5.3 "明天他还来"は OK だが、"明天他再来"はダメ。

第三者の考えがわかるなら「来る」と言えるので、"明天他还来"と言えます。しかし、第三者にお願いすることはできないので、"明天他再来"とは言えません。ただし、後続に何かあれば言えます。例えば、"明天他再来，就好"（明日彼がまた来ればいいです）"明天他再来，怎么办？"（明日彼がまた来たらどうしよう？）

これで、(1)(2) がどうして誤文なのか、もうおわかりになったと思います。正しい文は、

(1a) 你明天还来吗？他生你的气了。
　　　Nǐ míngtiān hái lái ma?　Tā shēng nǐ de qì le.
(2a) 明天星期天，他还来。　Míngtiān xīngqītiān, tā hái lái.

(1) は相手に来るかどうか、はっきりした意志を確認します。(2) は第三者の意志がはっきりわかっているので断言しています。したがってどちらも"还"を使わなければなりませんね。

それでは練習問題にチャレンジしてみてください。

練習問題

Ⅰ　次の中国語を日本語に訳してください。
1. 去年他教一年级，今年还教一年级。
2. 你最好明天再给他打个电话。
3. 昨天我们讨论了两个小时，今天可能还要讨论。
4. 汉语你还学不学？不学你会后悔的。
5. 他想静静地再思考一下，你别再问他了。

Ⅱ　次の日本語を中国語に訳してください。
1. 医者は彼にお酒をやめるよう忠告したが、彼はまだ飲んでいる。
2. どうぞ、もう少し食べてください。
3. 映画がもうすぐ始まるよ、まだ彼を待ちますか。
4. 私たちはまだ李先生について中国語を習っている。
5. 陳さんは来週また東京に出張しなければならない。

37 「もう一度…する」「また…する」の「"再"＋動詞」の後に量詞は必要ですか

　「もう一度言ってください」"请您再说一遍"は初級で習いましたね。それから、「明日、また来てください」"明天你再来"も習いましたね。この２つの文の数量を入れ替えてみると、"请您再说"とは言えませんが、"明天你再来一趟"は言えます。なぜでしょうか。「もう一度…する」「また…する」の「"再"＋動詞」の後に数量詞は必要でしょうか。以下の誤文を見てみましょう。

(1) あの映画はとても面白いので、私はもう一度見たい。
　　＊那个电影很有意思，我想再看。
(2) これはおいしいので、私はまた食べたい。
　　＊这个很好吃，我想再吃。
(3) 行くかどうか、もう一度考えて。
　　＊去还是不去，你再想一次。
(4) よくわからないから、また調べてみます。
　　＊我不太明白，我再查一次。
(5) がっかりしないで、もっと努力して。
　　＊别泄气，你再努力。
(6) この問題は易しくないので、もっと研究してください。
　　＊这个问题不容易，你再研究。

　『誤用』p.198-202で説明したように、未来の繰り返しを表す副詞"再"の用法は「もう一度」だけではなく、「また」「もっと」「…してから」「どんなに」がありますね。数量詞と関係がないのは「…してから」と「どんなに」だと思います。ここでは、「もう一度」「また」「もっと」の"再"と数量詞の関係について、説明したいと思います。

1 「もう一度」「また」の"再"と数量詞。

1.1 数量詞がいる場合。

具体的に「もう一度」「もう1回」「もう1個」、あるいは相手に何かをしてほしい時は、数量詞が必要です。多くの学生は「もう一度」が"再"と思い込んで、「一度」の数量詞を忘れて、⑴⑵のような誤文を作ってしまいます。

⑴「映画が面白いので、もう一度見たい」というのは、最初から最後まで見ることです。話をもう一度言ってもらうの"请再说一遍"と同じく、数量詞が必要です。つまり、動作を最初から最後まで、全体を繰り返す場合は数量詞が必要なのです。

⑵「また食べたい」は日本語はわざわざ数量詞を言いませんが、中国語は動詞だけではストレートすぎる表現になってしまうのです。特に自分の希望を述べたり相手にお願いする時の"我想再吃""我想再喝"のような文はきつく感じられます。その場合は数量詞に語気をやわらげる役割があるので、動詞の後に具体的な数量詞を入れます。数量がわからない時は「1つ」を入れればいいです。例えば、"我想再吃一个""我想再喝一杯"。

ですから、⑴⑵は以下のように直せばいいです。

⑴a　**那个电影很有意思，我想再看一遍。**
　　　Nèige diànyǐng hěn yǒu yìsi, wǒ xiǎng zài kàn yí biàn.

⑵a　**这个很好吃，我想再吃一个。**
　　　Zhèige hěn hǎochī, wǒ xiǎng zài chī yí ge.

1.2 数量詞ではなく、動詞の重ね型か動量詞"一下"を使う場合。

日本語の「もう一度」は必ずしも「一度」という数量詞を示すので

はなく、単に「もうちょっと／もっと…する／したい／してほしい」ということもあります。例えば、「もう一度考えてください」「もう一度研究し直したら」などの「もう一度」は「1回」という具体的な数量ではありませんね。学生は時々、"请你再说一遍"の"一遍"に影響され、"你再想一次""你再研究一次"と訳してしまいます。これらは回数が1回とは限らない動作なので、動詞の重ね型、あるいは動量詞の"一下"を使いましょう。例えば、"你再想想""你再研究研究""你再想一下""你再研究一下"と言います。

したがって、誤文の(3)(4)はつぎのように直しましょう。

(3a) 去还是不去，你再想想（想一下）。
　　　Qù háishi bú qù, nǐ zài xiǎngxiang（xiǎng yíxià）.

(4a) 我不太明白，我再查查（查一下）。
　　　Wǒ bú tài míngbai, wǒ zài chácha（chá yíxià）.

1.3 数量詞も動詞の重ね型も要らない場合。

仮定文の前半の「また、もう一度」の「"再"+動詞」は数量詞も動詞の重ね型も使えません。例えば、

(7) もう一度（また）携帯を使ったら、没収しますよ。
　　＊要是再用一次手机，就没收。／＊要是再用用手机，就没收。
　　○要是再用手机，就没收。　Yàoshi zài yòng shǒujī, jiù mòshōu.

(8) もう一度（また）約束を守らなかったら、許しませんよ。
　　＊要是再不守一次约，我绝不原谅你。
　　／＊要是再不守守约，我绝不原谅你。
　　○要是再不守约，我绝不原谅你。
　　Yàoshi zài bù shǒuyuē, wǒ juébù yuánliàng nǐ.

(9) 原発事故がもう一度（また）起こったら、どうしよう？
　　＊核电站再发生一次事故的话，怎么办？
　／＊核电站再发生发生事故的话，怎么办？
　○**核电站再发生事故的话，怎么办?**
　　　Hédiànzhàn zài fāshēng shìgù de huà, zěnme bàn?

2 「もっと」を表す"再"と数量詞。

『誤用』p.201 で日本語の「もっと」を中国語に訳した誤文のほとんどが"更"を使っていることを指摘しましたが、"再"を使っても誤文になる場合があります。例えば(5)(6)のような誤文です。

相手に「もっと何かするように忠告やアドバイスをする時」は"更"ではなく、"再"を使いますが、その"再"の後ろは動詞だけではいけないのです。それは 1.1 でも説明しましたが、中国語では、動詞だけではかなり命令調できつい感じなので、お願いする時は必ず数量詞か動詞の重ね型か動量詞の"一下"、あるいは語尾に語気詞の"吧"を使います。例えば「もっと頑張って」「もっと努力して」は"你再加油""你再努力"とは言わず、"你再加油加油""你再努力努力""你再加油一下""你再努力一下""你再加油吧""你再努力吧"と言います。ですから、誤文の(5)(6)は次のように直しましょう。

(5a) **别泄气，你再努力努力（努力一下）。**
　　　Bié xièqì, nǐ zài nǔlì nǔli (nǔlì yíxià).
(5b) **别泄气，你再努力吧。**　　Bié xièqì, nǐ zài nǔlì ba.
(6a) **这个问题不容易，你再研究研究（研究一下）。**
　　　Zhèige wèntí bù róngyì, nǐ zài yánjiū yánjiu (yánjiū yíxià).
(6b) **这个问题不容易，你再研究吧。**
　　　Zhèige wèntí bù róngyì, nǐ zài yánjiū ba.

3 "再"の後の「動詞＋方向補語」は数量詞があってもなくてもOK。

「動詞＋方向補語」は重ね型にできないので、"再"の後の「動詞＋方向補語」も同じく重ね型にできません。"你再出来出来""我们再上去上去"とは言えません。"再"の後の「動詞＋方向補語」は数量詞があってもなくても使えます。例えば、

(10) 明日、また出かけます。
　　 我明天想再出去一趟。　Wǒ míngtiān xiǎng zài chūqu yí tàng.
　　 ──我明天想再出去。　Wǒ míngtiān xiǎng zài chūqu.
(11) あなたたちはもう一度上がってください。
　　 你们再上去一下。　Nǐmen zài shàngqu yíxià.
　　 ──你们再上去。　Nǐmen zài shàngqu.
(12) 後でまた下りて来てください。
　　 你待会儿再下来一趟。　Nǐ dài huìr zài xiàlai yí tàng.
　　 ──你待会儿再下来。　Nǐ dài huìr zài xiàlai.

4 否定文の場合は"再"の後の動詞は数量詞を取れず、重ね型にもできない。

以下の例文を見てください。

(13) 你别再睡了，快起来。　Nǐ bié zài shuì le, kuài qǐlai.
　　 （もう寝ないで、早く起きなさい）
(14) 我不再跟你说了，再见。　Wǒ bú zài gēn nǐ shuō le, zàijiàn.
　　 （もうあなたと話をしない、さようなら）
(15) 最近他没再喝酒了。　Zuìjìn tā méi zài hē jiǔ le.
　　 （最近彼はもうお酒を飲まなくなった）

"再"の否定形は言うまでもなく、動作が再び行われない、あるいは

行われなかったことを言うので、数量詞も取れず、重ね型にもできないのです。

いかがでしょうか。「"再"+動詞」と数量詞の関係が少し理解できましたか。さあ、練習問題にチャレンジしてください。

練習問題

Ⅰ　次の中国語を日本語に訳してください。
1. 别灰心，明年再考一次吧。
2. 我明天还有点儿事，想再出去一下。
3. 你再给他发个邮件吧。
4. 你的病还没全好，你得再休息休息。
5. 我觉得你再求求他，也许他会答应。

Ⅱ　次の日本語を中国語に訳してください。
1. もうこれ以上彼を待たないで、早く行きましょう。
2. 私たちは彼にもう一度歌うようにお願いした。
3. 彼は今週また風邪をひきました。
4. 私の話を聞かないなら、きっとまた後悔するよ。
5. 皆さんはもっと頑張ってください。

38 "还有"と"还"の違いは？

　副詞"还"と動詞"有"はとても仲の良い単語で、"还有"は1つの単語として認めてもいいのではないか時々考えるほどですが、辞書などではまだまだ認められていないようです。日本人に中国語を教える時、1つの単語として教えたら、もっと効率的になるかもしれないと考えています。つまり、"还"と"有"を別々に考えたら、「まだ」と「ある」、つまり「まだ…がある」ですが、"还有"は「まだ…がある」だけではなく、「また」「それから」「そして」「その上」「あと」などの意味もあります。例えば、次の3つの例文はすべて"还有"を使っていますが、意味は同じではありません。

(1) 你还有多少钱？　Nǐ hái yǒu duōshao qián?
　　（あなたはあとどのぐらいお金を持っているの？）
(2) 还有两个人没来。　Hái yǒu liǎng ge rén méi lái.
　　（あと2人まだ来てない）
(3) 你得注意身体，还有，到了北京，赶紧给我打电话。
　　Nǐ děi zhùyì shēntǐ, hái yǒu, dàole Běijīng, gǎnjǐn gěi wǒ dǎ diànhuà.
　　（お体に気をつけて、それから、北京に着いたら、すぐ電話をください）

　(1)(2)の"还有"は"还"（また）と"有"（ある）で、「まだ…がある」の意味です。"有"は省略できません。(1)の"还"は「残っている状態の継続」、(2)は「2人が来ていない状態の継続」で、両方の"还"はともに「状態の継続」です。(3)の"还有"は"还"と"有"に分けられず、「継続」ではなく、「それから」の意味で、追加の"还"です。
　以上のように、"还有"もいろいろな使い方があり、学生は混乱してしまい、以下のような誤文もしばしば見られます。

(4) 彼はドイツ語、フランス語、それからスペイン語も好きです。
　　＊他德语、法语、还有喜欢西班牙语。
(5) 彼らはあと洛陽、西安にも行きました。
　　＊他们还有洛阳和西安去了。
(6) あと1週間で終わります。
　　＊还一个星期就完了。
(7) 彼はまた東京に出張に行くのですか。
　　＊他还有去东京出差吗？

いかがでしょうか。以上の誤文はどこが間違っているのでしょうか。では、"还有"の使い方を学習しながら、誤文を見ていきましょう。

1 "还有"は「名詞の追加」を表す。

第33課の1ですでに述べたように、"还有"は物事を追加説明する時によく使われます。例えば、

(8) **他去过中国、美国、英国，还有法国、德国都去过。**
　　Tā qùguo Zhōngguó, Měiguó, Yīngguó, hái yǒu Fǎguó, Déguó dōu qùguo.
　　（彼は中国、アメリカ、イギリス、それからフランス、ドイツも行ったことがある）

(9) **他会说汉语、韩语、还有英语、法语都会说。**
　　Tā huì shuō Hànyǔ, Hányǔ, hái yǒu Yīngyǔ, Fǎyǔ dōu huì shuō.
　　（彼は中国語、韓国語、それから英語、フランス語も話せます）

(10) **王明、李文，还有张伟、陈丽都没来。**
　　Wáng Míng, Lǐ Wén, hái yǒu Zhāng Wěi, Chén Lì dōu méi lái.
　　（王明さん、李文さん、それから張偉さんも陳麗さんもみんな来なかった）

この"还有"は追加する名詞の前に直接置き、動詞は名詞の後に置きます。したがって、(4)は動詞の"喜欢"は"还有"の後に置けま

せん。次のように直しましょう。

(4a) 他德语、法语、还有西班牙语也喜欢。
Tā Déyǔ, Fǎyǔ, hái yǒu Xībānyáyǔ yě xǐhuan.

2 動作を追加する"还"と"还有"。

動作の追加は"还"も"还有"も使えますが、両方の使い方はちょっと違います。"还"はそのまま動詞の前に置けますが、"还有"は話の中にポーズを置いてから言い、次に追加する動作を述べます。例えば、

(11) 他们去了上海，还去了北京、南京。
Tāmen qùle Shànghǎi, hái qùle Běijīng, Nánjīng.
(彼らは上海に行った。また北京も南京も行った)

(12) 他会唱歌跳舞，还会作曲演戏，真是多才多艺。
Tā huì chàng gē tiàowǔ, hái huì zuòqǔ yǎnxì, zhēnshì duōcái-duōyì.
(彼は歌も踊りもでき、また作曲も芝居もでき、本当に多才です)

(13) 你别告诉他这件事，还有，通知他明天来开会。
Nǐ bié gàosu tā zhèi jiàn shì, hái yǒu, tōngzhī tā míngtiān lái kāi huì.
(彼にこのことを言わないでください。それから、彼に明日会議に出るように言ってください)

(14) 我们得把这个工作做好，还有，不能向他要半分钱。
Wǒmen děi bǎ zhèige gōngzuò zuòhǎo, hái yǒu, bù néng xiàng tā yào bàn fēn qián.
(我々はこの仕事をちゃんとやり終えねば。また、彼に1円ももらってはいけない)

以上の例文を見ておわかりになると思います。"还"はそのまま、追加する動詞の前に置き、追加することを表します。"还有"は先に一言述べてから、ポーズを置いて、追加することを述べるのです。"还有"はポーズの役割で、「それから、…」というような使い方をします。

前後の文を接続詞の「しかも」でつなげることができるなら、"还有"を"还"に置き換えることもできます。例えば(14)は、"我们得把这个工作做好，还不能向他要半分钱"とも言えます。(13)は前後の出来事は別々なので、"还"は使えません。(11)(12)は前後の出来事は同じタイプなので、"还"でも"还有"でもOKですが、前後の文が同じ動詞を使っているなら、後の動詞の前に"也"を入れるとさらによいでしょう。"他们去了上海，还有，也去了北京，南京"、"他会唱歌跳舞，还有，也会作曲演戏，真是多才多艺"

とにかく、"还"はそのまま動詞の前に置き、"还有"はポーズを置いて、追加することを述べます。ですから、(5)(7)は次のように直せると思います。

(5a) 他们还去了洛阳和西安。　Tāmen hái qùle Luòyáng hé Xī'ān.
(7a) 他还去东京出差吗？　Tā hái qù Dōngjīng chūchāi ma?

3　残りを表す"还有"。

"还有"の後に数量詞があると、「残り」を表し、「あと…がある／いる」の意味になります。例えば、

(15) 我还有5块钱，能买什么？
　　 Wǒ hái yǒu wǔ kuài qián, néng mǎi shénme?
　　（私はあと5元あります。何が買えるの？）

(16) 离比赛日期还有两个月，加油吧。
　　 Lí bǐsài rìqī hái yǒu liǎng ge yuè, jiāyóu ba.
　　（試合まであと2ヶ月あります。頑張りましょう）

(17) 还有5分钟，慢慢儿来吧。
　　 Hái yǒu wǔ fēnzhōng, mànmānr lái ba.
　　（あと5分あります。ゆっくりやりましょう）

以上の例文は、「"还有"＋数量詞」の後に、ポーズを置いてその条

件を受けて、次の提案、考え、質問などを述べます。つまり、この「"还有"＋数量詞」は１つの状態として使われます。したがって、(6)の誤文は以下のように直せますね。

(6a)　**还有一个星期，就结束了。**
　　　　Hái yǒu yí ge xīngqī, jiù jiéshù le.

この「残り」を表す"还有"は「数量＋名詞」の後に、状態の否定を言うこともできます。「あと…まだ…しない」という意味になります。例えば、

⒅　**还有３个人没来。**　Hái yǒu sān ge rén méi lái.
　　（あと３人まだ来ていない）
⒆　**还有两瓶啤酒没开。**　Hái yǒu liǎng píng píjiǔ méi kāi.
　　（あと２本のビールがまだ開いていない）
⒇　**还有一点儿没做完。**　Hái yǒu yìdiǎnr méi zuòwán.
　　（あと少しまだ終わってない）

また、「"还有"＋数量」の後に副詞の「"就"(すぐ、…なら)＋動詞（＋"了"）」をつけて、「あと…ですぐ…する」という意味になります。提案ではなく事実や現状を述べる時によく使われます。例えば、

㉑　**他还有两天就回来了。**　Tā hái yǒu liǎng tiān jiù huílai le.
　　（あと２日で、彼はすぐ帰って来る）
㉒　**还有５分就及格了。**　Hái yǒu wǔ fēn jiù jígé le.
　　（あと５点で、合格するよ）
㉓　**还有一点儿就做完了。**　Hái yǒu yìdiǎnr jiù zuòwán le.
　　（あと少しですぐ終わる）

"还"はこの用法がありません。名詞や数量詞の前には、"还"ではなく、"还有"を使わなければなりません。

練習問題

Ⅰ 次の中国語を日本語に訳してください。
1. 他还有 6 场比赛，他不会放弃的。
2. 不知道现在还有人在那儿打太极拳吗？
3. 他们还有一个星期就结婚了。
4. 除了牛奶、奶粉，还有，奶酪、奶油都有问题了。
5. 我这儿还有一点儿存款，你先拿去用吧。

Ⅱ 次の日本語を中国語に訳してください。
1. 今年の演芸会は歌と踊りだけではなく、雑技と手品もある。
2. 中秋節まであと1ケ月あるが、すでに月餅を販売し始めたよ。
3. あなたはみんなに連絡してください。それから、会場の準備もお願いします。
4. いま、車を買うと、いろいろ補助金があります。
5. 今日の数学の宿題はあと2問がまだ終わってない。

39 意外性と反語の語気を表す"还"

"还"は重複や連続を表すだけではなく、意外性と反語の語気も表せます。この語気を表す"还"は辞書や一般の文法書には詳しい説明があまりないので、学生はなかなか使えないのです。しかし、中国人はこの語気を表す"还"は日常会話で結構使うので、この用法にぜひ、少しずつ慣れてほしいと願っています。これから簡単に語気副詞の"还"の使い方を紹介いたします。

1 意外性を表す「"还"+"挺""这么"+形容詞（状態）」。

ある状態が予想外の時、"还"をその状態（副詞＋形容詞）の前に置き、意外性を表します。"还"の後に、よく"挺""这么""那么""够"と一緒に使います。例えば、

(1) 没想到那儿的交通还挺方便的。
　　Méi xiǎngdào nàr de jiāotōng hái tǐng fāngbiàn de.
　　（まさかあそこの交通がなかなか便利だなんて）

(2) 这个小小的U盘还这么贵啊！
　　Zhèige xiǎoxiao de U pán hái zhème guì a!
　　（この小さなUSBはなんでこんなに高いの）

(3) 没想到办这个手续还那么麻烦啊。
　　Méi xiǎngdào bàn zhèige shǒuxù hái nàme máfan a.
　　（まさかこの手続きがあんなに面倒だとは思わなかった）

「"还"+副詞+形容詞」の"还"は「継続」を表すこともあるので、時々、継続と意外性両方の意味があり得るのです。例えば、

(4) 什么时代了，还那么保守。　Shénme shídài le, hái nàme bǎoshǒu.
　　（もう何の時代と思うの？まだあんなに保守的なのですか）
　　（今は何の時代と思うのか、まさかあんなに保守的だなんて）
(5) 没想到这个工作还这么复杂。
　　Méi xiǎngdào zhèige gōngzuò hái zhème fùzá.
　　（この仕事が依然としてこんなに複雑とは思わなかった）
　　（この仕事がまさかこんなに複雑とは思わなかった）

以上の例文は2つの意味にとれるので、前後の文脈から判断するしかありません。しかし、「"还"＋副詞"挺"＋形容詞＋"的"」の"还"は例外なく、意外性を表す"还"です。例えば、

(6) 那个国家的问题还挺多的。　Nèige guójiā de wèntí hái tǐng duō de.
　　（意外にもあの国の問題は結構多いですね）
(7) 自己做错事不承认，还挺横的。
　　Zìjǐ zuò cuò shì bù chéngrèn, hái tǐng héng de.
　　（自分の誤りを認めず、しかも横暴だなんて）
(8) 没想到这地方还挺冷的。　Méi xiǎngdào zhè dìfang hái tǐng lěng de.
　　（ここは意外にも結構寒いね）

もし、"还"の後に副詞がなく、プラスイメージの形容詞と一緒に使うと、程度が「まあまあ」の意味になります。例えば、

(9) 那个房子房租还便宜。　Nèige fángzi fángzū hái piányi.
　　（あの部屋の家賃はまあまあ安い）
(10) 那个地方还清静。　Nèige dìfang hái qīngjìng.
　　（あそこはまあまあ静かだ）

(9)(10)の"还"の後に副詞の"挺"を入れて、文末に"的"をつけたら、意外の語気になります。例えば、

(11) 那个房子房租还挺便宜的。　Nèige fángzi fángzū hái tǐng piányi de.
　　（あの部屋は意外にも安いね）

⑿ 那个地方还挺清静的。　Nèige dìfang hái tǐng qīngjìng de.
（あそこは意外にも静かだね）

2　意外性を表す「"还"＋"真"＋形容詞／動詞」。

「"真"＋形容詞／動詞」（本当に…である、…している）の前に、"还"を置くと、「まさか本当に…」という意外性を表します。"还真"と覚えてください。例えば、

⒀ 哎呀，你还真了不起，能做出这么好吃的菜来。
Āiyā, nǐ hái zhēn liǎobuqǐ, néng zuòchū zhème hǎochī de cài lái.
（あれ！あなたは本当にすごい、こんなにおいしい料理ができるなんて）

⒁ 那个地方还真偏僻，连个喝茶的地方都没有。
Nèige dìfang hái zhēn piānpì, lián ge hē chá de dìfang dōu méiyǒu.
（あそこは本当に辺鄙だ、お茶を飲むところさえもないなんて）

⒂ 你还真做了，好家伙，真佩服你。
Nǐ hái zhēn zuò le, hǎo jiāhuo, zhēn pèifu nǐ.
（まさかあなたが本当にやったなんて。すごい！本当に尊敬するよ）

⒃ 那个吝啬鬼还真出钱了。　Nèige lìnsèguǐ hái zhēn chū qián le.
（まさかあのケチが本当に金を出したなんて）

⒀⒁ は「"还真"＋形容詞」、⒂⒃ は「"还真"＋動詞」、いずれも意外性を表します。「"真"＋形容詞／動詞」は学生はうまく使えますが、意外性の語気を表す"还"と一緒に使うのはなかなか慣れないのか、あまり使わないようです。「まさか本当に…」なら、「"真"＋形容詞／動詞」の前に"还"をつければいいのです。

3　比較文でも意外性の語気を表す"还"がよく使われる。

両者の比較で、意外性を言いたい時もあります。その時はよく意外性の語気を表す"还"を使います。例えば、

(17) **没想到，他比你还小 3 岁。**　Méi xiǎngdào, tā bǐ nǐ hái xiǎo sān suì.
（まさか彼があなたより3歳年下なんて思わなかった）

(18) **怎么这个相机比电脑还贵？**
Zěnme zhèige xiàngjī bǐ diànnǎo hái guì?
（このカメラはパソコンより高いなんて）

(19) **真的？他们公司比我们公司还复杂啊？**
Zhēn de? Tāmen gōngsī bǐ wǒmen gōngsī hái fùzá a?
（本当に？まさか彼らの会社が私たちの会社より複雑だなんて）

以上の例文の"还"を強く読むと、意外性の語気になりますが、軽く読むと単にレベルを表し、意外性はありません。(17)は"还"を強く読むと「まさか彼があなたよりも3歳年下なんて思わなかった」、軽く読むと「彼があなたよりも3歳年下とは思わなかった」。(18)は"还"を強く読むと「このカメラがパソコンよりも高いなんて」、軽く読むと「なぜこのカメラはパソコンより高いのか」。(19)も"还"を強く読むと「本当に？まさか彼らの会社が私たちの会社よりもっと複雑なんて」、軽く読むと「本当に？彼らの会社は私たちの会社よりもっと複雑なのか」。

"还"を"比"の前に置くこともできます。その時"还"は比較したレベルを表すのではなく、意外性を表します。例えば、

(17a) **没想到，他还比你小 3 岁。**　Méi xiǎngdào, tā hái bǐ nǐ xiǎo sān suì.
（まさか彼があなたより3歳年下なんて思わなかった）

(18a) **怎么这个相机还比电脑贵？**
Zěnme zhèige xiàngjī hái bǐ diànnǎo guì?
（なんでこのカメラはパソコンより高いの？）

(19a) **真的？他们公司还比我们公司复杂啊？**
Zhēn de? Tāmen gōngsī hái bǐ wǒmen gōngsī fùzá a?
（本当に？まさか彼らの会社が私たちの会社より複雑だなんて）

以下の例文も見てください。

⑳ 彼はあなたより年上だ。
　　＊他还比你大。──○他比你<u>还</u>大。　Tā bǐ nǐ hái dà.
㉑ 私が食べた塩はあなたが食べたお米より多い。
　　＊我吃的盐还比你吃的米多。
　　○我吃的盐比你吃的米<u>还</u>多。
　　　　Wǒ chī de yán bǐ nǐ chī de mǐ hái duō.
㉒ この茶碗はあなたの拳より小さい。
　　＊这个碗还比你的拳头小。
　　○<u>这个碗比你的拳头还小</u>。　Zhèige wǎn bǐ nǐ de quántou hái xiǎo.

以上の３つの例文は意外性がなく、単に比較して「もっと、また」という意味なので、"还"は"比"の前ではなく、形容詞の前に置かなければなりません。もちろん、⑳は前後に意外性を表す文があれば、使えます。例えば、"没想到他还比你大"（まさか彼があなたより年上とは思わなかった）"他还比你大，真的?"（まさか彼はあなたより年上ですか、本当に？）なら、使えます。意外性がない場合は、"还"は形容詞の前に置きます。

4　反語に使われる語気副詞"还"について。

語気副詞"还"はまた反語文によく使われることも覚えてほしいのです。まず例文を見てみましょう。

㉓ <u>那个问题这么简单，你还用问吗</u>?
　　Nèige wèntí zhème jiǎndān, nǐ hái yòng wèn ma?
　　（あの問題はこんなに簡単だから、聞く必要がない）
㉔ <u>这件事是他没道理，他还敢批评人</u>?
　　Zhèi jiàn shì shì tā méi dàolǐ, tā hái gǎn pīpíng rén?
　　（このことは彼が悪いのに、まだ人を批判するなんて）

(25) **经理已经暴跳如雷了，你还想请假？**
　　Jīnglǐ yǐjīng bàotiào-rúléi le, nǐ hái xiǎng qǐngjià?
　　（社長がもうひどく怒ったのに、君はまだ休みたいのか）

(26) **这么简单的问题都不懂，你还是老师呢？**
　　Zhème jiǎndān de wèntí dōu bù dǒng, nǐ hái shì lǎoshī ne?
　　（こんなに簡単な問題でもわからない。君はそれでも教師ですか）

　以上のように、反語に使われる"还"は明らかな条件を受けて、相手にその条件にふさわしくない行為について厳しく詰問する時に使われます。(23)は問題がとても簡単で、聞く必要がないので、"还用问吗？"と言っています。(24)は「彼は道理がなく、間違っているのに、人を批判するなんて」という反語を表します。(25)は「社長がすごく怒っているのに、相手がまた休暇を取ろうという行為は無理だ」という意味で、(26)は「こんな簡単な問題もわからないのに、あなたは先生と言えるの？」、つまり「先生になる資格がない」という反語です。

　それから、催促を表す「"不"＋"快"＋動作」の前に、"还"をつけると、直訳すると、「まだ早く…しないの」という意味ですが、反語で、「…しなければいけない」という意味になります。例えば、

(27) **时间到了，你还不快走？**　Shíjiān dào le, nǐ hái bú kuài zǒu?
　　（もう時間です。あなたは早く行きなさい）

(28) **都半夜1点了，你还不快睡啊？**
　　Dōu bànyè yī diǎn le, nǐ hái bú kuài shuì a?
　　（もう深夜1時になったよ。君は早く寝なさい）

(29) **菜都凉了，你还不快吃。**　Cài dōu liáng le, nǐ hái bú kuài chī.
　　（料理はもう冷めたよ。早く食べなさい）

　(27)の"你还不快走？"は直訳すると、「まだ早く行かないの」ですが、実際これは反語で、「早く行きなさい」という意味です。(28)(29)も「早く寝なさい」「早く食べなさい」という意味です。

練習問題

Ⅰ 次の中国語を日本語に訳してください。
1. 你还真别说，他就是敢批评他的上级。
2. 哎呀，他还挺厉害的，那些暴徒都让他说服了。
3. 你相信吗？上海的冬天比北京还冷。
4. 这些经过严格检查的东西还能作假吗？
5. 这个新的智能手机还这么便宜啊，才一万日元？

Ⅱ 次の日本語を中国語に訳してください。
1. まさか社長が自らいらっしゃるなんて。
2. まさか彼女が社長の奥さんなんて思わなかった。
3. 日本人の姓は中国人の姓よりはるかに多いなんて。
4. 彼の部屋へ行って見たら、なかなかきれいなんです。
5. まさか若い人が年配の人たちより保守的なんて。

40 語気副詞の"又"はどんな語気を表すか

　副詞"又"は過去の重複と2つの状態が同時に存在すること(『誤用』p.203を参照)を表すほかに、一番やっかいなのは語気副詞の用法です。どんな語気を表すのか、一般の辞書では「語気を強調する」「否定を強調する」「逆説を強調する」としか触れてないのです。そのせいで、学生が以下のような誤文を作ってしまうのも無理がないのです。

(1) 彼女は明日また来るっていうの？本当にいやだ。(来ることを強調)
　　＊她明天又来吗？真讨厌！
(2) 今留学したくなんかない。(否定の「したくない」を強調)
　　？现在我又不想去留学。
(3) 私はお金がないんだってば。(否定の「ない」を強調)
　　＊我又没有钱。
(4) この料理は安いけど、おいしくなんかない。(逆説の強調)
　　＊这个菜很便宜，可是又不好吃。
(5) 私は時間があるが、チャンスがないんだってば。
　　＊我有时间，可是又没有机会。(逆説の強調)

　多くの学生は強調という意味が理解できず、避けて使わないことが多いと思われます。では、語気副詞"又"の使い方を簡単に説明しましょう。

1　否定を強調して、相手に不満の気持ちを表す語気。

　相手の行動に不満で、反発する時に、その根拠を否定の事実を用いて述べますが、語気副詞"又"をその否定の事実の前に置きます。そしてその前後に、不満や反発のことを述べるのです。例えば、

(6) 你<u>又</u>不买，问这么多干吗？　Nǐ yòu bù mǎi, wèn zhème duō gànmá?
（あなたは買いもしないのに、なぜあれこれ聞くの？）

(7) 你<u>又</u>没去过，怎么知道那儿不好啊？
Nǐ yòu méi qùguo, zěnme zhīdào nàr bù hǎo a?
（あなたは行ったことがないのに、どうしてそこがよくないとわかるの？）

(8) 他<u>又</u>不是没钱，你干吗给他钱啊？
Tā yòu bú shì méi qián, nǐ gànmá gěi tā qián a?
（彼はお金がないではないのに、なぜ彼にお金をあげたの？）

以上の"又"は語気副詞なので、省略しても文としては成立しますが、"又"があると、相手を批判する気持ちが強くなります。(6)「あなたは買わない」という否定の事実の前に"又"を用いて「なぜ買わないのに、こんなにたくさんのことを聞くの？」と相手に不満を述べます。(7)「あなたが行ったことがない」という否定の事実の前に"又"を用いて「お前は行ったことがないのに、どうしてそこはよくないとわかるの？」と相手に反発します。(8)「彼はお金がないではない」という事実の前に"又"を用いて「彼はお金がないではないのに、あなたはなぜ彼にお金をあげるの」と相手に怒って言います。もし"你又不买""你又没去过""他又不是没钱"だけでは否定を強調する"又"の役割が果たせず、文としても完成しないのです。(2)(3)の誤文は相手に不満を述べていないので、文として完成しません。前後に不満なことを述べなければなりません。

(2a) 现在我<u>又</u>不想去留学，你跟我谈留学的事干吗？
Xiànzài wǒ yòu bù xiǎng qù liúxué, nǐ gēn wǒ tán liúxué de shì gànmá?
（いま私は留学に行きたくないのに、なぜ私に留学のことを話すの？）

(3a) 我<u>又</u>没有钱，怎么借你呢？　Wǒ yòu méiyǒu qián, zěnme jiè nǐ ne?
（私はお金がないよ、どうやってあなたに貸すの？）

したがって、相手に不満を述べたり怒る時は、語気副詞"又"を否定の事実の前に置き、否定を強調して、その前後に相手がしているこ

副詞・237

とを責めたり、相手に詰問したりします。それから、この"又"は相手に不満をもったり責めるニュアンスが強いので、目上の人に対して使うと大変失礼になります。

2 "又"は反語文の前に置き、語気を強くして、相手と違う考え方や反発の意思を表す。

"又"は否定の事実の前に置くだけではなく、反語文の前にも置けます。その時は、不満だけではなく、違う意見を述べることもできます。例えば、

(9) 跟外国人结婚，又有什么不好呢？
　　 Gēn wàiguórén jiéhūn, yòu yǒu shénme bù hǎo ne?
　　 （外国人と結婚して、どこが悪いの？）

(10) 跟她说一说，又有什么可怕的？
　　 Gēn tā shuō yi shuō, yòu yǒu shénme kěpà de?
　　 （彼女とちょっと話して、何が怖いの？）

(11) 你现在后悔，又有什么用？　　Nǐ xiànzài hòuhuǐ, yòu yǒu shénme yòng?
　　 （あなたは今後悔しても、何の役にも立たない）

(9)"又有什么不好呢？"はつまり"好"「悪くないよ」、(10)"又有什么可怕的？"はつまり"没什么可怕的"「何も怖いことはない」、(11)"又有什么用？"はつまり"没用"「役に立たない」という意味になります。これは相手に考えてもらいたい意見を強調する「"又"＋反語」という表現です。もちろん、"又"がなくても、反語だけでも十分強調しているのですが、さらに"又"をつけると、語気がもっと強くなり、相手に注意を払わせるのです。

③ 矛盾していることを表すために、逆説のところに"又"を使う。

"又"は否定を強調して不満の気持ちを表すほか、心理的、道理的に矛盾していることを強調するために、逆説の考えや行為などの前に使います。この"又"の前に、逆説を表す接続詞の"可是""不过"はあってもなくてもよいです。例えば、

(12) 她心里有很多话，(可是)又说不出来。
 Tā xīnli yǒu hěn duō huà, (kěshì) yòu shuō bu chūlai.
 (彼女は心の中に言いたいことはたくさんあるが、言い出せない)

(13) 她既怕他，(不过)又想跟他在一起。
 Tā jì pà tā, (búguò) yòu xiǎng gēn tā zài yìqǐ.
 (彼女は彼を怖がっているが、また彼と一緒にいたくもある)

(14) 领导了解这项工作的重要性，(可是)为什么又不批准呢？
 Lǐngdǎo liǎojiě zhèi xiàng gōngzuò de zhòngyàoxìng, (kěshì) wèi shénme yòu bù pīzhǔn ne?
 (上の人はこの仕事の重要性がわかっているのに、なぜ許可しないの？)

以上の例文は逆説ですが、普通の逆説ではなく、矛盾していることを表しています。(12)は「話したいが、言えない」、(13)は「彼を怖がっているが、一緒にいたい」、(14)は「仕事の重要性を理解しているが、許可しない」という矛盾していることを表しています。普通の逆説は矛盾ではないので、"又"を使えません。例えば、(4)(5)の誤文は普通の逆説文なので、この"又"はとります。

(4a) 这个菜很便宜，可是不好吃。 Zhèige cài hěn piányi, kěshì bù hǎochī.
(5a) 我有时间，可是没有机会。 Wǒ yǒu shíjiān, kěshì méiyǒu jīhuì.

ほかの例も見てみましょう。

(15) 她想离婚，可是<u>又</u>舍不得孩子。
   Tā xiǎng líhūn, kěshì yòu shěbude háizi.
   (彼女は離婚したいが、子どもと離れられない)
(16) 想<u>又</u>不能爱是最痛苦的。　Xiǎng ài yòu bù néng ài shì zuì tòngkǔ de.
   (愛したいのに愛せないことが一番つらい)
(17) 她想在网上买相机，<u>又</u>不放心。
   Tā xiǎng zài wǎngshang mǎi xiàngjī, yòu bú fàngxīn.
   (彼女はネットでカメラを買いたいが、心配でもある)

とにかく、心理的、道理的に悩んでいたり、矛盾していることの逆説は"又"で強調することができるのです。

以上の語気副詞"又"の使い方についておわかりになりましたか。(1)は否定形ではなく肯定形であり、また、反語でもなく、矛盾の逆説でもないので、"又"で強調することができません。第36課で習った"还"を使います。

(1a) 她明天还来吗？真讨厌！　Tā míngtiān hái lái ma? Zhēn tǎoyàn!

さあ、これから少しずつこの語気を表す"又"を使ってみてください。

練習問題

Ⅰ 次の中国語を日本語に訳してください。
1. 我又没用你的钱，我买什么东西要你管吗？
2. 你又不是不明白，还用我说吗？
3. 他找到了问题所在，又不知道怎么解决。
4. 父母希望孩子出去闯，又舍不得孩子离开他们。
5. 你又知道什么？快闭嘴！

Ⅱ 次の日本語を中国語に訳してください。（語気副詞"又"を使ってください）
1. これはちょっと古いけど、着られなくはないよ！（反語を使って）
2. 私はあなたのことを言ってないのに、なぜこんなに怒るの？
3. 彼はこのことに全然関係がない人なのに、どうして干渉するの？
4. 彼は日本が好きではないのに、なぜ日本で就職したいの？
5. 今回のことは悲しいけど、仕方がない。

41 語気副詞"可"の使い方

　語気副詞"可"（以下"可"と省略）はよく使われます。初級ではまだ習いませんが、中級になると、必ず出会うと思います。しかし、テキストや《現代汉语词典》などには「とても、すごく。強調を表す」としか書いてないので、学生はどういう時に使うか自信がなくて、ほとんど避けて使いません。しかし、この"可"は中国人はよく使うので、中級以上の学習者はどうにか用法を身につけてほしい、またどんどん使ってほしいと願っております。この課では少しでもみなさんのお役に立てるように、この"可"について説明してみます。

　まず、学生が「とても、すごく」「強調したい」ということを考えて作った誤文から一緒に考えましょう。

(1) 私たちの先生はすごくいいと思う。
　　＊我觉得我们的老师可好。
(2) 聞くところによると、あの電器店の物はとても安い。
　　＊我听说那家电器店的东西可便宜。
(3) 私たちはちゃんと勉強しましょう。
　　＊我们可好好儿学习吧。
(4) みんなすごく喜んでいる。
　　＊大家可很高兴。

　以上の例文はどれも強調したいので、"可"を使っていますが、なぜいけないのでしょうか。では、"可"の主な使い方を簡単に説明します。

1　状態や程度が予想外であることを強調する。

　状態や程度が話者や聞き手の予想外の時、"可"を形容詞の前に置

きます。しかし、形容詞だけで前後に予想外に思う気持ちを表す言葉がなければ文として不自然になります。例えば、

(5) これは安い。
　　？这个东西可便宜。
(6) これは高い。
　　？这个东西可贵。

(5)(6)は単に物が安い、高いことを示すだけで、予想外の気持ちがないので、"可"を使えません。"这个东西很便宜""这个东西很贵"と言えば十分です。状況や程度を強調したい時は"特別"か"非常"を使えばいいです。予想外に思う気持ちを伝える時、"可"を使います。例えば(5)は"你猜得没错，这个东西可便宜"（あなたが予想した通りだ、これは安いよ）、(6)は"哪儿啊，这个东西可贵啊"（いいえ、これは高いよ）のように前後に何か予想したことを示す言葉が必要です。

また、"可"は次の２つの文型がよく使われます。

1.1 "可"＋形容詞＋語気助詞"了"

(7) 她们老板可好了。　Tāmen lǎobǎn kě hǎo le.
　　（彼女たちのボスはとてもいいよ）
(8) 她们老板可坏了。　Tāmen lǎobǎn kě huài le.
　　（彼女たちのボスはとても悪いよ）

語気助詞の"了"は「…よ」という語気を表し、話者や聞き手の予想外の気持ちを伝えるために、「"可"＋形容詞＋語気助詞の"了"」を使います。(7)は話者か聞き手が「彼女らのボスはよくない」と予想したが、実際はよかった。(8)は話者か聞き手が「彼女らのボスはいい」と予想したが、実際はよくないという時に"可"で表します。文末の語気助詞の"了"は感嘆の語気を表し、よく「"可"＋形容詞」と一緒に使います。

1.2 "可"＋形容詞＋程度補語

(9) **那个地方可干净极了。** Nèige dìfang kě gānjìng jí le.
（あそこはすごくきれいだよ）

(10) **那个地方可脏死了。** Nèige dìfang kě zàngsǐ le.
（あそこはすごく汚いよ）

程度補語の「形容詞＋"极了"」「形容詞＋"死了"」は程度のすごさを表すので、その前に語気副詞の"可"を使うと、そのすごさが予想外であることを表します。"可"がなければ、単に程度のすごさだけを表します。(9)は話者か聞き手が「あの場所は汚い、あるいはそれほどきれいではない」と予想したが、意外にも「すごくきれいだ」という気持ちを表し、(10)は話者か聞き手が「あの場所はきれいだ、あるいはそんなに汚くない」と予想したが、意外にも「すごく汚い」という気持ちを表すために、"可"を使っています。

2 相手の予想に同意する。

(11) **那个地方可真方便。** Nèige dìfang kě zhēn fāngbiàn.
（あの場所は本当に便利だよ）

(12) **那个地方可真不方便。** Nèige dìfang kě zhēn bù fāngbiàn.
（あの場所は本当に不便だよ）

副詞の"真"は形容詞の前に置き「本当に」ということを伝えます。その"真"の前にまた語気副詞の"可"をつけると、その予想が「確かだ」ということを強く認めます。"可"がなかったら、予想はなくて、単に事実や状態を示すだけです。(11)は聞き手があの場所は便利だと予想し、話者はそれに同意して「本当に便利ですね」、(12)は聞き手があの場所が不便だと予想し、話者は「本当に不便ですね」とそれに同意します。

3 物事の結果が予想外であることを強く示す。

ある出来事がもたらした結果について、意外性を強調したい時、その結果の前に"可"を置きます。例えば、

(13) 这次海啸可把人吓坏了。　Zhèi cì hǎixiào kě bǎ rén xiàhuài le.
（今回の津波にはまったく驚かされた）

(14) 那个小品可笑坏了大家。　Nèige xiǎopǐn kě xiàohuàile dàjiā.
（あの寸劇にはみんな大笑いした）

(13)は「津波のもたらす結果を一応予想していたが、まさかのひどさがみんなをびっくりさせた」ということを強調するために"把人吓坏了"（人々をびっくりさせた）の前に"可"を使い、その意外性を強調します。(14)も同じく「あの寸劇」が面白いとは予想したが、予想以上に「みんながすごく笑った」ことを強調するために"可"を使います。もし"可"を使わないと、単にその結果を伝えるだけです。

予想外の結果を"可"で強調する時は、よく結果補語（"坏""死""疯"など）を使います。例えば、"气坏了"（ものすごく怒った）"逼疯了"（追いつめられて気がへんになった）"想疯了"（考えすぎて頭がおかしくなった）"饿死了"（死ぬほどおなかがすいた）"吓死了"（死ぬほどおどろいた）。また、その結果は(13)のように"把"の構文がよく使われます。ほかの例も見てみましょう。

(15) 那次比赛结果可把球迷气坏了。
Nèi cì bǐsài jiéguǒ kě bǎ qiúmí qìhuài le.
（あの時の試合はファンをすごく怒らせた）

(16) 那个问题可把大家难住了。　Nèige wèntí kě bǎ dàjiā nánzhù le.
（あの問題はみんなを困らせた）

4　望んでいたことがやっと実現してうれしい気持ちを強調する。

"他睡了"は単に「彼は寝た」、"他才睡了"は彼が寝る時間が遅いことを表し、「彼はやっと寝た」、"他可睡了"は「彼が早く寝てほしいという期待感があって、やっと彼が寝てくれた」という期待の実現を強調します。したがって、"可"は期待していた動作が実現したことを強調して、ほっとしてうれしい気持ちを表します。例を見てください。

(17) 你可回来了，急死我了。　Nǐ kě huílai le, jísǐ wǒ le.
（あなたはなんとか帰って来たね、本当に焦ったよ）

(18) 孩子可找到一份安定的工作了，我们可以放心了。
Háizi kě zhǎodào yì fèn āndìng de gōngzuò le, wǒmen kěyǐ fàngxīn le.
（子どもがなんとか安定した仕事を見つけたよ。私たちは安心できるね）

(17) はずっと相手が帰って来ることを期待していて、そして、帰って来たことを喜んでいる気持ちを表すために、"可"を"回来了"の前に使っています。"你回来了"は単に「あなたは帰って来た」、つまり、「お帰りなさい」の意味です。"你才回来啊"は「早く帰って来てほしいとずっと待っていたが、予想以上に遅く、やっと帰って来た」という時間的に遅いということを表します。(18) は親がずっと子どもが安定した仕事につけるよう期待していたが、やっと仕事が決まってうれしく安心した気持ちを表すために、"可"を使っています。"可"がなかったら、単に「子どもが安定した仕事を見つけた」という事実を伝えるだけです。

5　念入りに相手に注意、忠告、お願いする。

"你别忘了"は単に「あなたは忘れないでね」、"你可别忘了"は相手が忘れる可能性があると予想していて、念入りに「あなたは決して忘れないでね」という願いを再三強調しています。

"你得好好儿学习"は単に「あなたはちゃんと勉強しなければならない」という忠告だけですが、"你可得好好儿学习"は相手があまり勉強しないことを心配しているので、さらに念入りな忠告になります。

相手が何かミスをすることを予想し、念入りに注意、忠告、お願いする時、"可"をつけると、その念入りな気持ちを強調します。例えば、

⑲ **下个星期就要考试了，你可别感冒了。**
　　Xiàge xīngqī jiùyào kǎoshì le, nǐ kě bié gǎnmào le.
　　（来週すぐ試験だから、くれぐれも風邪をひかないようにね）

⑳ **这本书可以借你，不过你后天可得还我。**
　　Zhèi běn shū kěyǐ jiè nǐ, búguò nǐ hòutiān kě děi huán wǒ.
　　（この本は貸してあげられるけど、あさってに返してもらわないとね）

⑲は相手がよく風邪をひくので、また風邪をひくことを予想し、念を入れて「風邪をひかないように」強く注意するために"可"を使っています。⑳は話者が「あさってに返してもらえないかもしれない」と予想し、念入りに「あさってに必ず返してください」という強いお願いの気持ちを表すので、"可"を使っています。

相手に注意することを強調する"可"は、肯定形は「…しなければならない」の"可得…""可要…"、否定形は「…しないで」の"可别…"を使います。例えば、

㉑ **明天你可别缺席啊。**　Míngtiān nǐ kě bié quēxí a.
　　（明日くれぐれも欠席しないでね）

㉒ **明天你可得去上课啊。**　Míngtiān nǐ kě děi qù shàngkè a.
　　（明日授業に行かないといけないよ）

6　相手の認識や予想が間違っていることを認識してもらうことを強調する。

"他是校长"は単に「彼は学長だ」という意味です。"他就是校长"

は「ほかでもなく、彼が学長だ」というニュアンスがあります。"他可是校长"は相手が彼が学長だと思わず失礼なことをしたり、学長という身分を知らなかったりしたので、相手に学長という身分を強く認識してもらうため「あの方は学長ですよ」と念を入れて言うのです。つまり、"可"は相手の予想が間違っていることを認識してもらうよう強調するのです。例えば、

(23) **你别随便说话啊，他可是我们的领导啊。**
　　Nǐ bié suíbiàn shuōhuà a, tā kě shì wǒmen de lǐngdǎo a.
　　（あなたはいい加減に言わないでよ、彼は私たちの上司だよ）

(24) **你别不信，这可是千真万确的事。**
　　Nǐ bié bú xìn, zhè kě shì qiānzhēn-wànquè de shì.
　　（信じてください、これは本当に本当のことだよ）

この"可"の後には必ず"是…"を使い、ある事実を述べます。(23)は「彼が私たちの上司だよ」、(24)は「これは本当に真実だ」という事実を言い、相手の予想したことを訂正します。"可"がなければ、単に事実の説明に過ぎません。

以上でおわかりになったと思います。ですから、(1)～(4)もなぜ間違いかわかりますね。

(1)(2)は予想外の程度を表すでもなく、結果の意外性もなく、期待性もなく念入りの注意でもないので、"可"を使えませんね。形容詞の前に"很"を使ってください。

(1a) **我觉得我们的老师很好。**　Wǒ juéde wǒmen de lǎoshī hěn hǎo.
(2a) **我听说那家电器店的东西很便宜。**
　　Wǒ tīngshuō nèi jiā diànqìdiàn de dōngxi hěn piányi.

(3)は「私たちはちゃんと勉強しなければならない」ということで、予想ではなく、相手の誤りを念入りに注意することでもないので"可"を使えません。

(3a) **我们好好儿学习吧。** Wǒmen hǎohāor xuéxí ba.

(4)も前後に予想外のことがなくて、"可"を使えません。"很高兴"を強調したいなら"很"の代わりに、"特别"か"非常"を使えば十分です。

(4a) **大家特别高兴。** Dàjiā tèbié gāoxìng.

練習問題

Ⅰ 次の中国語を日本語に訳してください。
1. 昨天参加交流会的人可真不少。
2. 不管怎么样，你可得加油学习。
3. 你可来了，你知道吗？我们已经等了你两个小时了。
4. 对了，你可别忘了给他发短信啊。
5. 这件事可糟了，他一定会很生气的。

Ⅱ 次の日本語を中国語に訳してください。
（"可"を使ってみてください）
1. これはあなたが言ったのですよね、私は言いませんでしたよ。
2. あそこの景色は本当にすごくきれいだよ。私は大好きだ。
3. あとで会議中にいい加減なことを言わないでくださいね。
4. ああ！お金をやっと送ってきた。本当にほっとしました。
5. この度の事故は本当に人をものすごく悲しませるよ。

42 語気副詞 "都" の用法

"都"という副詞は範囲、時間、語気を表す機能があります。例えば、"我们都是大学生"（私たちはみんな大学生だ）の"都"は範囲副詞で、"都8点了"（もう8時になった）の"都"は時間副詞、"这件事你都不知道吗?"（この事はあなたも知らないの？）の"都"は語気副詞です。

この課は日本人の学生にあまりなじみがない語気副詞の"都"のいろいろな用法について説明したいと思います。

1 「甚だしい状況、程度」を表す "连…都…"（…さえ…）の "都"。

介詞の"连"と一緒に使う"连…都…"の"都"は「全部、みんな」と「すでに」という意味ではなく、状況や程度のひどさを表す語気副詞です。例えば、

(1) 这个问题很简单，连小学生都能回答。
　　Zhèige wèntí hěn jiǎndān, lián xiǎoxuéshēng dōu néng huídá.
　　（この問題は簡単だ、小学生さえ答えられる）

(2) 这个问题很难，连大学教授都回答不了。
　　Zhèige wèntí hěn nán, lián dàxué jiàoshòu dōu huídá buliǎo.
　　（この問題は難しい。大学の教授さえ答えられない）

(1)は問題の簡単さについて、後半の「小学生さえ答えられる」で表しています。(2)は問題の難しさについて、後半の「大学教授さえ答えられない」で強調します。両方とも語気副詞"都"を使っています。この"都"は"连…"と一緒に使って、"连…都…"（…さえ…）の文型になります。"连"は省略できますが、"都"は省略できません。したがって、この"都"に「…だって」「…も」という意味があることになります。例えば、(1)は"这个问题很简单，小学生都能回答"（この問

題はとても簡単で、小学生だって答えられる)、(2)は"这个问题很难，大学教授都回答不了"(この問題は大変難しくて、大学教授も答えられない)とも言えます。ですから、この"都"の役割は"连"より重いのです。ほかの例も見てみましょう。

(3) 他们住的地方太简陋了，(连)门锁都没有。
Tāmen zhù de dìfang tài jiǎnlòu le, (lián) ménsuǒ dōu méiyǒu.
(彼らが住んでいる場所は粗末だ、ドアのカギもない)

(4) 外边儿空气太糟了，我们(连)窗户都不敢开。
Wàibiānr kōngqì tài zāo le, wǒmen (lián) chuānghu dōu bù gǎn kāi.
(外の空気がひどすぎて、私たちは窓さえ開けられない)

(5) 他太吝啬了，(连)一分钱都不出。
Tā tài lìnsè le, (lián) yì fēn qián dōu bù chū.
(彼はケチすぎて、1分のお金さえ出さない)

以上の例文も"连"を省略でき、"都"だけで程度と状況を強調できます。

2 「"一"＋数量詞＋(名詞)＋"都"＋否定詞＋動詞／形容詞」の"都"。

語気副詞"都"は最小の数量の後につけて、その数量詞とかかわる状況を強調します。例えば、

(6) 那儿一个人都没有。 Nàr yí ge rén dōu méiyǒu.
(そこには1人もいない)

(7) 他一句话都不说。 Tā yí jù huà dōu bù shuō. (彼は一言も言わない)

(8) 这个菜一点儿都不好吃。 Zhèige cài yìdiǎnr dōu bù hǎochī.
(この料理は少しもおいしくない)

(6)(7)(8)の"都"の前の"一个人""一句话""一点儿"はみんな数量の少ないことです。「少しもない、1人もない」という状況を強調するために、語気副詞の"都"を使っています。逆に"都"がなかった

ら、文として落ち着かなくなります。

3 「動詞＋"着"＋"都"＋状況」の"都"。

ある動作が行われると、後の状態が怖い、ひどい、信じられないということを強調する時も、よく語気副詞"都"を使います。例えば、

(9) 这样的话，说着我都脸红。
Zhèyàng de huà, shuōzhe wǒ dōu liǎn hóng.
（この話は、言うのも恥ずかしくて顔が赤くなるよ）

(10) 在他家我坐着都别扭。　Zài tā jiā wǒ zuòzhe dōu bièniu.
（彼の家では、座っていても落ち着かない）

(11) 他说的那些话，我听着都难受。
Tā shuō de nèixiē huà, wǒ tīngzhe dōu nánshòu.
（彼が言う話は、聞くのも気持ちが悪くなる）

(9)は「話すのも恥ずかしいこと」、(10)は「座っても気持ちが悪くなること」、(11)は「聞くのも堪えがたい」ことを強調するために、語気副詞"都"を使っています。"都"がなくても文としては成立しますが、状況を訴える力が弱くなります。

4 あり得ない状況の前に"都"を置いて、程度を強調する。

"都"をあり得ない状況の動詞の前に置き、動作の程度のひどさを強調します。例えば、

(12) 昨天我吓得心都跳出来了。
Zuótiān wǒ xià de xīn dōu tiàochūlai le.
（昨日はびっくりして心臓も飛び出るほどだった）

⑬ **当时我们真的笑得肚皮都破了。**
　　Dāngshí wǒmen zhēn de xiào de dùpí dōu pò le.
　　（その時、私たちは本当にお腹の皮が破れるほど笑った）

⑭ **他气得都发疯了。** Tā qì de dōu fāfēng le.
　　（彼は気がおかしくなるぐらいに怒った）

　⑫「心臓が外に飛び出る」、⑬「お腹の皮が破れる」、⑭「気がおかしくなる」は、みんなあり得ない状況の誇張表現で、"都"をその動詞の前に置き、強調します。"都"がなかったら、本当に「心臓が外に飛び出る」「お腹の皮が破れる」「気がおかしくなる」という状況になったという意味になります。

5　動詞の肯定形と否定形の間に"都"を使い、動作の否定を強調する。

　動作の否定を強調したい時には、よく「動詞＋"都"＋否定詞＋動詞」という文型を使います。例えば、

⑮ **他看都不看你一眼，太没有礼貌了。**
　　Tā kàn dōu bú kàn nǐ yì yǎn, tài méiyǒu lǐmào le.
　　（彼は全然あなたを見ようともしない、失礼すぎる）

⑯ **你怎么问都不问我一声？** Nǐ zěnme wèn dōu bú wèn wǒ yì shēng?
　　（なぜ私に一言も聞かないの？）

⑰ **我想都没想过要出国。** Wǒ xiǎng dōu méi xiǎngguo yào chūguó.
　　（私は外国に行くことは考えもしなかった）

　⑮の"看都不看"は"不看"を、⑯"问都不问"は"不问"を、⑰"想都没想过"は"没想过"を強調します。この文型の"都"は省略できません。
　以上に述べた語気副詞"都"の使い方は「全部、みんな」「すでに」の意味ではなく、すべて状況を強調するものです。この"都"は"也"

に置き換えることができますが(『誤用』p.270-271を参照)、"也"を使う時は、同じような状況があって、この状況にもなることを表すのです。"都"は他の状況と関係なく、その状況だけを強調します。日本語に訳す時に、両方とも「も」になりますので、"也"の方が使いやすいと思いますが、状況によって、"都"も使ってみてください。

練習問題

Ⅰ 次の中国語を日本語に訳してください。
 1. 今天的地铁太挤了，连站都不能站。
 2. 你的东西看着我眼都疼，快拿走。
 3. 我说都没说，他就生气了。
 4. 今天上午我忙得一杯水都没喝。
 5. 那天我真的高兴得都飞上天了。

Ⅱ 次の日本語を中国語に訳してください。
 1. 昨日私は気が狂うほど焦った。
 2. 彼はこの2年間1冊の本も読まなかった。
 3. 彼は全然私の話を聞かずに外に出て行った。
 4. 先生の話が彼女は少しもわからない。
 5. 彼は虫だって殺す勇気がないよ。

43 "已经 6 点了"と"都 6 点了"はまったく同じではない

たしかに"已经…了"も"都…了"も「すでに…になった」「すでに…した」という意味です。しかし 2 つの用法は多少違いがあります。まず、以下の誤文を見てみましょうか。

(1) あの野球の試合を見るために、朝 5 時にすでに並ぶ人がいた。
　　＊为了看那场棒球比赛，早上 5 点都有人来排队了。
(2) この事件は政府はすでに人を調査に行かせた。
　　＊这起事件，政府都派人去调查了。
(3) 4 時半になったので、彼はたぶんもう授業が終わったと思う。
　　＊4 点半了，我想他大概都下课了。

以上の誤文はすべて「すでに…」という文ですが、"已经…了"ではなく、"都…了"を使ってしまったのです。全部"已经…了"に直せば、正しい文になります。

(1a) 为了看那场棒球比赛，早上 5 点已经有人来排队了。
　　 Wèile kàn nèi chǎng bàngqiú bǐsài, zǎoshag wǔ diǎn yǐjīng yǒu rén lái páiduì le.
(2a) 这起事件，政府已经派人去调查了。
　　 Zhèi qǐ shìjiàn, zhèngfǔ yǐjīng pài rén qù diàochá le.
(3a) 4 点半了，我想他大概已经下课了。
　　 Sì diǎn bàn le, wǒ xiǎng tā dàgài yǐjīng xiàkè le.

なぜ、同じ「すでに…になった」「すでに…した」なのに、"都…了"を使うと誤文になるのでしょうか。では、"都…了"と"已经…了"の違いについて説明します。

1 "都…了"は話者の不満な感情を強く相手に伝える時に使われる。

「すでに…になった／…した」の"已经…了"は主観的感情を含む時も、客観的な事実を伝える時も使えますが、"都…了"は不満の感情を相手に伝える時だけにしか使えません。例えば (1) (2) (3) はすべて、不満の気持ちがないので、"都…了"を使えません。"都…了"の例文を見てください。

(4) 都8点了，你还不起床？　Dōu bā diǎn le, nǐ hái bù qǐchuáng?
（もう8時になったよ、まだ起きないの？）

(5) 你都大学生了，还拿你爸爸的钱。
Nǐ dōu dàxuéshēng le, hái ná nǐ bàba de qián.
（君はもう大学生なのに、まだお父さんのお金をもらうの？）

(6) 他都来了，你不要再批评他了。
Tā dōu lái le, nǐ búyào zài pīpíng tā le.
（彼はもう来たから、もう彼を怒らないでよ）

以上の例文は、もちろん、"已经…了"に置き換えることもできますが、不満の気持ちが表せません。相手を強く批判する時には、この"都…了"を使います。

2 客観的な事実を伝える時、"都…了"ではなく、"已经…了"を使う。

新聞ニュースなど事実を客観的に伝える時には、不満の気持ちがなければ、"都…了"ではなく、"已经…了"を使います。例えば、

(7) 北京的雾霾已经有所改善了。
Běijīng de wùmái yǐjīng yǒusuǒ gǎishàn le.
（北京のスモッグはすでにある程度改善された）

(8) 病人<u>已经</u>苏醒<u>了</u>，没什么大问题了。
　　　Bìngrén yǐjīng sūxǐng le, méi shénme dà wèntí le.
　　　（病人はすでに意識が戻ったので、もう大丈夫だ）

(9) 他的年收<u>已经</u>超过一亿日元<u>了</u>。
　　　Tā de niánshōu yǐjīng chāoguò yí yì Rìyuán le.
　　　（彼の年収はすでに1億円を超えた）

　以上の例文はある事実を客観的に伝えるだけで、不満の気持ちはないので、"都…了"が使えません。逆にもし事実を伝える時、後半に不満の言葉や文が続くと、"都…了"が使えるようになります。例えば、

(10) 北京的雾霾<u>都</u>有所改善<u>了</u>，你们还怕什么？
　　　Běijīng de wùmái dōu yǒusuǒ gǎishàn le, nǐmen hái pà shénme?
　　　（北京のスモッグはすでにある程度改善されたのに何を怖れているの？）

(11) 病人<u>都</u>苏醒<u>了</u>，你们还哭哭啼啼干什么？
　　　Bìngrén dōu sūxǐng le, nǐmen hái kūkūtítí gàn shénme?
　　　（病人はすでに意識が戻ったのに、なんでまだ大声で泣いているの？）

(12) 他的年收<u>都</u>超过一亿日元<u>了</u>，可是一分钱也不肯捐给灾民。
　　　Tā de niánshōu dōu chāoguò yí yì Rìyuán le, kěshì yì fēn qián yě bù kěn juān gěi zāimín.
　　　（彼の年収はすでに1億円を超えたが、1円も被災者に寄付したくない）

3　"都…了"は単独で使えず、前後に必ず不満の言葉が必要。"已经…了"はその制限がない。

　以上 "都…了" の例文を見て、すでにおわかりになったと思います。"都…了" は単独では使えません。その前後に必ず不満の言葉が必要です。例えば、

(13) もう5月になった。
　　　＊都5月了。——○<u>已经</u>5月<u>了</u>。　Yǐjīng wǔ yuè le.

副詞・257

(14) もう５月になったのに、まだこんなに寒い。
　　○都5月了，还这么冷。　Dōu wǔ yuè le, hái zhème lěng.
(15) 彼はもう行った。
　　＊他都走了。——○他已经走了。　Tā yǐjīng zǒu le.
(16) 彼はもう行ったのに、君はまだ何を言うの？
　　○他都走了，你还说什么！　Tā dōu zǒu le, nǐ hái shuō shénme!
(17) もうとても暑くなっている。
　　＊天气都很热了。
　　○天气已经很热了。　Tiānqì yǐjīng hěn rè le.
(18) もうとても暑くなったのに、まだセーターを着ているの？
　　○天气都很热了，你还穿毛衣？
　　　Tiānqì dōu hěn rè le, nǐ hái chuān máoyī?

練習問題

Ⅰ　次の中国語を日本語に訳してください。
 1. 这个问题已经很严重了。
 2. 这个问题都那么严重了，政府还不解决吗？
 3. 他已经怕得要死了。
 4. 他都怕得要死了，你还吓他。
 5. 你都跟他相处了10多年了，还不了解他啊？

Ⅱ　次の日本語を中国語に訳してください。
 1. 日本チームはすでに決勝進出の望みがなくなった。
 2. 彼はすでに10年間日本にいるのにまだ簡単な日本語も話せないの？
 3. 私たちはもう晩ご飯を食べました。あなたは？
 4. 雨はすでに１時間以上前にやんだよ、彼はなぜまだ帰って来ないの？
 5. 私はもう言ったよ。君は全然信じてくれない。

14 "我每天喝牛奶"と"我每天都喝牛奶"の違い

　日本語の「私は毎日牛乳を飲む」「彼は毎年中国に行く」を"我每天喝牛奶""他每年去中国"と訳すと、先生によく、動詞の前に"都"を入れて、"我每天都喝牛奶""他每年都去中国"と直されます。しかし、ある学生は留学生に"我每天喝牛奶""他每年去中国"でも大丈夫だと言われたそうです。いったい、"每天、每年、每个人…"などが主語の時は、動詞の前に"都"を入れるべきでしょうか。"都"を使うか使わないかの違いがあるのでしょうか。

　たしかに以下の例文は"都"があってもなくてもいいようですね。

(1) 私は毎日授業がある。
　　我每天有课。　Wǒ měitiān yǒu kè.
　　——我每天都有课。　Wǒ měitiān dōu yǒu kè.
(2) 彼は毎週2日休む。
　　他每个星期休息两天。　Tā měi ge xīngqī xiūxi liǎng tiān.
　　——他每个星期都休息两天。　Tā měi ge xīngqī dōu xiūxi liǎng tiān.
(3) あなたは毎日おかずを買いに行きますか。
　　你每天去买菜吗?　Nǐ měitiān qù mǎi cài ma?
　　——你每天都去买菜吗?　Nǐ měitiān dōu qù mǎi cài ma?

　しかし、次のような例文は、"都"がなくては、ちょっと落ち着きません。

(4) 彼は毎年春節は故郷に帰るから、店を開けない。
　　？他每年春节回老家，不开店。
(5) 彼は毎週日曜日に東京に行って、広島にいない。
　　？他每个星期天去东京，不在广岛。

(6) 最近、物価が毎年上がる。
　　 ？最近物价每年涨。

　(4)〜(6) の例文は"都"がなくても意味がわかり、間違いでもありませんが、落ち着かないのです。なぜでしょうか。

　なぜ (1)(2)(3) は"都"を使わなくてもよくて、(4)(5)(6) は"都"を使わないと落ち着かないのでしょうか。この課では、より中国語らしい表現を考えて、「省略できるかどうか」という基準を、簡単に説明したいと思います。

1 基本概念："都"は総括副詞と語気副詞の役割がある。

　実は、"每天、每年、每个人…"などは「1日、1年、1人」ではないので、複数と考えます。ですから、複数を表す副詞の"都"を動詞の前に使うのが一般的です。そして"都"は語気副詞の性質もあるので、強調したい時によく使い、強調しない場合はあまり使いません。

　この"都"が"每…"の文で2つの性質を兼ねていることもあります。例えば、

(7) 我不吃鸡蛋，他每天都吃鸡蛋。
　　Wǒ bù chī jīdàn, tā měitiān dōu chī jīdàn.
　　（私は卵を食べないが、彼は毎日食べる）

　この"都"は複数の「毎日」と「私と違うこと」をはっきり示すための語気を表しています。もし強調する必要がなく、単に「私は卵を食べないが、彼は毎日食べる」ということを表すなら、"我不吃鸡蛋，他每天吃鸡蛋"だけで十分です。

2 "都"はあってもなくてもいいが、あったほうが落ち着く。

2.1 「形容詞述語文」と「感情動詞＋目的語」

　形容詞述語文と「感情動詞＋目的語」の文に"毎…"が主語の単文は、述語の前に"都"を使えば、間違いないと思ってください。例えば(1)～(6)の例文は全部"都"を使えば、間違いありません。ほかの文の例も見てください。

(8) 毎年いまごろはとても暑い。
　　○每年这个时候都很热。　Měinián zhèige shíhou dōu hěn rè.
　　? 每年这个时候很热。
(9) 私は毎週日曜日は忙しい。
　　○我每个星期天都很忙。　Wǒ měi ge xīngqītiān dōu hěn máng.
　　? 我每个星期天很忙。
(10) みんなパンダが好きだ。
　　○每个人都喜欢熊猫。　Měi ge rén dōu xǐhuan xióngmāo.
　　? 每个人喜欢熊猫。
(11) どの国も平和を愛している。
　　○每个国家都爱和平。　Měi ge guójiā dōu ài hépíng.
　　? 每个国家爱和平。

　(8)(9)(10)(11)はすべて単文なので、"都"がなくても意味はわかりますが、中国語としては落ち着かないので、使ったほうがより中国語らしくなります。

2.2 肯定と否定の状態や動作

"每"の後ろに肯定と否定の状態や動作がある場合は、"每"の後ろに"都"を使うのが普通です。例えば (4)(5)。そのほかの例も見てください。

(12) 彼は毎日遊びたがり、勉強したがらない。
他每天都想去玩儿，不想学习。
Tā měitiān dōu xiǎng qù wánr, bù xiǎng xuéxí.

(13) 彼女は毎日外食して、料理をしない。
她每天都在外边儿吃，不做饭。
Tā měitiān dōu zài wàibiānr chī, bú zuò fàn.

2.3 "每"の後ろが動詞単独

"每"の後ろが動詞単独なら、単音節でも二音節でも、その前に"都"があったほうがよいです。例えば (6)。そのほかの例も見てください。

(14) 彼は毎日来る。
他每天都来。 Tā měitiān dōu lái.

(15) 彼女は毎日勉強する。
她每天都学习。 Tā měitiān dōu xuéxí.

3 "都"があってもなくてもいいが、ないほうが多い場合。

3.1 複文の前半

複文の前半に"每…"があって、後半で何か説明する場合は、前半の"每…"の文には、"都"を使わないことが多いです。例えば、(8)(9)(10)(11) "每年这个时候很热" "我每个星期天很忙" "每个人喜欢熊猫" "每

个国家爱和平"は単文だと落ち着きませんが、後ろに何か追加、あるいは説明があれば、文として完成します。例えば、

(16) 每年这个时候很热，你得注意身体。

Měinián zhèige shíhou hěn rè, nǐ děi zhùyì shēntǐ.

（毎年いまごろはとても暑いので、お体に気をつけなければなりませんよ）

(17) 我每个星期天很忙，你别来找我。

Wǒ měi ge xīngqītiān hěn máng, nǐ bié lái zhǎo wǒ.

（私は毎週日曜日は忙しいので、私の所に来ないで）

(18) 每个人喜欢熊猫，这是为什么？

Měi ge rén xǐhuan xióngmāo, zhè shì wèishénme?

（みんなパンダが好きだ。どうして？）

もちろん、以上の例は"都"を入れても大丈夫です。"都"を使うと、「毎年、毎週、みんな」という複数を強調します。

3.2 対比文

対比文は"都"を使っても使わなくてもいいですが、多くの場合は使いません。例えば、

(19) 我每天喝花茶，他每天喝绿茶。

Wǒ měitiān hē huāchá, tā měitiān hē lǜchá.

（私は毎日ジャスミン茶を飲み、彼は毎日緑茶を飲む）

(20) 他每个月去北京，我每个月去上海。

Tā měi ge yuè qù Běijīng, wǒ měi ge yuè qù Shànghǎi.

（彼は毎月北京に、私は上海に行きます）

(21) 他每天吃中国菜，我每天吃日本菜。

Tā měitiān chī Zhōngguócài, wǒ měitiān chī Rìběncài.

（彼は毎日中華料理を、私は毎日日本料理を食べる）

4 "都"が省略できない場合。

「毎日、毎月、毎年」行われる動作には、これまでに述べたように、"都"は使っても使わなくてもいいですが、「毎日、毎月、毎年」の後に、動作が行われる時を示す場合、例えば"每天起床后"(毎日起きた後)、"每个月去东京时"(毎月東京に行く時)は、いつも行われる動作の前に必ず"都"が使われます。その場合"都"は省略できません。例えば、

⑵ 私は毎日運転する時に音楽を聴く。
　○**我每天开车时都听音乐**。　　Wǒ měitiān kāi chē shí dōu tīng yīnyuè.
　＊我每天开车时听音乐。
⑶ 彼は毎日寝る前に体操をする。
　○**他每天睡觉前都做体操**。　Tā měitiān shuìjiào qián dōu zuò tǐcāo.
　＊他每天睡觉前做体操。
⑷ 彼は毎月東京に行った時に、李先生に会いに行く。
　○**他每个月去东京时都去看李老师**。
　　Tā měi ge yuè qù Dōngjīng shí dōu qù kàn Lǐ lǎoshī.
　＊他每个月去东京时去看李老师。

つまり、毎日や毎年何かする時、あるいはした後という条件で、後ろにいつも行われる動作を強く示す場合、必ず"都"が使われるのです。

以上のように"每"のある文は"都"を使っても使わなくてもよい場合が多いですが、実際の会話ではほとんど使っているので、みなさんも使っていいと思います。ただし、対比文や、複文の場合は省略が多いことを覚えましょう。

練習問題

Ⅰ　次の中国語を日本語に訳してください。
1. 你每天早饭都吃粥吗？
2. 他们公司每年都举行忘年会。
3. 你每天跑步，他每天做体操。
4. 你每次上课迟到，老师不说什么吗？
5. 他每次喝酒都闹事。

Ⅱ　次の日本語を中国語に訳してください。
1. 王明さんは毎週水泳に行きます。
2. 李強さんは毎晩寝る前に本を読みます。
3. 日本では、どの小学校もプールがある。
4. 彼は毎週水曜日はあまり忙しくない。
5. 彼は毎月東京に出張する時、あのホテルに泊まります。

45 "不"は過去の動作の否定もあるの？

『誤用』p.7-8 で否定副詞の"不"は①未来の動作の否定、②動作を行う意志の否定、③習慣や慣習でしない動作、④形容詞、感情動詞、理解動詞、能願動詞の否定と説明しました。①②③は結構わかりやすいと思いますが、④の動詞で過去の否定に"不"を使う例文がなくて、わかりにくいという読者からの指摘があったのです。たしかに学生はよく以下の誤文を作ってしまいます。

(1) 私は以前、中国のことがわからなかった。
   ＊我以前没了解中国文化。
(2) 私は以前犬を飼うのは好きではなかったが、今は犬が大好きになった。
   ＊我以前没爱养狗，现在很爱狗了。
(3) 以前私は中国の文化が好きではなかったが、今はとても好きになった。
   ＊以前我没喜欢中国文化，现在很喜欢了。
(4) 彼は以前お金がなかったのではなくて、あなたにあげる気がなかった。
   ＊他以前不是没有钱，是没给你。

いかがでしょうか。みなさんも覚えがありませんか。ここで、もう一度この④の否定について、説明いたします。そして最後に、過去の意志も"不"で否定することを追加して説明します。

1 "不"＋形容詞

中国語の形容詞は過去形がないので、形容詞の否定は現在、過去、未来ともすべて"不"を使います。例えば、

(5) 昨日は寒くなかったが、今日は寒い。
　　昨天不冷，今天很冷。　　Zuótiān bù lěng, jīntiān hěn lěng.

(6) 去年の試験は難しくなかったが、今年は本当に難しい。
　　去年的考试不难，今年的真难。
　　Qùnián de kǎoshì bù nán, jīnnián de zhēn nán.

(7) おととい来た人は多くなかった。
　　前天来的人不多。　　Qiántiān lái de rén bù duō.

気をつけなければならないのは、"有"をつける形容詞、例えば、"有意思"（面白い）"有礼貌"（礼儀正しい）"有修养"（教養がある）などは"不"ではなく、"没"で否定することです。"没有意思""没有礼貌""没有修养"と言います。

2　"不"＋感情動詞

感情動詞（"喜欢""感动"など）の否定も、現在、過去、未来すべて"不"で否定します。例えば、

(8) 以前私は彼が好きではなかったし、今も好きではない。
　　以前我不喜欢他，现在也不喜欢他。
　　Yǐqián wǒ bù xǐhuan tā, xiànzài yě bù xǐhuan tā.

(9) 大学の時、彼は本を読むのが好きではなかったし、今も好きではない。
　　上大学时他不爱看书，现在也不爱看书。
　　Shàng dàxué shí tā bú ài kàn shū, xiànzài yě bú ài kàn shū.

(10) 昨日のことは私は少しもうれしくなかった。
　　昨天的事，我一点儿也不高兴。
　　Zuótiān de shì, wǒ yìdiǎnr yě bù gāoxìng.

ほかの感情動詞も"不伤心"（悲しくない）"不讨厌"（嫌いではない）"不愤怒"（怒らない）"不同情"（同情しない）のように現在も過去も

同じく"不"で否定します。

3 "不"＋理解動詞

理解動詞（"明白""理解"など）の否定も、現在、過去、未来ともに"不"で否定します。例えば、

(11) 昨日私は知らなくて、今日知った。
昨天我不知道，今天我知道了。
Zuótiān wǒ bù zhīdào, jīntiān wǒ zhīdào le.

(12) 以前私はわからなかったし、今もまだわからない。
以前我不明白，现在还是不明白。
Yǐqián wǒ bù míngbai, xiànzài háishi bù míngbai.

(13) 子どもの時は、父の気持ちが理解できなかったが、今やっとわかった。
小时候我不理解爸爸的心情，现在才理解了。
Xiǎoshíhou wǒ bù lǐjiě bàba de xīnqíng, xiànzài cái lǐjiě le.

ほかの理解動詞も"不了解"（理解しない）"不清楚"（はっきりしない）"不熟悉"（詳しくない）"不认识"（見知らない）のように、現在も過去も同じく"不"で否定します。

4 "不"＋能願動詞

中国語の能願動詞（"想""会"など）は、助動詞とも言い、現在、過去、未来すべて"不"で否定します。例えば、

(14) 以前私は行きたくなかったし、今も行きたくない。
以前我不想去，现在也不想去。
Yǐqián wǒ bù xiǎng qù, xiànzài yě bù xiǎng qù.

⑮ 以前は中国語が話せなかったが、今は話せるようになった。
　　以前我<u>不</u>会说汉语，现在会说了。
　　Yǐqián wǒ bú huì shuō Hànyǔ, xiànzài huì shuō le.

⑯ 昨日あなたに言えなかったが、今も言えない。
　　昨天我<u>不</u>能告诉你，现在还是<u>不</u>能告诉你。
　　Zuótiān wǒ bù néng gàosu nǐ, xiànzài háishi bù néng gàosu nǐ.

　そのほかの能願動詞も"不愿意"（したくない、望まない）"不可以"（してはいけない）"不应该"（すべきではない）"不肯"（…しようとしない）のように、現在も過去も同じく"不"で否定します。

5　「過去の意志の否定（しようとしなかった）」も"不"で否定する。

　『誤用』p.7 では未来の意志の否定は"不"で否定することを説明しましたが、実は過去の意志の否定も"没"ではなく、"不"で否定します。例えば、

⑰ 彼は以前辛い物を食べようとしなかったし、今も食べない。
　　他以前<u>不</u>吃辣的东西，现在还是<u>不</u>吃。
　　Tā yǐqián bù chī là de dōngxi, xiànzài háishi bù chī.

⑱ 彼は以前大学の時、すでに断固として親にお金をもらおうとしなかった。
　　他以前上大学时就坚决<u>不</u>拿父母的钱了。
　　Tā yǐqián shàng dàxué shí jiù jiānjué bù ná fùmǔ de qián le.

⑲ あの秘密は彼は以前言おうとしなかったし、将来も言わないはずだ。
　　那个秘密他以前<u>不</u>说，将来也<u>不</u>会说。
　　Nèige mìmì tā yǐqián bù shuō, jiānglái yě bú huì shuō.

　⑰"不吃"「食べようとしなかった」、⑱"不拿"「もらおうとしなかった」、⑲"不说"「言おうとしなかった」は過去の意志の否定なので、

"没"ではなく、"不"を使います。

　以上の"不"の使い方が理解できたと思います。(1) (2) (3) の誤文も"没"を"不"に直せばよろしいですね。(4) は意志の否定で、"没给你"を"不给你"「あげたくなかった」に直します。

練習問題

Ⅰ　次の中国語を日本語に訳してください。
1. 我小时候不喜欢游泳，现在也不太喜欢。
2. 你昨天怎么不说你不要？
3. 那时你没好好儿教他，他当然不明白啊。
4. 他从来就不欺负弱小，不欺骗别人。
5. 她老是不来上课，老师不会给她及格的。

Ⅱ　次の日本語を中国語に訳してください。
1. 人生は1度しかないので、後悔したくない。
2. 以前あなたが残業したくなかった時、会社は許してくれましたか。
3. 昨日どうして彼に忠告しなかったの？
4. 私は以前から人にお金を借りたくないです。
5. あの時、あなたは言わなかったのですか、それとも言いたくなかったのですか。

46 「いつも」の意味の副詞 "常" "老" "总" は違いがあるの？

　「いつも」「よく」の意味の "常常" "老是" "总是" は "常" "老" "总" とも言いますが、ここでは "常" "老" "总" を説明したいと思います。
　この3つの副詞はいったい違いがあるのでしょうか。まず、次の例文を見てください。

(1) 彼はよく遅刻する。
　　○<u>他常迟到</u>。　Tā cháng chídào.
　　○<u>他总迟到</u>。　Tā zǒng chídào.
　　○<u>他老迟到</u>。　Tā lǎo chídào.
(2) きくらげをよく食べれば、癌の予防になる。
　　○<u>常吃木耳可防癌</u>。　Cháng chī mù'ěr kě fáng ái.
　　＊总吃木耳可防癌。
　　＊老吃木耳可防癌。
(3) お前はなぜいつも話を聞かないの？
　　＊你怎么常不听话呢？
　　○<u>你怎么总不听话呢？</u>　Nǐ zěnme zǒng bù tīnghuà ne?
　　○<u>你怎么老不听话呢？</u>　Nǐ zěnme lǎo bù tīnghuà ne?
(4) 実現できる夢はいつも多くない。
　　＊能够实现的梦常不多。
　　○<u>能够实现的梦总不多</u>。　Nénggòu shíxiàn de mèng zǒng bù duō.
　　＊能够实现的梦老不多。

　以上の4組の例文を見ると、"常" "老" "总" の「いつも」「よく」は微妙に違いがあるようですね。《现代汉语词典》は、この3つの単語を次のように解釈しています。「"常"："经常，常常"（常に、いつも）」、「"老"："经常，一直"（常に、ずっと）」「"总"："一直，老是"（ずっと、いつも）」。結局、3つは意味が同じで、用法も同じみたいです。しかし、

副詞 ・271

中国人は無意識に、この3つの「いつも」を使い分けています。日本人の学生は辞書に頼るしかないので、同じだと思い込んで、次のような誤文を作ってしまったのでしょう。

(5) 彼の悪い癖はなかなか治らない。
　　＊他的毛病常改不了。
(6) あなたはいつも人を批判しないで。
　　＊你别常批评别人。
(7) 果物をよく食べれば、お肌にいい。
　　＊总吃水果，对皮肤好。
(8) 先生はいつも私たちを褒めてくださる。
　　＊老师老爱表扬我们。
(9) よく水を飲めば、体にいい。
　　＊老喝水，对身体好。
(10) 彼はいつも体を鍛えるので、あまり風邪をひかない。
　　＊他老锻炼身体，所以不老感冒。

いかがでしょうか。以上の誤文は「いつも」のところに"常""老""总"が使われていますが、なぜいけないのでしょうか。では、この3つの副詞の用法と違いについて簡単に説明しましょう。

1　"常"について。

1.1　「いつもしてほしいとアドバイスする時」は"常"を使い、"总"も"老"も使えない。

一般の人々や相手に、何かしてほしいとアドバイスをする時は、"常"を使いましょう。例えば、

(11) カボチャをよく食べれば、血糖値を下げられる。
  ○常吃南瓜，能降低血糖。　Cháng chī nánguā, néng jiàngdī xuètáng.
  ＊总(／老)吃南瓜，能降低血糖。
(12) あなたはおじいちゃんによく会いに行けば、おじいちゃんはきっとうれしいよ。
  ○你常去看你爷爷，你爷爷一定很高兴。
    Nǐ cháng qù kàn nǐ yéye, nǐ yéye yídìng hěn gāoxìng.
  ＊你总(／老)去看你爷爷，你爷爷一定很高兴。
(13) あなたはよくお母さんに電話をしますか。
  ○你常给你妈妈打电话吗？　Nǐ cháng gěi nǐ māma dǎ diànhuà ma?
  ＊你总(／老)给你妈妈打电话吗？

(11)(12)のように人にいつもしてほしい忠告やアドバイスは"总"も"老"も使えません。(13)は疑問文の形のアドバイスなので、"总"も"老"も使えません。

1.2 「日常いつも、よくすること」は"常"を使い、"总"も"老"も使えない。

朝ご飯や仕事など日常よくすることも"常"を使います。例えば、

(14) 他早饭常吃粥。　Tā zǎofàn cháng chī zhōu.
  （彼は朝ご飯はいつもおかゆを食べる）
(15) 他晚上常给他奶奶打电话。
    Tā wǎnshang cháng gěi tā nǎinai dǎ diànhuà.
  （彼はいつも夜おばあちゃんに電話をする）
(16) 她星期天常帮她妈妈做家务。
    Tā xīngqītiān cháng bāng tā māma zuò jiāwù.
  （彼女は日曜日によくお母さんの家事を手伝う）

以上のようにいつもしていること、しかもいいことにだけ"常"を

使います。話者にとって、あまりよくないこと（例えば、悪い習慣、病気や怪我など）は"常"は使えなくなります。よくないことには"总"か"老"を使います。例えば、

(17) 彼女はいつもタバコを吸いたがる。
    ＊她常爱抽烟。
    ○她<u>总（/老）</u>爱抽烟。　Tā zǒng (/ lǎo) ài chōu yān.
(18) 彼はよくお腹が痛くなる。
    ＊他常肚子疼。
    ○他<u>总（/老）</u>肚子疼。　Tā zǒng (/ lǎo) dùzi téng.
(19) 彼は授業中よく寝る。
    ＊他上课常睡觉。
    ○他上课<u>总（/老）</u>睡觉。　Tā shàngkè zǒng (/ lǎo) shuìjiào.

1.3 「いつもしているよくないことだが、別に怒らない場合」は"常"を使う。

1.2で"常"はいつもするいいことに使うと説明しましたが、あまりよくないことだが、許される範囲で、怒らない時には、"常"が使われることがあります。例えば、

(20) 彼はしょっちゅう授業に遅刻する、本当にしょうがないね。
    他上课常迟到。真没办法。　Tā shàngkè cháng chídào. Zhēn méi bànfǎ.
    ○他上课<u>总（/老）</u>迟到。真没办法。
    　　Tā shàngkè zǒng (/ lǎo) chídào. Zhēn méi bànfǎ.
(21) 彼はあれこれよく忘れるね。
    他常忘这忘那的。　Tā cháng wàng zhè wàng nà de.
    ○他<u>总（/老）</u>忘这忘那的。　Tā zǒng (/ lǎo) wàng zhè wàng nà de.
(22) 彼はよく乗り間違える。
    他常上错车。　Tā cháng shàng cuòchē.
    ○他<u>总（/老）</u>上错车。　Tā zǒng (/ lǎo) shàngcuò chē.

それでもやはり、⑳～㉒の例文は"总"か"老"を使ったほうがいいですね。

1.4 「いつもしないこと」は"常"を使えない。

いつもある動作をしない場合は"常"は使えません。つまり、否定の場合は"常"は使えず、"总"か"老"を使います。

(23) 彼はいつも朝ご飯を食べない。
　　＊他常不吃早饭。
　　○他总（/老）不吃早饭。　Tā zǒng (/ lǎo) bù chī zǎofàn.
(24) あなたはいつも体を鍛えないとだめよ。
　　＊你常不锻炼身体不行。
　　○你总（/老）不锻炼身体不行。
　　　Nǐ zǒng (/ lǎo) bú duànliàn shēntǐ bù xíng.
(25) 彼はいつも勉強しないので、先生はとても怒っている。
　　＊他常不学习，老师特别生气。
　　○他总（/老）不学习，老师特别生气。
　　　Tā zǒng (/ lǎo) bù xuéxí, lǎoshī tèbié shēngqì.

2 "老"について。

2.1 「いつもよくないことをすることを批判したり不満を言う時」に"老"を使う。

相手がいつもよくないことをして、話者がかなり不満に思っている時に使います。例えば、

⑶ 彼はいつも事務室でタバコを吸っているので、まったく腹が立ちます。

　　○他老在办公室里抽烟，真气人。

　　　　Tā lǎo zài bàngōngshì li chōu yān, zhēn qì rén.

　　＊他常在办公室里抽烟，真气人。

⑶ あなたはどうしていつもベラベラしゃべるのよ。

　　○你怎么老叽里呱啦地说个不停呢？

　　　　Nǐ zěnme lǎo jīliguālā de shuō ge bù tíng ne?

　　＊你怎么常叽里呱啦地说个不停呢？

⑶ 彼はなぜいつも人を批判するの？

　　○他干吗老批评人呢？　　Tā gànmá lǎo pīpíng rén ne?

　　＊他干吗常批评人呢？

相手がいつもしていることに対して、話者が不満に思う時は"常"ではなく、"老"を使います。（"总"も言えますが、3で説明します）

2.2 「いつもしてないことを批判する時」も"老"を使う。

相手に、してほしいがいつもしないことを批判する時も、"常"ではなく、"老"を使います。例えば、

⑶ 你怎么老不洗手就吃饭呢？　　Nǐ zěnme lǎo bù xǐ shǒu jiù chī fàn ne?

　（どうしていつも手を洗わないで食事をするの？）

⑶ 他老不相信孩子，孩子怎么成长？

　　Tā lǎo bù xiāngxìn háizi, háizi zěnme chéngzhǎng?

　（彼はいつも子どもを信じないのに子どもはどうやって成長するの？）

⑶ 你欠人家的钱老不还怎么行？

　　Nǐ qiàn rénjia de qián lǎo bù huán zěnme xíng?

　（あなたは人から借りたお金をいつも返さないのはダメでしょう）

⑶⑶⑶の"老不洗手就吃饭""老不相信孩子""老不还"は話者の

不満な気持ちが含まれているので、"常"を使えません。

3 "总"について。

"总"は"常"と"老"の間に位置する時間副詞で、いいことにも悪いことにも使えます。例えば、

(32) 开会时，他总爱说两句笑话，让大家轻松轻松。
Kāi huì shí, tā zǒng ài shuō liǎng jù xiàohuà, ràng dàjiā qīngsōng qīngsōng.
(会議の時、みんなをリラックスさせるために、彼はいつも笑い話をするのが好きだ)

(33) 年轻人总喜欢接受挑战。 Niánqīngrén zǒng xǐhuan jiēshòu tiǎozhàn.
(若者はいつもチャレンジが好きだ)

(34) 他这几天总睡不好觉。 Tā zhè jǐ tiān zǒng shuì bu hǎo jiào.
(彼はこの何日か、あまりよく寝られない)

(35) 你总爱挑剔人家的缺点。真是的！
Nǐ zǒng ài tiāoti rénjia de quēdiǎn. Zhēnshì de!
(あなたはいつも人の欠点を探す。まったく！)

(32)(33)はいいことですが、(34)(35)は話者にとって望ましくないことです。両方とも"总"を使えます。(32)(33)の"总"は"常"に置き換えられますが、"老"に置き換えられません。逆に(34)(35)の"总"は"老"に置き換えることができますが、"常"はできません。

しかし、よいことの場合、"总"は"常"より賞賛の気持ちが含まれます。例えば、(32)(33)は両方とも褒める気持ちが含まれています。もし"常"に置き換えると、その気持ちがなくなります。また、悪いことの場合は、"总"は"老"ほど批判的ではありません。むしろ、同情的な気持ちが含まれています。例えば、(34)は「彼はこの何日間かあまり寝られなかったこと」を同情する気持ちが含まれています。"老"に置き換えると、「寝てほしいが、彼が寝られなかった」ことについて、かなり批判的になります。(35)も同じです。

以上の説明で、少し副詞の"常""老""总"の違いがおわかりになりましたか。さて、(5)～(10)の誤文を直してみましょうか。

(5a) 他的毛病总(/老)改不了。　Tā de máobìng zǒng (/lǎo) gǎibuliǎo.

(6a) 你别总(/老)批评别人好吗？
　　 Nǐ bié zǒng (/lǎo) pīpíng biéren hǎo ma?

(7a) 常吃水果，对皮肤好。　Cháng chī shuǐguǒ, duì pífū hǎo.

(8a) 老师常(/总)爱表扬我们。
　　 Lǎoshī cháng (/zǒng) ài biǎoyáng wǒmen.

(9a) 常喝水，对身体好。　Cháng hē shuǐ, duì shēntǐ hǎo.

(10a) 他常锻炼身体，所以不常感冒。
　　　Tā cháng duànliàn shēntǐ, suǒyǐ bù cháng gǎnmào.

練習問題

Ⅰ 次の中国語を日本語に訳してください。
1. 他总不相信他的部下，所以部下也不相信他。
2. 常喝萝卜蜂蜜，对嗓子很好。
3. 他老责怪别人，从来不反省自己。
4. 我星期天常去我姥姥家玩儿。
5. 他在工作，你别老去打扰人家。

Ⅱ 次の日本語を中国語に訳してください。
1. 彼はよく傘を電車に忘れる。
2. 王さんはよく日本に来ます。
3. 田中さんは体が弱くて、しょっちゅう風邪をひきます。
4. 寝る前に、彼はいつもクラシック音楽を聞くのが好きだ。
5. 朝起きると、彼はいつも水を1杯飲みます。

17 "更喜欢汉语"は言えるが、なぜ"更学习汉语"は言えないか

なるほど、"更"という副詞の使い方はちょっとややこしいみたいですね。たしかに、"更喜欢汉语"や"更了解他"とは言えますが、"更学习汉语""更指导他"とは言えません。それは"更"の使い方によるものです。学生は"更"は日本語の「さらに」と同じだと思い込んで、「さらに勉強する」「さらに頑張る」と同じく、以下のような誤文を作ってしまいました。

(1) 私はもっと中国語を話したい。
　　＊我要更说汉语。
(2) 私はさらにこの問題を研究したい。
　　＊我要更研究这个问题。
(3) 私はもっと体を鍛えたい。
　　＊我想更锻炼身体。

この"更"は「さらに」「もっと」の意味ではないのでしょうか。なぜ上の文は誤文になるのでしょうか。まず、用法を確認してから、誤文を直しましょう。

1　"更"は相対的な程度副詞で、比較文で形容詞を修飾する。

実は、"更"は相対的な程度副詞で、ほかの状態の程度と比較して、さらに高いか低いかということを表します。例えば、

(4) 中国比日本大，俄罗斯比日本更大。
　　Zhōngguó bǐ Rìběn dà, Éluósī bǐ Rìběn gèng dà.
　　（中国は日本より広い。ロシアは日本よりずっと広い）

(5) 我姐姐比我高，我哥哥比我更高。
　　Wǒ jiějie bǐ wǒ gāo, wǒ gēge bǐ wǒ gèng gāo.
　　(姉は私より背が高い。兄は私よりずっと高い)

　三者の比較はそれほど多くないと思いますが、「ずっと」というレベルを示すために"更"を使います。例えば、

(6) 来到新部门，我更忙了。　Lái dào xīn bùmén, wǒ gèng máng le.
　　(新しい部門に来て、さらに忙しくなった)
(7) 我觉得他说得更清楚。　Wǒ juéde tā shuō de gèng qīngchu.
　　(彼の話のほうがもっとはっきりしていると思う)

　(6) 以前の部門も忙しかったが、新しい部門に来たら、もっと忙しいという比較の意味を含んでいます。(7) ほかの人の説明もはっきりしていますが、彼の説明はもっとはっきりしていると比較しています。
　もちろん、"更"は形容詞の否定形を修飾することもできます。例えば、"更不忙""更不清楚"。
　また、比較文には「"更"＋形容詞」は具体的な数量ではなく、不定の数量詞を置きます。例えば、

(8) ○这个比那个更贵一点儿。　Zhèige bǐ nèige gèng guì yìdiǎnr.
　　(これはあれよりさらにちょっと高い)
　　＊这个比那个更贵50块。(これはあれより50元高い)
(9) ○这个比那个更轻一些。　Zhèige bǐ nèige gèng qīng yìxiē.
　　(これはあれよりさらにちょっと軽い)
　　＊这个比那个更轻1公斤。(これはあれより1キロ軽い)

　とにかく、"更"は比較する意味合いが含まれる相対的な程度副詞です。基本的には形容詞を修飾します。

2 "更"は3種類の動詞を修飾できる。

1に述べたように、"更"は主に形容詞を修飾する相対程度補語なので、普通の動詞を修飾することができません。例えば、"更吃""更喝"とは言えません。しかし、以下の動詞なら、"更"と一緒に使えます。

2.1 感情動詞

感情動詞（"喜欢""感动"など）は動詞として、目的語を取れる以外は、使い方は形容詞と似ていて、"很"で修飾できます。例えば、"很喜欢""很感动"。同じく"更"も感情動詞を修飾できます。例えば、

(10) 到中国留学后，他更喜欢中国了。
　　 Dào Zhōngguó liúxué hòu、tā gèng xǐhuan Zhōngguó le.
　　 （中国に留学した後、彼はさらに中国が好きになった）

(11) 你这样说，她更伤心了。　Nǐ zhèyàng shuō, tā gèng shāngxīn le.
　　 （あなたはこのように言ったら、彼女はもっと悲しくなる）

(12) 你这样帮他，他会更感激你的。
　　 Nǐ zhèyàng bāng tā, tā huì gèng gǎnjī nǐ de.
　　 （あなたはこのように彼を助けたら、彼はもっと感謝するよ）

2.2 理解動詞

理解動詞（"理解""了解"など）も形容詞に似ていて、"更"で修飾できます。例えば、

(13) 我比你更了解她。　Wǒ bǐ nǐ gèng liǎojiě tā.
　　 （私はあなたよりもっと彼女を理解している）

(14) 她比你更清楚那件事。　Tā bǐ nǐ gèng qīngchu nèi jiàn shì.
　　 （彼女はあなたよりあのことについてよく知っている）

⑮ 只有多看书，才能更理解一些复杂的问题。
　　Zhǐyǒu duō kàn shū, cái néng gèng lǐjiě yìxiē fùzá de wèntí.
　　（本をたくさん読まない限り、複雑な問題をよりよく理解できない）

2.3 能願動詞

能願動詞（"能""愿意"など）も"更"で修飾できます。例えば、

⑯ 她比你更会买东西。　Tā bǐ nǐ gèng huì mǎi dōngxi.
　　（彼女はあなたよりもっと買い物が上手だ）
⑰ 我还是更愿意在这个公司工作。
　　Wǒ háishi gèng yuànyì zài zhèige gōngsī gōngzuò.
　　（私はやはりこの会社のほうが働きたい）
⑱ 这样做更能表达你的心意。　Zhèyàng zuò gèng néng biǎodá nǐ de xīnyì.
　　（このようにすれば、もっとあなたの気持ちを表せる）

3 "更"は可能補語を修飾できる。

"更"は2に述べた動詞以外、普通の動詞は修飾できませんが、可能補語の構造にすれば、"更"と一緒に使えるようになります。例えば、"更吃""更做"とは言えませんが、"更吃得下""更做不了"と言えます。ほかの例を見てみましょう。

⑲ 你做不了，我更做不了。　Nǐ zuòbuliǎo, wǒ gèng zuòbuliǎo.
　　（あなたができないなら、私はさらにできない）
⑳ 你午饭不吃，那就更吃得下了。
　　Nǐ wǔfàn bù chī, nà jiù gèng chīdexià le.
　　（昼ご飯を食べないなら、もっと食べられるよ）
㉑ 在电话里，我更听不出她的声音。
　　Zài diànhuà li, wǒ gèng tīngbuchū tā de shēngyīn.
　　（電話だと彼女の声はさらに聞き取れない）

❹ 日本語の動詞の前の「もっと」「さらに」は"更"ではなく、"再"か"多"を使う。

"更"の使い方がわかったところで、(1)(2)(3) の誤文をどのように直せばいいでしょうか。上に述べた"更"の使い方にあてはまりませんから、"更"が使えないことがおわかりになると思います。どうしましょうか。そうです、普通の動詞の「もっと…する」「さらに…する」は中国語では"再"か"多"を使うのです。例えば、

(22) 私はもっと考えなければなりません。
　　○我得再想想。　　Wǒ děi zài xiǎngxiang. ──＊我得更想想。
(23) あなたはもっと練習してください。
　　○你多练习练习吧。　　Nǐ duō liànxí liànxí ba. ──＊你更练习练习吧。
(24) もっと彼女を励ましてあげてください。
　　○你再多鼓励鼓励她。　　Nǐ zài duō gǔlì gǔlì tā.
　　＊你更鼓励鼓励她。

ですから、(1)(2)(3) の誤文も次のように直せばいいですね。

(1a)　我要多说汉语。　　Wǒ yào duō shuō Hànyǔ.
(2a)　我要再研究这个问题。　　Wǒ yào zài yánjiū zhèige wèntí.
(3a)　我想多锻炼身体。　　Wǒ xiǎng duō duànliàn shēntǐ.

練習問題

Ⅰ 次の中国語を日本語に訳してください。
1. 她的小提琴拉得更出色。
2. 一看他的照片，我更想他了。
3. 没关系，多接触就能更了解他。
4. 这个东西现在卖不出，到了冬天就更卖不出。
5. 你们多讨论讨论，就更能想出好办法。

Ⅱ 次の日本語を中国語に訳してください。
1. もっと鍛えないと、体がさらに悪くなるよ。
2. もっと強くなりたいなら、もっと練習しないといけない。
3. あなたがこのように言ったから、私はさらにわからなくなった。
4. 彼が許してくれるなら、あなたはもっと反省しなければならない。
5. 8月は7月よりもっと暑いはずだが、今年はそうでもないみたいだ。

48 "在"と"有"の違い

　存在を表す"在"と"有"の用法は簡単そうですが、学生はよく混同します。所有の"有"（持っている）はあまり間違いがありませんので、この課では存在を表す"在"と"有"の用法を考えたいと思います。まず、次の誤文を見てみましょう。

(1) 机にパソコンがあります。
　　＊桌子上在电脑。
(2) たくさんの中国の仏像があの寺にあります。
　　＊很多中国佛像在那个寺庙里。
(3) 教室に王君がいる。
　　＊教室里有小王。
(4) トイレは駅の中にありますか。
　　＊厕所在车站里吗？
　　＊厕所有车站里吗？
(5) この本は図書館にありますか。
　　＊这本书有图书馆吗？
　　＊这本书在图书馆吗？

　初級のテキストでは、存在を表す「…は…にある／いる」は"在"、「…に…がある／いる」は"有"を使うと教えています。例えば、

(6) 她在那儿。　Tā zài nàr.（彼女はそこにいる）
(7) 我的书在桌子上。　Wǒ de shū zài zhuōzi shang.（私の本は机にある）
(8) 那儿有很多外国人。　Nàr yǒu hěn duō wàiguórén.
　　（そこにたくさんの外国人がいる）
(9) 桌子上有两台电脑。　Zhuōzi shang yǒu liǎng tái diànnǎo.
　　（机に2台のパソコンがある）

ではもう一度、存在を表す"在"と"有"を説明したいと思います。

1 特定の人と物の存在は"在"を使う。

(6)(7)の主語は特定な人と物ですね。ほかの例も見てください。

(10) 他弟弟<u>在</u>前边儿。　Tā dìdi zài qiánbiānr.（彼の弟さんが前にいる）
(11) 你的书包<u>在</u>哪儿？　Nǐ de shūbāo zài nǎr?
　　（あなたのカバンはどこにありますか）

もし、特定な人や物ではないなら、目的語として使われ、動詞は"在"ではなく、"有"を使います。例えば、

(12) 2人の学生が教室にいます。
　　＊两个学生在教室里。
　　○<u>教室里有两个学生</u>。　Jiàoshì li yǒu liǎng ge xuésheng.
(13) 2つの封筒が机にあります。
　　＊两个信封在桌子上。
　　○<u>桌子上有两个信封</u>。　Zhuōzi shang yǒu liǎng ge xìnfēng.

2 不特定の人や物の存在は"有"を使う。

(8)(9)の主語は場所で、目的語が不特定の人と物ですね。ほかの例も見ましょう。

(14) 駅の中にたくさんの売店があります。
　　＊车站里在很多小卖店。
　　○<u>车站里有很多小卖店</u>。　Chēzhàn li yǒu hěn duō xiǎomàidiàn.
(15) 公園の中に何本の桜の木がありますか。
　　＊公园里在几棵樱花树？
　　○<u>公园里有几棵樱花树</u>？　Gōngyuán li yǒu jǐ kē yīnghuāshù?

⒁ ⒂ は不特定な人や物は主語になれないので、"很多小卖店在车站里""几棵樱花树在公园里?"とは言えません。

3 場所を尋ねる時、答える時は"在"を使う。

人、物、場所がどこにあるか尋ねたり、答えたりする時は"在"を使います。

⒃ A：请问郭老师的研究室在哪儿?
　　　Qǐng wèn Guō lǎoshī de yánjiūshì zài nǎr?
　　　(すみません、郭先生の研究室はどこですか)
　B：在4楼。 Zài sì lóu. (4階です)

⒄ A：我的手机在哪儿? Wǒ de shǒujī zài nǎr?
　　　(私の携帯電話はどこ？)
　B：在这儿。 Zài zhèr. (ここにあるよ)

4 "在"と"有"どちらを使うか。

1と2を踏まえて、⑴〜⑸の誤りを見ていきましょう。

⑴「机にパソコンがあります」は場所が主語で、ある場所に何かがあることを示すので、"有"を使います。ただし、気をつけなければならないのですが、日本語は語順が変わっても助詞があるので意味が変わりませんが、では「パソコンが机にあります」は物が主語なので"在"を使うかというと、そうではなくて、パソコンは特定の物ではないので、やはり"有"を使うのです。

(1a) 桌子上有电脑。 Zhuōzi shang yǒu diànnǎo.
　　※"桌子上有一台电脑。"にすればさらによい(『誤用』p.86を参照)

⑵「たくさんの中国の仏像があの寺にあります」は「たくさんの中国の仏像」が主語になっていますが、不特定の物ですから、"在"は

使えませんね。(1)でも述べましたが、日本語の語順に影響されないように注意してください。"在""有"のどちらを使うかは、あくまでも、特定か不特定かによります。

(2a) 那个寺庙里有很多中国佛像。
　　　Nèige sìmiào li yǒu hěn duō Zhōngguó fóxiàng.

(3) 誰かを探しているのではなく、見つけた時の普通の言い方ですので、"有"を使ってしまうのも無理はありませんが、「王君」は特定の人ですから、主語にもってきて、"在"を使わなければなりません。

(3a) 小王在教室里。　Xiǎo Wáng zài jiàoshì li.

(4)「トイレは駅の中にありますか」の「トイレ」は不特定の物で、主語になれないのです。(2)と同じく場所を主語にして"有"を使います。場所を前にもってきて「駅の中にトイレがありますか」にすると、自然に場所が主語になり、正しく訳せると思います。

(4a) 车站里有厕所吗？　Chēzhàn li yǒu cèsuǒ ma?

しかし、もし会話ですでに「トイレ」が話題で出てきたなら、(4)は正しい文になります。例えば、

(18) A：请问，厕所在哪儿？　Qǐng wèn, cèsuǒ zài nǎr?
　　　（すみません、トイレはどこにありますか）
　　B：厕所在车站里边儿。　Cèsuǒ zài chēzhàn lǐbiānr.
　　　（トイレは駅の中にあります）

しかし、場所の限定がなく、いきなり"厕所在车站里边儿"だと不自然になるので、その時は、(4a)と同じように"车站里边儿有厕所"と言ったほうが自然なのです。

(5)「この本は図書館にありますか」はちょっとややこしいですね。"有"を使った文は語順が間違いなので理解できますが、"在"を使っ

た文も誤文なのは理解しにくいかもしれません。"这本书"は特定の物なのに、なぜ"在"を使えないのでしょうか。実は、よく考えてみると「この本は図書館にありますか」は、そのタイトルの本という意味だと思います。タイトルが同じ本なら、たくさんあるので、特定の物ではないのです。したがって、場所を主語にして、"有"を使います。次のように直せばいいですね。

(5a) **图书馆<u>有</u>这本书吗？** Túshūguǎn yǒu zhèi běn shū ma?

いかがでしょうか。"有"と"在"を正しく使い分けることができますね。日本語の語順に惑わされないで、その人や物が特定か特定でないかを見極めてください。

練習問題

Ⅰ 次の中国語を日本語に訳してください。
1. 学校对面有一家便利店。
2. 请问，王府井书店在哪儿？
3. 王英家在那个车站附近。
4. 他们大学有很多外国留学生。
5. 京都有很多历史悠久的寺庙。

Ⅱ 次の日本語を中国語に訳してください。
1. この世にはいろいろな人間がいます。
2. 彼はスーパーにいますか。
3. 広島市内に博物館がありますか。
4. 私のスマートフォンはカバンにあります。
5. この本はあそこの本屋にありますか。

49 動詞"喜欢"の後に、また動詞が要りますか

"喜欢"（…が好きである）は動詞で、「私は野球が好きです」「彼は日本料理が好きです」を中国語に訳すと、"我喜欢棒球""他喜欢日本菜"と訳したくなりますね。次の訳文も見てください。

(1) 私は餃子が好きです。あなたは？
　　？我喜欢饺子。你呢？　Wǒ xǐhuan jiǎozi. Nǐ ne?
(2) 彼はサッカーが好きです。私も好きです。
　　？他喜欢足球，我也喜欢。　Tā xǐhuan zúqiú, wǒ yě xǐhuan.
(3) 私はコーヒーが好きで、彼女は紅茶が好きです。
　　？我喜欢咖啡，她喜欢红茶。　Wǒ xǐhuan kāfēi, tā xǐhuan hóngchá.
(4) 田中さんは映画が大好きです。山田さんは？
　　？田中喜欢电影。山田呢？　Tiánzhōng xǐhuan diànyǐng. Shāntián ne?

いかがでしょうか。文としては間違っていませんが、何か物足りないですね。

1 人や動物、花などは"喜欢"の後に、「好きなもの」を置くだけでいい。

"喜欢"は動詞なので、当然そのまま名詞の目的語を取れます。例えば、

(5) <u>我喜欢狗</u>。　Wǒ xǐhuan gǒu.（私は犬が好きだ）
(6) <u>我很喜欢我们的老师</u>。　Wǒ hěn xǐhuan wǒmen de lǎoshī.
　　（私は私たちの先生が好きだ）
(7) <u>她很喜欢樱花</u>。　Tā hěn xǐhuan yīnghuā.（彼女は桜が好きだ）

(8) **我很喜欢日本文化。** Wǒ hěn xǐhuan Rìběn wénhuà.
（私は日本文化が好きだ）

以上の例文は"喜欢"の後に好きな人や物を置くだけでいいですね。特に人物の場合は (6) のように、そのまま"喜欢"の後に置くことが多いです。ほかの例も見ましょう。

(9) **他很喜欢李老师。** Tā hěn xǐhuan Lǐ lǎoshī.
（彼は李先生が好きだ）

(10) **他不喜欢那个人。** Tā bù xǐhuan nèige rén.
（彼はあの人が好きではない）

ちなみに、"喜欢"の否定は"没"ではなく、"不"です。（第 45 課参照）

2　動作を伴う場合は、"喜欢"の後にふさわしい動詞が必要です。

1 に述べた通り、"喜欢"の後には直接「人や物」を置くことができます。ただし、動作を伴う物なら、そのまま"喜欢"の後に置けません。例えば「餃子」「映画」などは普通「食べる」「見る」などの動作が伴いますね。そのような目的語は"喜欢"の後に、ふさわしい動詞が必要です。日本語は当たり前なことを言う必要がありませんが、中国語は当たり前なことでも、はっきり言う必要があるのです。例えば「野球が好き」の場合は、「するのが好き」なら"喜欢打棒球"、「見るのが好き」なら"喜欢看棒球"。「日本料理を食べるのが好き」なら"喜欢吃日本菜"、「作るのが好き」なら"喜欢做日本菜"のように言わなければなりません。

したがって、(1)「餃子が好き」は「作る」ではなく、当然「食べる」ですので"我喜欢吃饺子"、(2)「サッカーが好き」も、「する」なら「サッカーをする」の動詞"踢"（蹴る）が必要で、"他喜欢踢足球"、「見る」なら"他喜欢看足球"に、(3)「コーヒーが好き、紅茶が好き」は動詞

「飲む」の"喝"が必要で、"我喜欢喝咖啡，她喜欢喝红茶"に、(4)の「映画が好き」も動詞「見る」の"看"が必要で、"喜欢看电影"に直します。したがって、(1)〜(4)は次のように直せば中国語らしくなります。

(1a) 我喜欢吃饺子。你呢？　Wǒ xǐhuan chī jiǎozi. Nǐ ne?
(2a) 他喜欢踢足球，我也喜欢。　Tā xǐhuan tī zúqiú, wǒ yě xǐhuan.
(3a) 我喜欢喝咖啡，她喜欢喝红茶。
　　 Wǒ xǐhuan hē kāfēi, tā xǐhuan hē hóngchá.
(4a) 田中喜欢看电影。山田呢？
　　 Tiánzhōng xǐhuan kàn diànyǐng. Shāntián ne?

日本語では当たり前な動詞は言わなくてもいいですが、中国語では必ずふさわしい動詞を"喜欢"の後に入れましょう。次の日本語も動詞を言いませんが、中国語の動詞を入れてみてください。

(11) 私は本が好きだ。——我喜欢（　　）书。
(12) 私はリンゴが好きだ。——我喜欢（　　）苹果。
(13) 私は卓球が好きではない。——我不喜欢（　　）乒乓球。
(14) 私は歌が好きだ。——我喜欢（　　）歌。
(15) 私はダンスが好きではない。——我不喜欢（　　）舞。
(16) 私は魚が好きだ。——我喜欢（　　）鱼。

どうでしょうか。特に(14)「私は歌が好きだ」は聞くことか、歌うことか、さあ、考えましょう。答えはこの課の最後にあります。

もちろん、(1)(2)(3)(4)のように動詞がなくても、誤文ではありません。単に中国語らしくないだけです。日本語に動詞を入れて、「私は餃子を食べるのが好きです」になると不自然になるのと同じです。

3 「…が好き」の"爱"は後ろに「動詞＋目的語」しか取れない。

"爱"は「人を愛する」という意味で、"我爱你""我爱我妈妈"のような使い方がありますが、日常会話で、"喜欢"と同じく「好きだ」という意味もあります。例えば、

(17) 我爱喝这种牛奶。　Wǒ ài hē zhèi zhǒng niúnǎi.（私は牛乳が好きだ）
(18) 他爱开玩笑。　Tā ài kāi wánxiào.（彼は冗談が好きだ）
(19) 你平常爱看什么书？　Nǐ píngcháng ài kàn shénme shū?
　　（普段、どんな本を読むのが好きですか）

以上の例文の"爱"は"喜欢"に置き換えることができます。また、(1a)(2a)(3a)(4a)の"喜欢"も"爱"に置き換えることができます。しかし、以下の"喜欢"の文は"爱"に置き換えると、ちょっとおかしくなります。

(20) 彼は赤色が好きです。
　　○他喜欢红色的。　Tā xǐhuan hóngsè de. ——＊他爱红色的。
(21) 彼は猫が好きではない。
　　○他不喜欢猫。　Tā bù xǐhuan māo. ——＊他不爱猫。

つまり、"喜欢"「…が好きだ」と同じ意味の"爱"は後ろに、必ず「動詞＋目的語」が必要なのです。名詞だけになると、「愛する」という意味になり、"他爱红色的""他不爱猫"のような言い方はおかしくなります。

"爱"の後ろの人物は普通、本当に愛する人、男女関係や家族関係、あるいは政府や国民の愛情を表します。例えば、

(22) 我爱你。　Wǒ ài nǐ.（君を愛している）
(23) 我妈妈很爱我们。　Wǒ māma hěn ài wǒmen.
　　（母は私たちをとても愛している）

(24) **政府应该爱人民。** Zhèngfǔ yīnggāi ài rénmín.
（政府は国民を愛さなければならない）（大事にする）

(25) **我爱祖国，祖国爱我吗?** Wǒ ài zǔguó, zǔguó ài wǒ ma?
（私は祖国を愛しているが、祖国は私を愛していますか）

いかがでしょうか。「…が好きだ」という中国語に訳す時"喜欢"と"爱"の使い方がおわかりになりましたか。さあ、2の答えは⑾"看"、⑿"吃"、⒀"打"、⒁"唱"か"听"、⒂"跳"、⒃"吃"ですね。

練習問題

Ⅰ 次の中国語を日本語に訳してください。
1. 我喜欢学习汉语，不喜欢学习英语。
2. 你爱吃什么就买什么吧。
3. 她很喜欢吃中国菜，可是不喜欢做中国菜。
4. 他喜欢去旅游，特别喜欢去中国旅游。
5. 我们的老师很爱我们，很关心我们。

Ⅱ 次の日本語を中国語に訳してください。
1. 彼女は犬も猫も大好きです。
2. 彼は太極拳があまり好きではない。
3. 王さんは刺身が大好きですが、ウニだけだめです。
4. 李さんはスポーツが好きで、特にテニスが好きです。
5. 今の政府は本当に国民を愛していると言えますか。

50 「私は旅行したい」は"我想旅行"ではだめですか

　日本語では「旅行する」は動詞なので、「私は旅行したい」を"我想旅行"と訳すことも多いでしょう。また、「中国を旅行する」「アメリカを旅行する」を"旅行中国""旅行美国"と訳すことも多いでしょう。これはどこか間違っていますか。以下の文も見てください。

(1) この夏休み、私は旅行したい。
　　？这个暑假，我想旅行。
(2) 来年私は留学したい。
　　？明年我想留学。
(3) 明日買い物をしたい。
　　？明天我想买东西。
(4) 明日映画を見ましょうか。
　　？明天我们看电影吧。
(5) 昨日、あの交流会に参加した。
　　？昨天我参加了那个交流会。
(6) 明日あなたは授業に出ますか。
　　？明天你上课吗？

　いかがでしょうか。以上の訳文は完全に間違っているとは言えませんが、何か足りない気がします。

1　話者が別の場所で行う動作は、動詞の前に"去"が要る。

　話者がその場ではなく、別の場所で行う動作については、たとえ日本語は当たり前で言う必要がない動作でも、中国語ははっきり示さなければなりません。例えば、上の例の「旅行する」「留学する」「買い物をする」「映画を見る」「交流会に参加する」「授業に出る」は話者

がどこかへ行かないとできません。日本語では当たり前ですが、中国語は動詞の前に"去"が要ります。(1)〜(6)は次のように直せば、中国語らしくなります。

(1a) 这个暑假，我想去旅行。　Zhèige shǔjià, wǒ xiǎng qù lǚxíng.
(2a) 明年我想去留学。　Míngnián wǒ xiǎng qù liúxué.
(3a) 明天我想去买东西。　Míngtiān wǒ xiǎng qù mǎi dōngxi.
(4a) 明天我们去看电影吧。　Míngtiān wǒmen qù kàn diànyǐng ba.
(5a) 昨天我去参加了那个交流会。
　　　Zuótiān wǒ qù cānjiāle nèige jiāoliúhuì.
(6a) 明天你去上课吗？　Míngtiān nǐ qù shàngkè ma?

つまり、どこかに行かないとできない動作をする、したい、したことを表す時、中国語は動詞の前に"去"が必要なのです。日本語の「…しに行く」なら"去…"と言いますが、日本語が「…しに行く」でなくても、その場でできない動作なら、"去…"をつけてほしいのです。以下の例も見てください。

(7) 我每天都去跑步。　Wǒ měitiān dōu qù pǎobù.
　　（私は毎日ジョギングをします）
(8) 日本总理预定明年去访问中国。
　　Rìběn zǒnglǐ yùdìng míngnián qù fǎngwèn Zhōngguó.
　　（日本の首相は来年中国を訪問する予定です）
(9) 那件事让他去做吧。　Nèi jiàn shì ràng tā qù zuò ba.
　　（あのことは彼にやらせて）

以上の動詞、特に"旅行""旅游""留学""访问"は絶対"去…"を忘れないようにしてください。

2　話者と相手の動作の場所によって"去…"を使う。

次の例文を見てください。

⑽　この食器はあなたが洗って、私は机を片づけます。
　　？这些碗你洗，我收拾桌子。
⑾　あなたたちは椅子を畳んで、ここは私たちが掃除します。
　　？你们叠椅子，这儿我们打扫。
⑿　黒板は私が消します。あなたは彼らを手伝ってください。
　　？我擦黑板，你帮他们。

もし２つの動作の場所が話者に近ければ、両方とも動詞の前に"来"をつけます。

⒀　我来洗菜，你来切菜。　Wǒ lái xǐ cài, nǐ lái qiè cài.
　　（私が野菜を洗うから、あなたは切って）
⒁　我来擀皮儿，你来包。　Wǒ lái gǎn pír, nǐ lái bāo.
　　（私が皮を伸ばすから、あなたは包んで）
⒂　我来洗，你来擦。　Wǒ lái xǐ, nǐ lái cā.
　　（私が洗うから、あなたは拭いて）

もし、１つの動作の場所が話者から離れていたら、"去"を使わなければなりません。ですから、⑽⑾⑿は２つの動作の場所が話者と同じではないので、話者に近い所は"来"、離れた所は"去"を使うべきです。以下のように直せばもっと中国語らしくなります。

(10a)　这些碗你来洗，我去收拾桌子。
　　　Zhèixiē wǎn nǐ lái xǐ, wǒ qù shōushi zhuōzi.
(11a)　你们去叠椅子，这儿我们来打扫。
　　　Nǐmen qù dié yǐzi, zhèr wǒmen lái dǎsǎo.
(12a)　我来擦黑板，你去帮他们。　Wǒ lái cā hēibǎn, nǐ qù bāng tāmen.

つまり、話者に近い場所での動作には"来"を、話者から離れた場所での動作には"去"をつければより自然な中国語になります。この"来"と"去"は日本語では言いませんね。次のような状況も"去…"が要ります。

(16) 母は玄関を掃除するように妹に言った。
    妈妈叫妹妹去打扫门口。　Māma jiào mèimei qù dǎsǎo ménkǒu.
(17) 父はビールを買いに行くよう兄に言った。
    我爸爸叫我哥哥去买啤酒。　Wǒ bàba jiào wǒ gēge qù mǎi píjiǔ.

3 "旅行""旅游""留学"の場所目的語は後に置けない。

(18) 彼は北京旅行がしたい。
    ＊他想旅行北京。
(19) 彼は上海旅行をした。
    ＊他旅游了上海。
(20) 今年彼は中国に留学します。
    ＊今年他要留学中国。

学生が、初級で習った"旅行""旅游""留学"を使った作文によく見られる誤文です。1つは1、2で述べた"去"がないこと。1つは場所目的語が"旅行""旅游""留学"の後にあることです。場所目的語の問題は『誤用』p.22-23 でも触れましたが、"旅行""旅游""留学"など動賓構造の動詞(例えば"见面""毕业""结婚")は、後ろに目的語を取れません。ですから、(18) (19) (20) は以下のように直します。

(18a) 他想去北京旅行。　Tā xiǎng qù Běijīng lǚxíng.
(19a) 他去上海旅游了。　Tā qù Shànghǎi lǚyóu le.
(20a) 今年他要去中国留学。　Jīnnián tā yào qù Zhōngguó liúxué.

4 そのほかに"去…"が必要な状況。

日本語は「行く」ことが当たり前で言わない動詞が結構ありますね。

(21) おじいさんはげたを履いて、散髪に出かけました。
    ＊我爷爷穿了木屐，出门理发了。

⑿ 彼は今朝、仕事に出ました。
　＊他今天早上，出去工作了。

「出かける」「出る」などには「行く」という意味が含まれており、日本語ではわざわざ「行く」を言う必要がありません。しかし、中国語はそういう場合も"去…"が必要です。⑿の"出去工作了"は自分の住んでいる国や地域から離れるという感じで、普通の家から「出る」のは"去…"だけで十分です。ですからこの２つの例文は以下のように言わなければ、落ち着かないのです。

(21a)　我爷爷穿了木屐，出门去理发了。
　　　 Wǒ yéye chuānle mùjī, chū mén qù lǐfā le.
(22a)　他今天早上，去工作了。　Tā jīntiān zǎoshang, qù gōngzuò le.

練習問題

Ⅰ　次の中国語を日本語に訳してください。
 1. 我一直想去中国留学，可是一直没机会。
 2. 这次去北京，你想去找她，还是去旅游。
 3. 我不想去参观那个工厂。
 4. 我奶奶好像出门去打门球了。
 5. 你应该去参加那个交流会。

Ⅱ　次の日本語を中国語に訳してください。
 1. 留学すれば、外国語と外国文化を学べると思います。
 2. 旅行も悪くないね。どこに旅行しますか。
 3. 王さんの結婚式に出席しましたか。
 4. 社長は李さんに会議室を片づけるように言った。
 5. ここの仕事は私がやります。あなたはコーヒーを用意してください。

解 答 例

第1課

I 1. 彼は王君と一緒に帰った。
　 2. あんなに高い、やはり上がらないほうがいい。
　 3. 時間がないよ、早く下りましょう。
　 4. ドアの鍵はかけてないので、どうぞ先に入ってください。
　 5. 出ていけ、出ていかないなら私が出ていく。

II 1. 你想回去，就先做完作业。
　 2. 电影快开始了，快进去吧。
　 3. 你在树上干吗啊？快下来。
　 4. 我坐电梯上去。
　 5. 你妈妈在家等你，你快回去吧。

第2課

I 1. 先生が教室に入ると、学生たちはみんな静かになった。
　 2. 出ないで、ここで彼の帰りを待ってください。
　 3. 中国を出たら、君は中国の代表になるよ。
　 4. 子どもが外で彼女を呼んでいるのを聞いて、彼女は急いで家を出た。
　 5. 母が私の部屋に入って来た時、私はインターネットをしていた。

II 1. 大家出去吧，这儿他们要用。
　 2. 那个病人半夜跑出医院，想回家去。
　 3. 发生地震时，他急忙地跑出教室去。
　 4. 快进来，外边儿很冷。
　 5. 快进里屋去，妈妈在叫你。

第３課

Ⅰ　1. 明日、それらの資料を持って来てください。
　　2. このお金を持って行って。遠い所に行くならできるだけお金を持って行ってください。
　　3. 彼女は荷物を置いて、すぐお父さんに電話をした。
　　4. 李さんは嫌々100元を出した。
　　5. どこからあんなたくさんの木材を運んで来たの？

Ⅱ　1. 去旅行的时候，把这把伞带去吧。
　　2. 他父亲给他找来了一位很好的家庭教师。
　　3. 你先回去告诉你爸爸。
　　4. 他忘了带月票来。
　　5. 你把墙上的钟拿下来，我来擦擦。

第４課

Ⅰ　1. 早く帰りなさい、奥さんが待っているよ。
　　2. 彼のおじいさんは山に狩りに行った。
　　3. あなたのお父さんが１階にパンを買いに行った。
　　4. （あなたたちは）私の部屋に入って話したほうがいいよ。
　　5. ３階に上がって行って彼女に会いましょう。彼女は３階にいる。

Ⅱ　1. 他已经下山来了。
　　2. 你们先上２楼去吧。
　　3. 他们下１楼来了。
　　4. 进里屋去休息吧。
　　5. 他什么时候回中国来？

第５課

Ⅰ　1. これらの物を彼女の部屋に持って行ってください。
　　2. 彼女は宿舎の前に着いたが、上に上がる勇気がない。
　　3. 警察は私たちのほうに来た。
　　4. あなたはなぜ北京に飛んで来たの？何をするつもり？

5. 昨日どこに行ったの？みんな探していたよ。
Ⅱ　1. 他们进教室来做什么？
　　2. 急救车快速地开往医院去了。
　　3. 他们往我们大学走来了。
　　4. 他走到我前边儿，交给我一张纸。
　　5. 那些鸟儿往南方飞去了。

第6課

Ⅰ　1. 彼はなぜ生活が貧しい故郷に帰りたがるの？
　　2. 来たところへ帰りなさい。
　　3. 彼女は少し早めに国へ帰って仕事を探したいと思う。
　　4. 李健さんは昨日北京に帰ったあと、すぐ私に電話をくれた。
　　5. あなたたちが無事に日本に帰ることだけを願っている。
Ⅱ　1. 他什么时候回美国去？
　　2. 她一回到公司，就开始写报告了。
　　3. 李江为了找工作，已经回到上海去了。
　　4. 我最高兴的事是孩子们平安地回来了。
　　5. 他回到东京后，就当了日语教师了。

第7課

Ⅰ　1. 明君、ちょっと来て、話がある。
　　2. 母さんを手伝いに行って、ここは私がやります。
　　3. 田中さん、宿題を持って来て、ちょっと見せて。
　　4. 健ちゃん、この台ふきんをお姉さんに持って行って、姉さんは机を拭くから。
　　5. 母さん、父さん、早く見に来て、兄さんがテレビに出ているよ。
Ⅱ　1. 妈，你快过来，爸爸的电话。
　　2. 对不起，请你把胡椒递过来，好吗？
　　3. 山田，把你的课本拿过来一下。
　　4. 你看，她在那儿等你，你快过去。

5. 你们别过来这儿，我们过去。

第8課
Ⅰ 1. 彼はカバンから漫画を取り出した。
2. 学生証を出して、机に置いてください。
3. 母さんは残った料理を全部冷蔵庫に入れた。
4. 弟は昨日、かわいい子犬を抱いて帰って来た。
5. これを外へ持って行って見せてあげれば、彼は見たら必ず帰るよ。
Ⅱ 1. 你从哪儿买回来了那么多西红柿？
2. 你把这张椅子搬到2楼去行吗？
3. 他从衣袋里拿出一张照片来给我看。
4. 他从仓库里拿出那个旧的火炉来。
5. 你快点儿拿出5千日元来给他吧。

第9課
Ⅰ 1. 警報を聞くと、みんな外へ走って行った。
2. これらの資料を持って帰って読んでください。
3. 私は毎日退社後、歩いて帰るのです。
4. あなたは走って下りたら、彼がエレベーターに乗るより絶対早いですか。
5. 来年このツバメはみんな戻って来るだろうか？
Ⅱ 1. 爸爸回来的时候，他躲在房间里。
2. 请你把墙上的那个钟拿下来。
3. 快，快，大家快跑上去吧。
4. 这些水果都放进冰箱里去吧。
5. 末班车走了，我们走回去吧。

第10課
Ⅰ 1. もうすぐ雨が降りそうです、早くあの服を全部とりこんでく

解答 • 303

ださい。
2. あのことは本当にみんなをびっくりさせた。
3. 何かニュースを聞いた？早く教えてください。
4. 彼は書いたが、ちゃんと書かなかった。
5. みんな残ってください。一人も帰れると思わないで。

II 1. 我昨天学习汉语学到两点。
2. 上个星期我在书店遇到了李老师。
3. 最近我常听到那个词。
4. 昨天我收到我妈妈寄来的包裹。
5. 他把自己的名字写在书包上。

第11課

I 1. 家に帰ったら、すぐ机に私の好きな餃子があるのが見えた。
2. 彼は昨日夜中2時までバイトをした。
3. これらの書類は今日ちゃんと処理しなければならない。
4. 先生はどのように学生の名前を覚えるのですか。
5. 将来どんな仕事を見つけるか誰も予測するのは難しい。

II 1. 他今天钓到很多鱼。
2. 我今天很幸运，看到了一颗流星。
3. 请你把这个资料交给李明好吗？
4. 今天的晚饭准备好了。
5. 我没听到他的脚步声，你听到了吗？

第12課

I 1. 自分のことをちゃんと考えなさい。あまり人を批判しないで。
2. 彼はとても傲慢で、いままで自分の欠点をちゃんと考えたことがない。
3. 留学する前に、自分が勉強したいことをちゃんと考えなければならない。
4. もう解決方法を考えてあげたので、これからのことは自分で

やらなければならない。
   5. まだどのように彼の質問に答えればいいか考えてない。
II 1. 你好好儿想一下自己的问题吧。
   2. 那个国家不好好儿想一下自己做的事，老是爱批评其他国家。
   3. 你毕业之前，得好好儿想一下自己想做什么工作。
   4. 去不去，我想好了再跟你联系。
   5. 他还没想好怎么写那篇报告。

第13課

I 1. あのテレビドラマはまだ見終えてない。あと2回だ。
   2. パスポートの申請用の写真を撮りましたか。
   3. 私の携帯電話はまだ修理ができてない。これは借りた臨時の物だ。
   4. あの薬は全部飲んだが、風邪はまだ治ってない。
   5. 今日の宿題は全部終わりましたか。
II 1. 这课的练习问题都做完了。
   2. 那个问题大家都讨论好了。
   3. 今天的会议开完了，不要再议论了。
   4. 行李都收拾好了吗？别忘了东西。
   5. 今天饺子会的材料都买好了吗？

第14課

I 1. 私たちのために、1曲歌ってください。
   2. ちょっと聞いてみます。あなたはここでちょっと休んでください。
   3. 彼女は芝居をしているよ。泣いて見せるだけ、同情しないで。
   4. この本は貸してあげてもいいですが、来週必ず私に返してください。
   5. 母はおいしい伝統の日本料理をたくさん作ってくれた。
II 1. 我想做寿司给他们吃。

2. 快点儿给他发个（条）短信吧。
3. 我去北京的话，就给你买北京烤鸭。
4. 这些米都是我母亲寄给我的。
5. 这件毛衣是他的女朋友给他织的。

第15課

Ⅰ 1. 教育の問題を話したら、彼は延々と終わらない。
2. 彼らは棍棒を持って、すぐ叩き出した。
3. こんなにたくさんの草は、どこから先に刈らなければならないの？
4. 会場は国旗が掲揚されて、とても厳粛でした。
5. 最近、彼らもゴルフをやり始めた。

Ⅱ 1. 这个问题太复杂，不知道从哪儿说起。
2. 老师一弹起了钢琴，孩子们就唱起歌来了。
3. 大家提起精神来，再坚持一会儿。
4. 好事就从自己做起吧。
5. 他拿起桌子上的钱，就跑出去了。

第16課

Ⅰ 1. 彼は2回受けたが、またあの大学に受からなかった。
2. お湯を入れてから、鍋のふたをして、10分間待てばよろしいです。
3. 相手はあなたを気にいらないよ、勝手に思わないで。
4. 彼は5年間待っていた。やっと校長の椅子に座れるようになった。
5. 早く靴を脱いで、スリッパを履きなさい。

Ⅱ 1. 那个村里的人，今年好容易喝上自来水了。
2. 要做作业，就关上电视。
3. 他戴上眼镜，真像个教师。
4. 你快把鞋子和袜子都脱下。

5. 我们把他们的问题写下来，得好好儿想想。

第17課

Ⅰ 1. ここはずっとあなたを住まわせてあげる訳がない。
2. 夜はなるべくホテルを探して泊まってください。駅の中で寝ないでね。
3. その時、しだいに空が暗くなった。
4. あの絵は雑誌から切り抜いたものだ。
5. みんなちゃんと続けて頑張ってほしい。

Ⅱ 1. 吵闹的校园突然平静下来了。
2. 这个项目为什么停下来了？
3. 我想一直教下去，到我退休为止。
4. 请大家别忘了祖先给我们留下来的传统。
5. 我们应该把日本优秀的文化发展下去。

第18課

Ⅰ 1. この事件は作られたの？本当に腹が立ちます。
2. 彼はなぜあんなことを言い出す勇気があるの？
3. いまの成果はみんな彼が一生懸命に努力したものだ。
4. 彼がこのようにしたのは家族に迫られたからですか。
5. 彼は3か月もかかって、どんな広告をデザインしてきたの？

Ⅱ 1. 他花了两个月，制作出一个很有意思的节目来了。
2. 好孩子不是打出来的，是慢慢儿教出来的。
3. 她今年70岁，你看出来吗？
4. 在那紧急的时候，他勇敢地站出来了。
5. 你想办法挤出一点儿时间来吧。

第19課

Ⅰ 1. あなたが言いたい話は、5分間で終われますか。
2. あの状況では、誰も解決方法を思いつかなかった。

3. 私たちはこの問題を解決できないのに、あなたはできるの？
4. 彼はあなたから離れないが、あなたは彼から離れるの？
5. ここは住み慣れましたか。

II 1. 明天下午，你能挤出时间来吗？
2. 今天天气阴，看不见富士山。
3. 你不学习的话，对不起王老师。
4. 要是跟他们合不来，就没必要在一起啊。
5. 爷爷耳背，好像听不清楚你说的话。

第20課

I 1. どうしてあの店は開店して1か月も経たずに閉まったの？
2. この何日か、具合が悪くて、何もできない。
3. 一人で生活するのに、毎月5000元も使うの？
4. あんな学生は私は教えられない。あなたは教えられるか？
5. 30個の餃子は私は食べ切れないが、彼は食べ切れる。

II 1. 我认为这个方法解决不了那个问题。
2. 他不管做什么运动，坚持不了几天就不做了。
3. 李先生认为王先生太骄傲，当不了好丈夫。
4. 这么晚了，你一个人回得了家吗？
5. 这个教室还没联网，上不了网。

第21課

I 1. 今の若者は何か月も経たずに仕事をやめることがよくある。
2. 彼は私たちの中心人物で、だれも替わることができない。
3. あなたは警察を騙すことができても、自分を騙すことはできない。
4. あなたはアルバイトで1か月10万円を稼ぐことができますか？
5. 私は通訳になれないが、彼はなれるかもしれない。

II 1. 他想做的事，谁都阻止不了。
2. 他一年写得了两篇论文吗？

3. 这1亿日元，他10年也花不了。
4. 明年，你去得了中国吗？
5. 那位医生治得了他的病吗？

第 22 課

I 1. このようにしたら、根本的な問題を解決できない。
   2. 来られるなら一番いいです。来られなかったら、電話をください。
   3. あそこはあんなにたくさんの人が込みあっているので、私は入れない。
   4. 私は全然彼の話がわからない。あなたはわかりますか。
   5. この教室はインターネットができない。あの教室はできますか。

II 1. 田中能说3种语文。
   2. 天气好的时候看得见富士山，不好的时候看不见。
   3. 我一天记不了50个单词。
   4. 这几天非常热，晚上我都睡不了。
   5. 他的车坐得下5个人，我的车坐不下。

第 23 課

I 1. 彼の部屋はこんなにきれいに片づいている。きっと彼は自分で片づけたのではない。
   2. もし彼があまりにも簡単に考えたら、絶対問題になる。
   3. 彼は今日あんなにきちんと服を着ているが、いったいどこへ行くのか。
   4. 彼女はどんなことも周到に考える。
   5. 明日あまり早くしゃべらないで、ぜひゆっくり話してください。

II 1. 我记得很清楚，他的生日是5月1日。
   2. 他爷爷走路走得跟年轻人一样快。
   3. 你的头发剪得太短了。

4. 我们谈得很愉快。
5. 训练得太严格的话，大家都会跑掉的。

第24課

I
1. 彼らの生活はどうですか？
2. 彼は静かにあの問題を考えているので、邪魔しないで。
3. 風が強いので、出かけないほうがいい。
4. 雪が少し落ちてきて、本当にきれいですね。
5. 王先生は教えるのがはっきりしていて、私たちはすぐわかりました。

II
1. 他们讨论得很激烈，但是没什么结果。
2. 李老师的课，学生都积极地问问题。
3. 那位医生非常亲切地给病人看病。
4. 今天堵车堵得很厉害，结果迟到了1个小时。
5. 今天我跟我姐姐很愉快地去买东西了。

第25課

I
1. あのことはとてもおかしい。
2. 彼女はこのようにするのは合理的だ。
3. 彼女の仕事をする態度は誰よりも慎重だ。
4. 安心してください。彼女はいまの生活はとても安定している。
5. この歌はきれいだが、歌いにくい。

II
1. 这几天很暖和。
2. 他工作方法很灵活。
3. 我们的目的很清楚。
4. 这儿的景色很美，但是游客很少。
5. 现在，很多年轻人的生活不太安定。

第26課

I 1. この種類の電子辞書は大変便利だ。

2. これらの服はデザインが大変古くて、若者はきっと喜ばない。
3. 大変満腹です。もう食べられない。
4. あなたはこのようにしたら、とても損です。
5. あれらの汚職官僚が大変憎い。

II 1. 大家都知道他是一个非常诚实的人。
2. 这次示威让人太伤心了。
3. 昨天的足球比赛太精彩了。
4. 他的汉语比我好得多。
5. 唉！他的人生太短了。

第27課

I 1. ここの景色は大変きれいです。ここで写真を撮りましょう。
2. 中国には景色のきれいなところがたくさんあるので、行って見るべきです。
3. あんなにたくさんの友人が手伝ってくれて、本当にとても幸せだ。
4. 彼女の前半生はとても幸せだったが、後半生は非常に不幸せだ。
5. この方法はとてもすばらしい。試しにやってみてください。

II 1. 这个地方很不方便，你觉得怎么样？
2. 到了晚上，这一带变得很安静。
3. 昨天，他做的事太了不起了。真的很感动。
4. 他汉语说得很棒。／他汉语说得太棒了。
5. 今天的球赛太精彩了。你没看，真可惜。

第28課

I 1. 彼ら2人の中国語のレベルはあまり差がない。
2. あのテレビドラマはあまり面白くない。
3. 昨日の試験はあまり難しくなかった。
4. あなたのやり方はあまり現実的ではない。

5. 最近あまりいい映画がない。
Ⅱ　1. 他不太（／怎么）想去中国留学。
　　2. 我不太（／怎么）会说英语。
　　3. 王先生对日本的歌舞伎不太（／怎么）有兴趣。
　　4. 那家医院的评价不太（／怎么）好。
　　5. 今天的电视没什么好节目。

第29課

Ⅰ　1. 昨日わずか1時間しか中国語を勉強しなかった。
　　2. あと5分間しかないから、早く方法を考えて。
　　3. これはたやすいことです。気になさらないで。
　　4. 彼女はあなただけのためにするよ。他の人にはしない。
　　5. 私はただ将来自分の好きな仕事を見つけられればいいです。
Ⅱ　1. 这次演讲比赛只有10个人参加。
　　2. 怎么办？我只有1千日元。
　　3. 只有他反对我们的意见。
　　4. 我觉得每天只要锻炼15分钟，就不会生病。
　　5. 那只是传说，不像是真的。

第30課

Ⅰ　1. 昨日私たちはわずか15分しか話さなかった。
　　2. 私たちはたった5分間しか休んでなかったのに、どうして怒ったの？
　　3. 15分だけ出かけます。長くないから、安心してください。
　　4. たった2ヶ月だけで、彼はなぜあんなに変わったの？
　　5. 1ヶ月しかあげないけど、足りる？
Ⅱ　1. 只有（就）一个星期，他怎么完成这个工作呢？
　　2. 就两个星期，他就做完这项工作了。
　　3. 他在东京只住了两个半月。
　　4. 他们才认识3个月就结婚了。／他们认识才3个月就结婚了。

5. 我们班只得过两次冠军。

第31課

Ⅰ　1. あなたはこんなに中国語が好きなので、きっとマスターできる。
　　2. 見て、人があんなに多い、いったい何があったの？
　　3. あなたはあんなに食べて、体を壊すよ。少なめに食べなければならない。
　　4. 彼はなぜ毎日あんなに遅く家に帰るの？会社に何かあったの？
　　5. 私はこんなふうにするのは、全部お前のためだよ！
Ⅱ　1. 她的身体那么弱，这个工作别让她做吧。
　　2. 我这么忙，你不知道吗？
　　3. 有30公斤重啊！那么重，你怎么拿啊？
　　4. 我觉得做生意的钱不是那么计算的。
　　5. 他那么欺负人，绝对不能原谅他。

第32課

Ⅰ　1. 彼はもう行ってしまったよ。まだ何を待つの？
　　2. 彼はもうすぐ卒業だが、まだ仕事が見つかってない。
　　3. 私はすでにあなたの要求を承知したのに、まだ言わないの？
　　4. あの大学生はみんなまだ幼稚で、ゆっくり訓練しなければならない。
　　5. 最近、李強さんたちから連絡がありますか。
Ⅱ　1. 王明好像还在东京。
　　2. 我还没吃晚饭，有什么吃的吗？
　　3. 那个人还在打电话呢。
　　4. 已经9月中旬了，秋老虎还那么厉害。
　　5. 他一点儿也没变，还是那么忙。

第33課

Ⅰ　1. あのことは、父は支持するだけではなく、千元までくれた。

2. 魯迅、老舎、それから、巴金、茅盾はみんな中国の有名な作家です。
3. 昨日運動靴を買った、それから、弟にＴシャツを買ってあげた。
4. あなたは彼らに中国語だけではなく、勉強の方法も教えなければならない。
5. 金曜日以外に、それからどの日が暇ですか？

II 1. 胡萝卜、西红柿、还有青椒，我都不太喜欢吃。
2. 她不但要料理家务，还得照顾祖母。
3. 昨天跟她一起去吃饭，还一起去看了电影。
4. 他不但会开车，还会修理汽车呢。
5. 田中除了去了北京、上海，还去了西藏的拉萨、新疆的乌鲁木齐呢。

第34課

I 1. 彼が書いた論文は要点がはっきりしているが、説得力がない。
2. 病院の食事はまあまあいいですが、費用がわりと高い。
3. この方法はまあまあいけると思います。やってみてください。
4. 私の大学の生活はまあまあいいと言えるでしょう。何とか卒業しました。
5. 今回の大会はまあまあ順調でしょう。いずれにせよ、大きな間違いはなかった。

II 1. 我的智能手机有点儿旧，不过还算方便。
2. 我住的地方还安静。
3. 他们的校园还算大吧。
4. 我认为日本的教育水平还算高。
5. 我觉得王健的日语基础还行。

第35課

I 1. 来年また、中国に留学しますか。
2. あなたの物は悪くない、値段もいい、今度また買いに来る。

3. もし、また1位をとったら、また同じ奨励金をあげるよ。
   4. もう一度彼に電話をしてあげたほうがいいと思います。
   5. 彼はもう酔ったのに、あなたはまだ彼に飲ませるなんて。
Ⅱ 1. 下个星期我还来，别担心。
   2. 我再喝一杯行吗？
   3. 他还想参加我们的交流会吗？
   4. 有机会，我再(还)来见你。
   5. 不管怎么样，我还是得告诉他。

第36課

Ⅰ 1. 去年彼は1年生を教えた。今年もまた1年生を教える。
   2. あなたはできれば、明日、また彼に電話をしたほうがいい。
   3. 昨日、私たちは2時間討論したが、今日また続けて討論するかもしれない。
   4. あなたは続けて中国語を勉強しますか。しないと後悔するよ。
   5. 彼は静かにもう一度考えたいと思っているので、もう彼に聞かないで。
Ⅱ 1. 医生劝他戒酒，可是他还喝。
   2. 来，再吃一点儿。
   3. 电影快开始了，还等他吗？
   4. 我们还跟着李老师学习学习汉语。
   5. 陈先生下周还要去东京出差。

第37課

Ⅰ 1. がっかりしないで、来年もう一度受けてください。
   2. 明日またちょっと用事があるので、またちょっと出かけたいです。
   3. もう一度彼にメールを送ったら。
   4. あなたの病気はまだ完全に治ってないから、もう少し休まなければならない。

5. もう一度彼にお願いしたら、承諾してくれるかもしれないと思う。
Ⅱ　1. 别再等他了。快走吧。
　　2. 我们请他再给我们唱一首歌。
　　3. 他这个星期又感冒了。
　　4. 你不听我的话，你会再后悔的。
　　5. 大家再加油加油吧。

第38課
Ⅰ　1. 彼はあと6つの試合が残っているから、絶対諦めない。
　　2. いままだあそこで太極拳をする人がいるかなぁ。
　　3. 彼らはあと1週間で結婚します。
　　4. 牛乳、粉ミルクのほかに、チーズ、バターも問題がある。
　　5. 私はここにまだ少し貯金があるので、どうぞ、先に持って使ってください。
Ⅱ　1. 今年的晚会，不但有歌有舞，还有杂技和魔术。
　　2. 离中秋节还有一个月，已经开始卖月饼了。
　　3. 请你联络大家，还有也麻烦你准备一下会场。
　　4. 现在买车，还有各种补助金呢。
　　5. 今天数学的作业还有两题没做完。

第39課
Ⅰ　1. 本当のことだよ。彼は上司を批判する勇気があるよ。
　　2. すごい、彼は本当にすごい、あの悪党どもが彼に説得されたなんて。
　　3. 信じますか？上海の冬が北京よりまだ寒いなんて。
　　4. これら厳しい検査を経た物がまさか偽物なんて。
　　5. この新しいスマートフォンがまさかこんなに安いなんて。たった1万円？
Ⅱ　1. 总经理还亲自来了。

2. 真没想到她还是经理的夫人呢。
3. 日本人的姓比中国人的姓还多呢。
4. 到他的房间一看，还真干净。
5. 没想到年轻人还比老年人保守。

第40課

I 1. あなたのお金を使ってないのに、どんなものを買ったかあなたと関係ないよ。
2. あなたはわからないわけではないのに、また言う必要があるの？
3. 彼は問題を見つけたが、どのように解決するかわからない。
4. 親は子どもに外で頑張ってほしいが、また自分のところから離れてほしくない。
5. お前に何がわかる。黙れ！

II 1. 这个虽然有点儿旧，又不是不能穿？（反語を使って）
2. 我又没说你，干吗这么生气？
3. 这件事跟他又没关系，为什么来干涉我们？
4. 他那么不喜欢日本，为什么又要在日本工作？
5. 这次事件很难受，可是又有什么办法？

第41課

I 1. 昨日交流会に参加した人は本当に少なくなかった。
2. いずれにしても、あなたは頑張って勉強しなければならない。
3. あなたはやっと来たよ。知っている？私たちはすでに2時間待った。
4. そうだ、くれぐれも彼に携帯メールを送るのを忘れないでね。
5. このことは大変だよ。彼は絶対すごく怒るよ。

II 1. 这可是你说的啊！我没说啊。
2. 那儿的风景可真漂亮，我非常喜欢。
3. 待会儿开会的时候，你可别乱说话啊！

4. 啊！钱可寄来了。真的松了一口气了。
5. 这次事故，可真让人伤心。

第42課

Ⅰ 1. 今日の地下鉄は大変混雑して、立つことさえもできなかった。
2. あなたの物を見ると目が痛いから、早く持って行って。
3. 私は何も言わなかったのに、彼はすぐ怒った。
4. 今朝、忙しくて水1杯も飲めなかった。
5. あの日、天にも昇るほどうれしかった。

Ⅱ 1. 昨天我都急疯了。
2. 他这两年一本书都没看。
3. 他根本都不听我的话就走出去了。
4. 老师的话她一点儿都听不懂。
5. 他连虫子都不敢弄死。

第43課

Ⅰ 1. この問題はすでに大変深刻になった。
2. この問題はもうあんなに深刻なのに、政府はまだ解決しないの？
3. 彼はもう死にそうに怖がっているよ。
4. 彼はもう死にそうに怖がっているのに、あなたはまた彼を驚かすの？
5. あなたは彼ともう10何年も付き合っているのに、まだ彼を理解していないの？

Ⅱ 1. 日本队已经没有希望进决赛了。
2. 他在日本都10年了，简单的日语还不会说吗？
3. 我们已经吃晚饭了，你呢？
4. 雨都停了1个多小时了，怎么他还没回来呢？
5. 我已经说了。你根本都不相信。

第 44 課

Ⅰ 1. あなたは毎日朝ご飯はおかゆを食べるのですか。
   2. 彼らの会社は毎年忘年会を開きます。
   3. あなたは毎日ジョギングをして、彼は毎日体操をする。
   4. あなたは毎回授業に遅刻しても、先生は何も言わないのですか。
   5. 彼は毎回お酒を飲むと、騒ぎます。
Ⅱ 1. 王明每个星期都去游泳。
   2. 李强每晚睡觉之前都看书。
   3. 在日本，每所小学校都有游泳池。
   4. 他每个星期三都不太忙。
   5. 他每个月上东京出差时，都住在那家饭店。

第 45 課

Ⅰ 1. 私は子どもの時に、水泳が好きではなかった。いまもあまり好きではない。
   2. 昨日どうしていらないと言わなかったの？
   3. その時にちゃんと教えてあげなかったから、彼は当然わからなかった。
   4. 彼は昔から弱い人をいじめないし、人を騙さない。
   5. 彼女はいつも授業に出ないから、先生は彼女を合格させないはずだ。
Ⅱ 1. 人生只有一次，我不想后悔。
   2. 以前你不加班时，公司允许你吗？
   3. 昨天为什么你不劝他？
   4. 我以前就不爱向人借钱。
   5. 那时，你没说还是你不说？

第 46 課

Ⅰ 1. 彼はいつも部下を信じないので、部下も彼を信じない。

2. 大根はちみつをよく飲むと、のどによい。
3. 彼はいつも人のせいにして、ずっと反省をしない。
4. 私は日曜日によくおばあさんの家に遊びに行く。
5. 彼は仕事をしているので、しょっちゅう邪魔をしないで。

II 1. 他老把伞忘在电车上。
2. 王先生常来日本。
3. 田中先生身体很弱，老感冒。
4. 睡觉之前，他总喜欢听古典音乐。
5. 早上起床后，他总要喝一杯水。

第47課

I 1. 彼女のバイオリンはもっとすばらしい。
2. 彼の写真を見ると、さらに彼のことを懐かしく思う。
3. 大丈夫、たくさん付き合えば、もっと彼を理解できると思う。
4. この商品はいまは売れない、冬になると、さらに売れない。
5. もっと話し合ったら、もっといい方法を思いつく。

II 1. 你不多锻炼，身体就会更不行。
2. 你想更强，只有再加强练习。
3. 你这么说，我更不明白。
4. 他能原谅你的话，你应该更加反省自己。
5. 8月应该比7月更热，可是今年好像不一样。

第48課

I 1. 学校の真向いにコンビニがある。
2. すみません、王府井書店はどこですか。
3. 王英さんの家はあの駅の近くにある。
4. 彼らの大学には多くの外国人留学生がいる。
5. 京都は歴史のある寺がたくさんある。

II 1. 这个世上有各种各样的人。
2. 他在超市里吗？

3. 广岛市内有博物馆吗？
4. 我的智能手机在书包里。
5. 那间书店有这本书吗？

第49課

Ⅰ 1. 私は中国語の勉強が好きだが、英語は好きではない。
2. どうぞ好きな食べものを買ってください。
3. 彼女は中華料理が好きだが、作るのは好きではない。
4. 彼は旅行が好きで、特に中国の旅行が大好きだ。
5. 私たちの先生はとても私たちが好きで、大変心を配ってくださる。

Ⅱ 1. 她喜欢狗，也喜欢猫。
2. 他不太喜欢太极拳。
3. 王先生很喜欢吃生鱼片，只有海胆不行。
4. 李先生很喜欢运动，特别喜欢打网球。
5. 现在的政府真的可以说爱人民吗？

第50課

Ⅰ 1. 私はずっと中国に留学したいが、ずっと機会がない。
2. 今回北京に行くのは、彼女を訪ねるの、それとも旅行するの？
3. あの工場を見学したくない。
4. おばあさんがゲートボールをしに出かけるようです。
5. あの交流会に参加すべきだ。

Ⅱ 1. 我觉得去留学的话，能学习外语和外国文化。
2. 去旅行也不错啊。你们想去哪儿旅行？
3. 你去参加王先生的婚礼了吗？
4. 经理叫小李去收拾会议室。
5. 这儿的工作我来做，你去准备咖啡。

《参考文献》

中国語：

1. 朱德熙《语法讲义》商务印书馆 2012
2. 朱德熙《现代汉语语法研究》商务印书馆 1985
3. 吕叔湘《现代汉语八百词》增订本 商务印书馆 1999
4. 陆俭明《现代汉语语法》北京大学中文系 1979
5. 陆俭明《陆俭明自选集》河南教育出版社 1993
6. 陆俭明《现代汉语语法研究教程》第四版 北京大学出版社 2013
7. 陆俭明・马真《现代汉语虚词散论》修订版 语文出版社 2003
8. 马真《简明实用汉语语法教程》北京大学出版社 1997
9. 马真《现代汉语虚词研究方法论》修订本 商务出版社 2016
10. 刘月华 等《实用现代汉语语法》外语教学与研究出版社 1983
11. 刘月华《汉语语法论集》现代出版社 1989
12. 刘月华《趋向补语通释》北京语言文化大学出版社 1998
13. 北京语言学院教学研究所《现代汉语补语研究资料》北京语言学院出版社 1992
14. 杨德峰《日本人学汉语常见语法错误释疑》商务印书馆 2008
15. 卢福波《对外汉语教学实用语法》修订本 北京语言大学出版社 2011
16. 吕文华《对外汉语教学语法探索》语文出版社 1994
17. 程美珍《汉语病句辨析九百例》华语教学出版社 1997
18. 杨寄洲 等《汉语 800 虚词用法词典》北京语言大学出版社 2013
19. 赵新・刘若云《实用汉语近义虚词词典》北京大学出版社 2013

日本語:

1. 輿水優『中国語の語法の話』光生館 1985
2. 杉村博文『中国語文法教室』大修館書店 1994
3. 丸尾誠『基礎から発展までよくわかる中国語文法』アスク出版 2010
4. 丸尾誠『現代中国語方向補語の研究』白帝社 2014
5. 侯精一 他『中国語補語例解 日本語版』商務印書館 2001
6. 輿水優・島田亜実『中国語わかる文法』大修館書店 2009
7. 張起旺著 児玉充世訳『日本人の間違えやすい中国語』国書刊行会 2001
8. 時衛国『中国語と日本語における程度副詞の対照研究』風間書房 2009

著者紹介

郭春貴（かく　はるき）

1986年東京大学大学院博士課程単位取得中退（中国語学専攻）。
現在、広島修道大学名誉教授。
2009年4月～9月 NHKラジオ まいにち中国語講師。

主な著書

『誤用から学ぶ中国語』白帝社 2001／『中国語検定対策3級・4級　単語編』白帝社 2003／『中国語検定対策3級・4級　文法編』白帝社 2005／『中国語検定対策2級　リスニング編』白帝社 2008／『中国語検定対策2級　語彙編』白帝社 2009／『やさしく楽しい400語で学ぶ中国語入門』共著、白帝社 2011／『総合力をきたえる 実用中級中国語』共著、白帝社 2012／『HSK基本語彙1級-4級』共著、白帝社 2012／『HSK基本語彙5級-6級』共著、白帝社 2013／『誤用から学ぶ中国語 続編2』白帝社 2017／『やさしく楽しい中級中国語』共著、白帝社 2017／『HSK成語用法』共著、白帝社 2018／『第2外国語中国語教育の諸問題』白帝社 2020

●カバーデザイン：宇佐美佳子

誤用から学ぶ中国語　続編1

2014年6月20日　初版発行
2021年6月15日　3刷発行

著　者　郭春貴
発行者　佐藤康夫
発行所　白　帝　社
　　　　〒171-0014　東京都豊島区池袋2-65-1
　　　　TEL 03-3986-3271
　　　　FAX 03-3986-3272（営）／03-3986-8892（編）
　　　　http://www.hakuteisha.co.jp

組版・印刷／倉敷印刷株式会社　　製本／ティーケー出版印刷

Printed in Japan〈検印省略〉6914　　ISBN978-4-86398-137-9
＊定価はカバーに表示してあります。